**Encounters**
**in Modern Hebrew:**
**Level 1**

עברית:
מפגשים
שלב א׳

# עברית: מפגשים שלב א'

עדנה עמיר קופין

# ENCOUNTERS IN MODERN HEBREW: LEVEL 1

**EDNA AMIR COFFIN**

**Ann Arbor**

THE UNIVERSITY OF MICHIGAN PRESS

# ACKNOWLEDGMENTS

Special thanks are due to Hebrew instructors Polly Weizman and Sara Berkovitch and to their students in the beginning Hebrew classes at the University of Michigan. They used *Encounters in Modern Hebrew* in earlier, experimental versions and gave important feedback to the author. Particular appreciation is due to LeAnn Fields, editor at the University of Michigan Press, without whose constant support and unending patience this textbook would not have been finished.

# CONTENTS

# INTRODUCTION

## TO THE TEACHER

*Encounters in Modern Hebrew* consists of three volumes designed to introduce English-speaking students to modern Hebrew. The first two volumes, *Level 1* and *Level 2*, include instructional materials designed for beginners and intermediate students. The primary objective is to help learners acquire the basic skills in Hebrew for the purposes of oral and written communication and reading comprehension. To acquire a proficiency in such skills, it is necessary to get an understanding of the basic structures of Hebrew and a meaningful working vocabulary. The learning environment is thus built to accommodate the stated goals. The methodology that guided the writing of *Encounters in Modern Hebrew* is an eclectic one and incorporates many current communicative approaches. It takes into account proficiency goals set by the foreign-language teaching community, but at the same time it does not ignore the more traditional approaches that emphasize the introduction of essential linguistic structures of the target language. It is my belief, based on many years of teaching Hebrew, that the process of acquisition of communicative skills in a foreign language is enhanced by a better understanding of the structure of the target language, especially in an environment where that language is not spoken.

## CONTENT AND ORGANIZATION OF THE INSTRUCTIONAL MATERIALS

*Encounters in Modern Hebrew: Level 1* provides a language learning environment mainly through a textbook, but when complete it will include additional materials in the form of computer-based tutorials, an interactive video program, and audio cassettes keyed to the textbook. The textbook is designed to be used with or without the additional materials. The audio tapes and the computer-based instructional materials allow the learner to gain further practice in different learning modes.

*Level 1* consists of a lesson introducing the Hebrew alphabet followed by nine lessons organized around various subjects, language functions, language patterns, and grammatical points. Each lesson is unified by subject matter and is divided into two parts for ease of instruction. The lessons include reading selections, which are presented as dialogues. The dialogues lend themselves to many individual and classroom activities such as practicing listening and reading comprehension, and can serve as triggers for spoken interactions, role playing, and other tasks. The readings introduce new vocabulary items and new language structures and functions in appropriate situations. The lessons introduce new language patterns and include grammatical explanations. Exercises and other tasks accompany the new information. A word list at the end of each chapter presents all the new vocabulary introduced in the lesson. As the vocabulary is fairly extensive, the instructor can divide the word list into categories: essential vocabulary and vocabulary for enrichment. A short summary at the end of each lesson gives the learner a frame of reference for the new points introduced.

The contents of the lessons in *Encounters in Modern Hebrew: Level 1* are designed to guide learners in the acquisition of a number of essential language structures that will allow them to express themselves in the world around them. Topics include the domains of study and work, family and friends, and daily routines. Other language domains are addressed in *Level 2* and *Level 3*. Students will be given guidance as to how to function within the environment of Hebrew speakers.

Ideas for group activities and language tasks designed to promote free and authentic speech are presented in several of the lessons and can be adapted for use with much of the material in the book.

The language presented in *Level 1* is informal Hebrew. The formal style present in much of written Hebrew fiction and nonfiction is used more extensively in *Level 3*. The text is presented in nonvocalized form. Vowels are added in some places to make it easier for learners to pronounce new words they encounter. The reading selections, word lists, and other materials included in the lessons are available on audio tapes, to ensure correct pronunciation and to enhance listening, reading, and speaking skills.

## TO THE LEARNER

### RECORDED MATERIALS

The purpose of the recorded materials is to provide you, the learner, with the opportunity to hear Hebrew as it is spoken and pronounced. All the participants in the recordings are native speakers of Hebrew and their pronunciation is authentic. No vowels are provided for most of the texts included in the book. Unvocalized texts are standard for adult readers, and as an adult learner, you too are introduced to such texts. Because of the absence of vowels, stress, and intonation markers, it becomes doubly important for you to use the audio tapes when studying. The correct pronunciation of words will make it possible for others to understand what you want to express in Hebrew.

To improve your listening and comprehension skills and to contribute to your development as a speaker, you are advised to listen to the tapes regularly, alternating between listening with open and with closed books. When you listen to a dialogue for the first time, try to get the general gist of the text rather than attempting to understand each word. After you reach a general understanding of the text, you can look up the new words to find out their meanings. You will have an opportunity to repeat the texts, and the new words, and to answer comprehension questions. When you study individual words, remember that meaning units are composed of strings of words and of interactions between speakers. Words gain their meaning from their context. The model dialogues provide you with examples of speech interactions and appropriate contexts for words and structures and will help you build language patterns and strategies that you can use in communication.

The purpose of the dialogues is to provide you with an example of communication acts; they are not intended to be memorized. They provide a way to start a conversation, a trigger for a meaningful interaction.

## READING PASSAGES

Reading in a foreign language is a skill that seems to have lost popularity with some instructors who emphasize spoken communicative skills above all other skills. It is important to understand that reading is also a communication skill, one that is essential to the understanding of written/printed texts with a variety of communicative functions. Just as reading and writing skills are expected of all literate native speakers of Hebrew, they are expected of nonnative learners as well. The ability to read gives you, the new user of Hebrew, access to materials available to native speakers: newspapers and works of fiction, nonfiction, and poetry, as well as such practical items as road signs, manuals, and maps.

*Encounters in Modern Hebrew: Level 2* and *Level 3*, puts a special emphasis on the development and enhancement of reading and writing skills and presents a variety of texts in several language domains. In *Encounters in Modern Hebrew: Level 1* you will be introduced mainly to simple readings in modern Hebrew that will prepare you for more complex texts, in modern as well as classical Hebrew. The language style used in most Hebrew texts is of a higher and more formal level than the one used in speaking. The choice of style and vocabulary is a distinct one and demands your special attention. Learning how to speak won't necessarily prepare you for the language used in literary texts. It is thus important to develop reading strategies early in the process of language acquisition.

In reading new passages, as in listening to dialogues, it is a good idea to get an overview of the passage before addressing individual concerns. Many yet unknown vocabulary items can be intelligently guessed from the general context of the passage. The process of deciphering the text should be focused on what is known and understood, rather than on the features that are new. As a learner it is useful to adopt the attitude that you need not know *all* the vocabulary items in a written or spoken passage in order to understand the general meaning of the discourse.

Since all reading passages in this book are recorded, you might try reading them first, then listening to the recorded text, with either an open or a closed book, before consulting word lists. The intonation and pauses provided in the recordings will help you decipher the meaning of the text.

## WORD LISTS

The word lists provided at the end of each lesson include many essential vocabulary items for the subject matter at hand, as well as a few less essential items that are part of the text or dialogue. In the word lists you will not only get the translation of vocabulary items into English but also additional grammatical information. Even though the words at the end of each lesson are organized in a list, rather than being presented in a context, it is useful to go through the list with the help of the audio tape. Words are the building blocks of language and, no matter what else you may know about a language, you cannot have meaningful use of language unless you accumulate a rich vocabulary that will allow you to express not only meanings but subtleties of language as well. Do not forget that the spelling of words is extremely important to make yourself understood in writing and that the exact and clear pronunciation of words is important in making yourself understood in speaking.

## GRAMMAR AND EXERCISES

Working under the assumption that Hebrew is the sole language used in class, grammar explanations provided in English in the book become a very important part of the learning process. Many of the explanations and examples in the book use a contrasting description to illustrate Hebrew structures, showing the similarities and differences between your native language, English, and the target language, Hebrew. It is very useful not only to understand the Hebrew structures, but also to know how they differ from English. First-language interference is at the heart of many of the mistakes you will make in Hebrew. If you understand the two language systems, you will be able to produce a more accurate and correct Hebrew.

Language teachers are encouraged not to talk *about* language, but rather to activate the learners in the use of the target language. The explanations in the book will make the teacher's task much easier. At some point, you should be aware of what you need and want to know *about* the language, and the textbook is the appropriate place for such explanations.

Exercises of various sorts are provided after each explanation of a new language structure in order to give you an opportunity to put the new concept into practice. In addition, classroom activities based on these exercises will further guide you toward free and authentic expression.

## ADDITIONAL MATERIALS

Additional materials are available for further self-study. There are review lessons available for the IBM computer. They provide you with the opportunity to review vocabulary, practice reading comprehension, review grammatical structures, and do some writing. Meaningful feedback helps you check your performance. In addition, an interactive video program is available for the IBM multimedia platform. The program "Encounters" is suitable for learners who have finished the ten lessons in *Level 1*. For further information contact the University of Michigan's Hebrew Division at 3081 Frieze Building, Ann Arbor, Michigan 48109.

It is my hope that you, the learner, will find this book useful. Relax and enjoy the study of Hebrew.

# LESSON 1 שיעור מספר 1

## THE HEBREW ALPHABET

The Hebrew alphabet consists of twenty-two consonants (twenty-seven shapes). The direction of reading and writing is from right to left. There are no capital letters. The letters are not joined. An adequate space has to be left between words, since there are no other indications of the beginnings and endings of new words.

A TABLE OF HEBREW CONSONANTS

| Printed Form | Script Form | Name of Letter | Pronunciation | Numerical Value |
|---|---|---|---|---|
| א | א | aleph | /ʾ/ | 1 |
| בּ | בּ | bet | /b/ | 2 |
| ב | ב | vet | /v/ | |
| ג | ג | gimel | /g/ | 3 |
| ד | ד | dalet | /d/ | 4 |
| ה | ה | heh | /h/ | 5 |
| ו | ו | vav | /v/ | 6 |
| ז | ז | zayin | /z/ | 7 |
| ח | ח | ḥet | /ḥ/ | 8 |
| ט | ט | tet | /t/ | 9 |
| י | י | yod | /y/ | 10 |
| כּ | כּ | kaf | /k/ | 20 |
| כ/ך | כ/ך | khaf | /kh/ | |
| ל | ל | lamed | /l/ | 30 |
| מ/ם | מ/ם | mem | /m/ | 40 |
| נ/ן | נ/ן | nun | /n/ | 50 |
| ס | ס | samekh | /s/ | 60 |
| ע | ע | ayin | /ʿ/ | 70 |
| פּ | פּ | peh | /p/ | 80 |
| פ/ף | פ/ף | feh | /f/ | |
| צ/ץ | צ/ץ | tsadi | /ts/ | 90 |
| ק | ק | kof (kuf) | /k/ | 100 |
| ר | ר | resh | /r/ | 200 |

| Printed Form | Script Form | Name of Letter | Pronunciation | Numerical Value |
|:---:|:---:|:---:|:---:|:---:|
| שׁ | ẻ | shin | /sh/ | 300 |
| שׂ | ẻ | sin | /s/ | |
| ת | ח | tav | /t/ | 400 |

Hebrew letters have both print and script forms. The print form is not used in writing, only the script form.

Print form:                                    שלום
Script form:                                   pﬥﬥℯ

## ALTERNATE SHAPES OF LETTERS

Five Hebrew letters have an alternate shape when they are in a final position in the word.

כ becomes ך
מ becomes ם
נ becomes ן
פ becomes ף
צ becomes ץ

## NUMERICAL VALUE OF LETTERS

Hebrew letters have numerical values, which are used regularly in counting days and years in the Jewish calendar.

## HEBREW VOWELS

The letters of the Hebrew alphabet have consonantal value. Most vowels are indicated by markings placed under or above the consonants. Modern Hebrew texts for adults are usually printed and written without the vowel markings. Children's books and poetry often include vowels.

Consonants only:                               ספר
Vowels added:                                  סֵפֶר

There are five basic vowel sounds: /a/ /e/ /i/ /o/ /u/.

The zero vowel at the beginning or middle of a word and short /ə/ vowel are indicated by "shwa."

There are, however, ten vowel signs and three compound vowel signs.

## TABLE OF HEBREW VOWELS

| *Vowel Sound* | *Shape* | *Hebrew Name* | *Transcription* |
|---|---|---|---|
| /a/ as in c**a**r | xָ | קמץ | kamáts |
| | xַ | פתח | patáḥ |
| /e/ as in s**e**t | xֶ | סגול | segól |
| | xֵ | צירה | tseréh |
| /ey/ as in w**ay** | xֵי | צירה | tseréh |
| /i/ as in d**ee**p | xִ | חיריק | ḥirík |
| | xִי | חיריק מלא | ḥirík malé |
| /o/ as in l**o**ng | xֹ | חולם | ḥolám |
| | xוֹ | חולם מלא | ḥolám malé |
| | xָ | קמץ קטן | kamáts katán |
| /u/ as in r**oo**m | xֻ | קבוץ | kubúts |
| | xוּ | שורוק | shurúk |
| /o/ as in sl**o**w | xְ | שווא נח | shwa-náḥ |
| /ə/ as in r**e**mote | xְ | שווא נע | shwa-ná |

| *Compound Vowels* | | | |
|---|---|---|---|
| /o/ as in m**o**re | xֳ | חטף קמץ | ḥatáf kamáts |
| /a/ as in c**a**r | xֲ | חטף פתח | ḥatáf patáḥ |
| /e/ as in s**e**t | xֱ | חטף סגול | ḥatáf segól |

# PRONUNCIATION

## CONSONANTS SIMILAR TO ENGLISH IN PRONUNCIATION

| *Hebrew Letter* | *Name* | *Pronunciation* |
|---|---|---|
| בּ | bet | /b/ as in **b**read |
| ב | vet | /v/ as in e**v**ening |
| ג | gimel | /g/ as in **g**reat |
| ד | dalet | /d/ as in **d**og |
| ה | heh | /h/ as in **h**ouse |
| ו | vav | /v/ as in **v**iew |
| ז | zayin | /z/ as in **z**ebra |
| ט | tet | /t/ as in **t**rain |
| י | yod | /y/ as in **y**ear |
| כּ | kaf | /k/ as in **c**lose |
| ל | lamed | /l/ as in **l**ight |
| מ/ם | mem | /m/ as in **m**ore |

| Hebrew Letter | Name | Pronunciation |
|---|---|---|
| נ/ן | nun | /n/ as in **n**umber |
| ס | samekh | /s/ as in **s**ystem |
| פּ | peh | /p/ as in **p**rogress |
| פ/ף | feh | /f/ as in **f**lower |
| צ/ץ | tsadi | /ts/ as in lo**ts** |
| ק | ḳof (kuf) | /k/ as in **k**ey |
| שׁ | shin | /sh/ as in **sh**out |
| שׂ | sin | /s/ as in **s**uppose |
| ת | tav | /t/ as in **T**uesday |

## CONSONANTS DIFFERENT FROM ENGLISH IN PRONUNCIATION

| Hebrew Letter | Name | Pronunciation |
|---|---|---|
| א | aleph | /'/ as in /as'if/ "as if" (zero or glottal stop) |
| ח | ḥet | /ḥ/ as in German pronunciation of Ba**ch** or as pharyngeal voiceless fricative |
| כ/ך | khaf | pronounced as /kh/ in Ba**ch** |
| ע | ayin | /'/ zero or pharyngeal voiced stop |
| ר | resh | /r/ two possible pronunciations: <br> 1. similar to French/German back trill <br> 2. similar to Spanish front trill |

## COMMENTS ON THE CONSONANTS ע AND ח

'ח represents a sound whose point of articulation is at the base of the tongue in the back of the throat. It is pronounced as a whisper of "h" with a constriction of the throat before the release of the sound. A more technical description of the sound would be that 'ח represents a voiceless pharyngeal fricative. This is its correct pronunciation. Most native-born Israelis or Israelis of European origin pronounce the consonant 'ח as the /ch/ sequence in Bach (in its original German pronunciation).

'ע represents a sound whose point of articulation is also at the base of the tongue in the back of the throat. It is pronounced similarly to the sound produced at the doctor's office when s/he asks you to open your mouth wide and say "AAAH." Add a constriction of the throat, and you have a close approximation of the correct pronunciation of the letter 'ע. Remove that constriction and you have the more common pronunciation of the same letter. For the sound to be audible, a vowel has to accompany it, and the vowel colors the pronunciation. Without a vowel the consonant is not pronounced – it is silent. A more technical description of the sound would be that 'ע represents a voiced pharyngeal fricative.

Many Israelis pronounce 'ח and 'כ alike, and 'ע and 'א alike. The distinction between the consonants in each set is lost. Many Jews whose origin is from Arabic-speaking countries still maintain the distinction, since in Arabic it still exists.

The difference between voiced and voiceless sounds is that the voiced sounds are pronounced with a vibration of the vocal chords, while the voiceless sounds are pronounced without a vibration of the vocal chords.

The consonants which have a point of articulation at the back of the throat are often referred to as "guttural" consonants.

## COMMENTS ABOUT SHAPE AND PRONUNCIATION

The letters ב כ פ שׁ have two possible values:

| | | | |
|---|---|---|---|
| /sh/ שׁ | /p/ פּ | /k/ כּ | /b/ בּ |
| /s/ שׂ | /f/ פ | /kh/ כ | /v/ ב |

Whenever פ כ ב come at the beginning of words they are pronounced בּ /b/ כּ /k/ פּ /p/. Whenever they come at the end of words they are pronounced ב /v/ כ /kh/ פ /f/. In the middle position in words they can have either value. Their pronunciation depends on groups of word patterns to which they belong and on syllabic structure. Word patterns are part of the complex verb and noun structure of Hebrew.

The letter שׁ has two pronunciations, /sh/ and /s/. When the text has full vowel marks, a dot at the top right of the letter שׁ (shin) signifies a /sh/ sound. A dot on the top left of the letter שׂ (sin) signifies a /s/ sound. The names *shin* and *sin* reflect distinct phonemic values, and the two pronunciations may not be substituted one for the other.

The letters ו and י are used as both consonants and vowels.

| | | | | | |
|---|---|---|---|---|---|
| /v/ | as in **v**alue | ו | /y/ | as in **y**ear | י |
| /o/ | as in cl**o**th | וֹ | /i/ | as in f**i**eld | י |
| /u/ | as in g**oo**d | וּ | | | |

In texts without vowels two consecutive ו (vav) or י (yod) characters in the middle of a word usually mean that those letters have a consonantal sound.

| | |
|---|---|
| /revah/ | רווח |
| /be'aya/ | בעייה |

The letters גּ' ז' צ' include a special marking (') to reflect sounds in foreign words.

| | | |
|---|---|---|
| /dz/ | as in **G**eor**ge** | ג' |
| /j/ | as in gara**ge** | ז' |
| /ch/ | as in **ch**ange | צ' |

## OTHER HEBREW LETTERS REFLECTING SOUNDS IN FOREIGN WORDS

ת represents /th/ in foreign words, particularly of Greek origin. It is usually pronounced /t/ in Hebrew.

| | |
|---|---|
| **th**eology | **ת**יאולוגיה |
| **Th**eodore | **ת**יאודור |

ט represents /t/ in foreign words.

| | |
|---|---|
| **t**elephone | **ט**לפון |
| **T**oledo | **ט**ולדו |

פ represents /ph/ in words (usually of Greek origin); it is usually pronounced /f/, regardless of its position in the word.

| | |
|---|---|
| **Ph**ilip | **פ**יליפ |
| **Ph**iladel**ph**ia | **פ**ילדלפיה |
| **ph**ysics | **פ**יסיקה |
| **ph**ilosop**h**y | **פ**ילוסופיה |

וו represents /w/ in foreign words.

| | |
|---|---|
| **W**ashington | **וו**שינגטון |
| **W**ilmington | **וו**ילמינגטון |

ב sometimes represents /v/ in the middle position in words.

| | |
|---|---|
| re**v**iew | ר**ב**יו |
| Re**v**lon | ר**ב**לון |

## TWO ALTERNATE SPELLING SYSTEMS

The letters ו (vav) and י (yod) function as both consonants and vowels. Both letters can be inserted to indicate a vowel value in texts without vowel markings. The vowel value of ו (vav) is either /o/ or /u/ and the vowel value of י (yod) is /i/. The insertion of these letters facilitates reading.

The following are examples of insertion of vav and yod to indicate vowels.

| *Transcription* | *With Vowel Markings* | *Without Vowel Markings* |
|---|---|---|
| kib**ú**ts | קִבּוּץ | קיבוץ |
| sh**u**lḥán | שֻׁלְחָן | שולחן |
| me'**ó**d | מְאֹד | מאוד |

The writing system of unvocalized texts with the insertion of vav and yod to indicate vowels is called כְּתִיב מָלֵא (ktív malé) and the fully vocalized one that does not include these extra letters is called כְּתִיב חָסֵר (ktív ḥasér). ניקוד (nikood) is the inclusion of vowels in a text.

## STRESS AND INTONATION PATTERNS

Stress or accent in Hebrew usually falls on the last syllable and less often on the penultimate (second to last) syllable. When the accent falls on the last syllable the stress pattern is called מלרע (milra'). When the accent is on the penultimate syllable the stress pattern is known as מלעיל (mil'el).

| | | |
|---|---|---|
| milra': | shalóm | שָׁלוֹם |
| mil'el: | séfer | סֵפֶר |

### STRESS IS PHONEMIC

Stress is phonemic in Hebrew, that is, the same sounds with different stress patterns will constitute two different words with different meanings.

Observe the difference stress makes in the following words.

| | | |
|---|---|---|
| bíra | beer | בירה |
| birá | capital city | בירה |
| rátsa | she ran | רצה |
| ratsá | he wanted | רצה |

### INTONATION PATTERNS IN SPEECH EXTEND ACROSS COMPLETE UTTERANCES

Hebrew, like other spoken languages, has its own intonational conventions, and learners should incorporate them into their speech. Intonation patterns can change the meaning of utterances. For example, the same string of words with a different intonation pattern can be either a statement or a question.

"David is at home."        /davíd babáyit/        (flat)                דוד בבית.

"Is David home?"          /davíd babáyit/        (with rising tone)    דוד בבית?

Stress can be used to change the emphasis and intention of a speaker.

"I *don't want* to go home!"                    אני לא רוצה ללכת הביתה!

  (I want to stay)

"I don't want to go *home*!"                    אני לא רוצה ללכת הביתה!

  (I want to go to the zoo)

## RAPID VERSUS DELIBERATELY ARTICULATED SPEECH

In daily speech native speakers employ rapid speech in which words are linked together. A process of elision, reduction, and assimilation of individual sounds, as well as a change of stress patterns, often occurs. Observe the following examples of slow, deliberate speech versus natural, rapid speech.

"What do you mean?"

Slow speech:          מה זאת אומרת?          /má zót oméret/

Rapid speech:                                 /maztoméret/

"You want to come?"

Slow speech:          אתה רוצה לבוא?          /atá rotsé lavó/

Rapid speech:                                 /'trotsélavó/

## HEBREW SCRIPT

Most of the letters of the Hebrew cursive alphabet (used in writing) are formed by drawing circles, parts of circles, and lines. The letters are not attached. The size of the letters, relative to one another, is of critical importance. Most letters fit between two imaginary lines, and ones that either extend under the lower line or over the upper line are formed in relationship to those two imaginary lines.

Here are all the letters in script form.

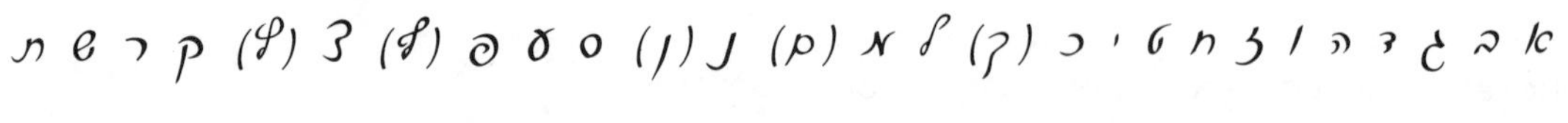

ת ס ש ר ק (ף) צ (ף) פ ס ע ס (ן) נ (ם) מ ל ף כ (ך) י ט ח ז ו ה ד ג ב א

The starting point for drawing the letters and the direction in which they are drawn is important. Illegible and nonnative writing is often a result of drawing the letters without regard to direction or starting point. In the following examples and exercises both direction and starting point are indicated.

## LETTERS THAT RESEMBLE ONE ANOTHER

Some letters resemble one another, so the individual differences should be carefully observed. Size and even the slightest individual differences in shape distinguish letters from one another.

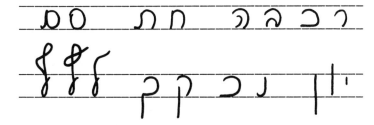

Observe the following pairs of letters that resemble each other very closely.

1. The letters כ (kaf) and ר (resh) are similar. The resh ends abruptly at the line, whereas the kaf extends in a line parallel to the bottom line.

2. The letters ח (het) and ת (tav) are similar. The het ends abruptly at the line, whereas the tav extends a bit parallel to the bottom line.

3. The letters ד (dalet) and צ (tsadi) are similar in shape but not in size. The dalet fits between the two imaginary lines, while the tsadi is formed by drawing it above the top line with its bottom half reaching the lower line. The dalet ends abruptly at the bottom line while the tsadi extends in a line parallel to the bottom line.

4. The letters ג (gimel) and ז (zayin) are similar. They both extend below the bottom line. They are almost identical in shape but face in different directions.

5. The letters ו (vav), י (yod), and final ן (nun) are similar. All three are composed of straight lines, but they vary in length and placement relative to these two lines.

## DIRECTIONS IN WRITING

### Starting a Circle/Part of a Circle

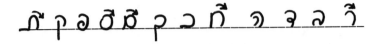

### Letters with Loops

### Letters Made of Lines

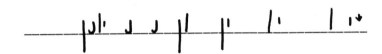

### EXERCISE 1 — תרגיל כתיבה 1

Write out the printed words in script. Fill up the entire line with words. Follow the examples.

ר=ר ב=ב ח=ח ה=ה

בחר בחר ______________________________

חברה חברה ______________________________

רחב רחב ______________________________

החבר החבר ______________________________

פ=פ ת=ת ס=ס ק=ק

פתק פתק

סרק סרק

סחב סחב

הפסקה הפסקה

סקר סקר

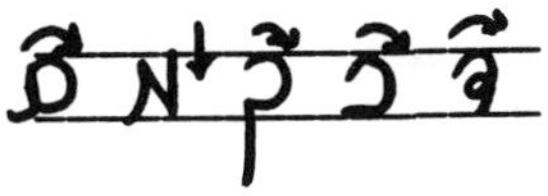

ד=ד כ=כ ך=ך מ=מ ם=ם

קדם קדם

מכר מכר

חכם חכם

דרך דרך

כרך כרך

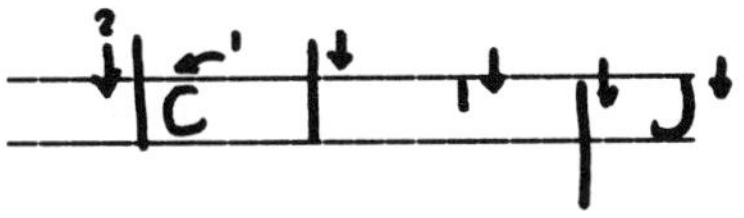

נ=נ ן=ן י=י ו=ו א=א

אדום אדום

ירוק ירוק

יהונתן יהונתן

נבון נבון

נכון נכון

יהודית _יהודים_

מרדכי _מרדכי_

ע=ס   ט=6   ש=6   ג=ג   ז=3

שגריר _שגריר_

גזר _גזר_

מעטפה _מעטפה_

שיטפון _שיטפון_

עתיקות _עתיקות_

שורש _שורש_

זיתים _זיתים_

ל=?   צ=3   ק=?   פ=?   ר=?

ליצן _ליצן_

צידוף _צידוף_

צפוף _צפוף_

פיצוצים _פיצוצים_

אלף _אלף_

לביבות _לביבות_

עץ _עץ_

**EXERCISE 2: Choosing Hebrew Letters Based on Pronunciation** **תרגיל מספר 2**

Practice writing Hebrew script by adding the missing letter in each of the following words. The letters can have a consonant or a vowel value.

aleph /c א אָלֶף
/'/ (zero or glottal stop)

Aleph is pronounced only when there is a vowel; then it takes the sound of that vowel, with a glottal stop at the beginning of words or syllables. It is silent when there is no vowel.

| | |
|---|---|
| אפריקה | ____פריקה |
| אמריקה | ____מריקה |
| באר שבע | ב____ר שבע |
| זאב | ז____ב |
| אבא | ____ב____ |
| אמא | ____מ____ |

vet ג ב בֵית  bet ג ב בֵּית
/v/ as in love  /b/ as in **B**ob

In the beginning of a word ב is pronounced /b/, and in the final position /v/. It can be either /b/ or /v/ in a medial position, depending on syllabic structure and grammatical patterns.

| | |
|---|---|
| בּוּלגריה | ____ולגריה |
| בּוֹסטוֹן | ____וסטון |
| שבּת | ש____ת |
| אב | ____א |
| תל אביב | תל א____י____ |
| עברית | ע____רית |

gimel ג ג גִימֶל
/g/ as in **g**lue

Pronunciation in foreign words: 'ג 'ג
/j/ as in **j**azz

| | |
|---|---|
| גאז | ____אז |
| גוֹלדה | ____וֹלדה |
| גלוֹריה | ____לוֹריה |
| גוֹרילה | ____וֹרילה |
| ג'אז | ____'אז |

| | |
|---|---|
| ג'ורג' | ____'ור____ |
| ג'והן | ____'והן |
| ג'ינס | ____'ינס |

דָּלֶת ד  dalet
/d/ as in **d**oor

| | |
|---|---|
| דנמרק | ____נמרק |
| הולנד | הולנ____ |
| דליה | ____ליה |
| טד | ט____ |
| אדם | א____ם |
| רדיו | ר____יו |

הֵא ה  heh
/h/ as in **h**eart

When there is no vowel, often at the end of words, ה is not pronounced – it is silent. Elsewhere it is pronounced /h/ as in "**H**olland."

| | |
|---|---|
| הונדורס | ____ונדורס |
| הלסינקי | ____לסינקי |
| ניו דלהי | ניו דל____י |
| הגדה | ____גד____ |
| הולנד | ____ולנד |
| הללוייה | ____ללויי____ |
| היסטוריה | ____יסטורי____ |

וָו ו  vav
/v/ as in **v**el**v**et

| | |
|---|---|
| וילה | ____ילה |
| טלויזיה | טל____יזיה |
| וינה | ____ינה |
| ונציה | ____נציה |
| וידאו | ____ידאו |
| וושינגטון | ____שינגטון |

Vav also has two vowel pronunciations.

חוֹלָם גדוֹל וֹ וֹ vowel 1
/o/ as in sh**o**rt

| | |
|---|---|
| רדיוֹ | רדי___ |
| קוֹקה קוֹלה | ק___קה ק___לה |
| טלפוֹן | טלפ___ן |
| טוֹרנאדוֹ | ט___רנאד___ |

שוּרוּק וּ וּ vowel 2
/u/ as in r**oo**t

| | |
|---|---|
| רדיוּס | רדי___ס |
| רוּת | ר___ת |
| ירוּשלים | יר___שלים |
| טוּנה | ט___נה |
| רוּסיה | ר___סיה |
| תוּרכּיה | ת___רכיה |

זַיִן ז ז zayin
/z/ as in **z**ebra

ז׳ ז׳ Pronunciation in foreign words
/zh/ as in gara**ge**

| | |
|---|---|
| גאז | גא___ |
| בּרזיל | בר___יל |
| זלדה | ___לדה |
| קלמזוּ | קלמ___וּ |
| גראז׳ | גרא___ |
| ז׳קלין | ___קלין |

חֵית ח ח ḥet
/ch/ as in **ch**utzpa

| | |
|---|---|
| חנוּכּה | ___נוּכה |
| לחיים! | ל___יים! |
| חלם | ___לם |
| חוּצפּה | ___וּצפּה |
| חיפה | ___יפה |

טֵית ט ט tet
/t/ as in **t**ravel

The transcription of /t/ in foreign words is usually the letter ט.

**סטודנט** studen**t**
**אוניברסיטה** universi**t**y

| | |
|---|---|
| טולסטוי | ___ולס___וי |
| טראומה | ___ראומה |
| טורונטו | ___ורונ___ו |
| טונה | ___ונה |
| סטודנט | ס___ודנ___ |
| אוניברסיטה | אוניברסי___ה |

**יוד** י י yod (yud)
/y/ as in **y**ear

| | |
|---|---|
| ניו יורק | נ___ו ___ורק |
| ירמולקה | ___רמולקה |
| פילדלפיה | פילדלפ___ה |
| יוגוסלביה | ___וגוסלב___ה |
| ירושלים | ___רושל___ם |
| רדיו | רד___ו |

Yod also has a vowel pronunciation.

חִירִיק מָלֵא י י vowel
/i/ as in Madrid

| | |
|---|---|
| מישיגן | מ___ש___גן |
| שיקגו | ש___קגו |
| מנילה | מנ___לה |
| פיליפינים | פ___ל___פ___נ___ם |
| תל אביב | תל אב___ב |

khaf כ ך    כַף כ ך    kaf כּ   כּ   כַּף

/ch/ as in Ba**ch**    /k/ as in **c**ar

In the beginning of a word כ is pronounced /k/, and in the final position /kh/. It can be either /k/ or /kh/ in a medial position, depending on syllabic structure and grammatical patterns.

| | |
|---|---|
| כרמל | ___רמל |
| כרמן | ___רמן |
| כינרת | ___ינרת |
| כהן | ___הן |
| באך | בא___ |
| סוּכּה | סוּ___ה |
| בּוּכרה | בּוּ___רה |
| בּרוּך | בּרו___ |

The transcription of /ch/ in foreign words is usually כ.

chlorine כלוֹר

chemistry כִּימִיָה

lamed ל   ל   לָמֶד

/l/ as in **l**ight

| | |
|---|---|
| לימוֹן | ___ימוֹן |
| לוֹנדוֹן | ___וֹנדוֹן |
| תל אביב | ת___ אביב |
| לינדה | ___ינדה |
| ישׂראל | ישׂרא___ |
| גליל | ג___י___ |

mem מם   מ ם   מֵם

/m/ as in **m**oon

| | |
|---|---|
| מִריָם | ___רי___ |
| מוֹנטנה | ___וֹנטנה |
| מוּסיקה | ___וּסיקה |
| מקרוֹני | ___קרוֹני |
| לחיים | לחיי___ |

נוּן נ ן nun
/n/ as in **n**oo**n**

| | |
|---|---|
| נעמִי | ____עמי |
| ניו דֶלהִי | ____יו דלהי |
| נתניה | ____ת____יה |
| נתן | ____ת____ |
| אפגנִיסטָן | אפג____יסט____ |
| אִידָן | איד____ |

סָמֶך ס samekh
/s/ as in **S**am

| | |
|---|---|
| סונטה | ____ונטה |
| סקנדינביה | ____קנדינביה |
| סוקרטס | ____וקרט____ |
| סימפוניה | ____ימפוניה |
| סוודר | ____וודר |

עַיִן ע ayin

Ayin is pronounced only when there is a vowel, and it takes the sound of that vowel.

| | |
|---|---|
| גן עדן | גן ____דן |
| עליזה | ____ליזה |
| עברית | ____ברית |
| עמיחי | ____מיחי |
| רגע | רג____ |

פֵּה פּ peh — פֵה פ ף feh
/p/ as in **p**ost — /f/ as in roo**f**

In the beginning of a word **פּ** is pronounced /p/, and in the final position /f/. It can be pronounced either /p/ or /f/ in a medial position, depending on syllabic structure and grammatical patterns. This rule may be ignored in foreign words to preserve their authentic pronunciation.

| | |
|---|---|
| אוֹפרה | אוֹ____רה |
| אוּטוֹפּיה | אוּטוֹ____יה |
| פּאריס | ____אריס |
| צ׳פּלין | צ׳____לין |

| | |
|---|---|
| פילוסופיה | ____ילוסו____יה |
| פיסיקה | ____יסיקה |
| פילדלפיה | ____ילדל____יה |
| ג׳יראף | ג׳ירא____ |

In foreign words that have an /f/ sound at the beginning, פ keeps that value.

צָדִי צ ץ צ ץ tsadi

/ts/ as in ca**ts**

צ׳ צ׳ Pronunciation in foreign words

/ch/ as in **Ch**arley

| | |
|---|---|
| צבי | ____בי |
| צבר | ____בר |
| צדיק | ____דיק |
| צ׳ארלי | ____ארלי |
| פונץ׳ | פונ____ |
| צ׳פלין | ____פלין |

קוֹף ק ק kof (kuf)

/k/ as in **k**ing

| | |
|---|---|
| קנדה | ____נדה |
| קזבלנקה | ____זבלנ____ה |
| אלסקה | אלס____ה |
| אפריקה | אפרי____ה |
| קונצרט | ____ונצרט |

In the transcription of foreign words ק is usually used for the sound /k/.

Canada קנדה

Korea קוריאה

רֵיש ר ר resh

/r/ as in c**r**y

| | |
|---|---|
| ריאליזם | ____יאליזם |
| ברברה | ב____ב____ה |
| קרטר | ק____ט____ |
| רומניה | ____ומניה |

שִׁין שׁ ℯ̇ shin

/sh/ as in **sh**ine

| | |
|---|---|
| **וושינגטון** | **ו____ינגטון** |
| **שיעור** | **____עור** |
| **שנגרילה** | **____נגרילה** |
| **שלום** | **____לום** |
| **ירושלים** | **ירו____לים** |

שִׂין שׂ ℯ̇ sin

/s/ as in **s**now

| | |
|---|---|
| **ישׂראל** | **י____ראל** |
| **שׂרה** | **____רה** |
| **שׂולטן** | **____ולטן** |

תָּו ת ת tav

/t/ as in **t**iger

| | |
|---|---|
| **תה** | **____ה** |
| **תורה** | **____ורה** |
| **תלמוד** | **____למוד** |
| **תל אביב** | **____ל אביב** |
| **תרפיסט** | **____רפיסט** |
| **תיאוריה** | **____יאוריה** |

The transcription of /th/ in foreign words is usually the letter **ת**.

**תיאוריה** theory

**תרפיסט** therapist

# LESSON 2     שיעור מספר 2

---

## PART A     חלק א'

DIALOGUE A: STUDENTS AT THE UNIVERSITY –
GETTING ACQUAINTED

שיחון א': סטודנטים באוניברסיטה –
שיחות הכרות

(Ronit and Orli are students in Dr. Elon's class.)

(רונית ואורלי סטודנטיות בכיתה של ד"ר אילון.)

| | |
|---:|---:|
| אורלי: | שלום, רונית. |
| רונית: | שלום. מה נשמע? |
| אורלי: | הכל בסדר. |

(Gil comes.)

(גיל בא.)

| | |
|---:|---:|
| גיל: | בוקר טוב, אורלי. |
| אורלי: | בוקר טוב. |
| גיל: | מה נשמע? |
| אורלי: | בסדר. |
| | |
| אורלי: | גיל, זאת רונית. רונית, זה גיל. |
| גיל: | נעים מאוד. |
| רונית: | נעים מאוד. |

(David comes.)

(דוד בא.)

| | |
|---:|---:|
| אורלי: | גיל, זה דוד. דוד, זה גיל. |
| גיל: | נעים מאוד. |
| דוד: | נעים מאוד. |

(Ori comes.)

(אורי בא.)

| | |
|---:|---:|
| אורי: | שלום, גיל. |
| גיל: | שלום, אורי. |
| אורלי: | מי זה? |
| גיל: | זה אורי. |
| אורי: | מי זאת? חברה של גיל? |
| אורלי: | כן. אני חברה של גיל. |
| | |
| גיל: | רונית, זה אורי. |
| אורי: | מי זאת? מה שמך? |
| רונית: | אני סטודנטית ושמי רונית מזרחי. |
| אורי: | נעים מאוד. |

## GREETINGS AND RESPONSES

---

| **SPEECH PATTERNS** | **תבניות לשון** |
| --- | --- |

| Hello! | שָׁלוֹם! |
| Hello! | שָׁלוֹם! |
| Good morning! | בּוֹקֶר טוֹב! |
| Good morning! | בּוֹקֶר טוֹב! |
| Good evening! | עֶרֶב טוֹב! |
| Good evening! | עֶרֶב טוֹב! |
| Goodbye! | שלום! |
| See you! | לְהִתְרָאוֹת! |
| Bye! Bye! | שלום! שלום! |
| How are things? | מַה נִשְׁמַע? |
| OK. | בְּסֵדֶר. |
| Everything is all right. | הַכֹּל בְּסֵדֶר. |

---

### EXERCISE 1                                                    תרגיל מספר 1

Respond according to the directions given in the following scenarios.

It is morning. You meet Dani in the street. Greet him.
You see Dalia in the distance. Yell "hello" to her and ask her if everything is OK.
It is evening. You meet Dr. Elon at the library. Greet him.
Dr. Elon asks you if everything is all right. Answer him.
Dr. Elon says goodbye to you. Answer him.

## THE NOUN SYSTEM: GENDER FEATURES

All Hebrew nouns are classified grammatically by gender: masculine or feminine,
regardless whether they have masculine or feminine attributes. The Hebrew word for
masculine is זָכָר and for feminine נְקֵבָה.

### Nouns That Refer to Living Beings

One set of nouns in Hebrew refers to living beings. The grammatical gender of such
nouns reflects real masculine and feminine attributes.

Common Nouns

| *Feminine* | *נקבה* | *Masculine* | *זכר* |
| --- | --- | --- | --- |
| female student | סְטוּדֶנְטִית | male student | סְטוּדֶנְט |
| female friend | חֲבֵרָה | male friend | חָבֵר |
| female teacher | מוֹרָה | male teacher | מוֹרֶה |

Proper Nouns: Names

| *Feminine* | *נקבה* | *Masculine* | *זכר* |
|---|---|---|---|
| Orli | אוֹרְלִי | Gil | גִּיל |
| Ronit | רוֹנִית | Ori | אוֹרִי |
| Dalia | דַּלְיָה | Dan | דָּן |

## Nouns That Do Not Refer to Living Beings

The grammatical gender of such nouns is assigned. It does not reflect actual feminine and masculine attributes.

Common Nouns

| *Feminine* | *נקבה* | *Masculine* | *זכר* |
|---|---|---|---|
| class, classroom | כִּיתָה | lesson | שִׁיעוּר |
| university | אוּנִיבֶרְסִיטָה | book | סֵפֶר |
| library | סִפְרִיָּה | house, home | בַּיִת |
| television | טֶלֶוִיזְיָה | telephone | טֶלֶפוֹן |
| cassette | קַלֶּטֶת | radio | רַדְיוֹ |

## Vocabulary Notations: Masculine and Feminine

The gender of nouns will be indicated by the following notations:
(ז) for masculine and (נ) for feminine.

| | | | |
|---|---|---|---|
| (נ) | כיתה | (ז) | שיעור |
| (נ) | אוניברסיטה | (ז) | ספר |
| (נ) | ספריה | (ז) | שם |
| (נ) | טלויזיה | (ז) | טלפון |
| (נ) | קלטת | (ז) | רדיו |

Observe that many feminine forms have either a final ה- or a final ת-. These suffixes can be feminine endings of nouns, adjectives, or verbs in present tense.

| | |
|---|---|
| ת- | ָה |
| סטודנטית | אוניברסיטה |
| קלטת | ספריה |

## SUBJECT PERSONAL PRONOUNS: SINGULAR

There are five singular subject personal pronouns.

| | |
|---|---|
| I (masculine or feminine) | אֲנִי |
| you (masculine) | אַתָּה |
| you (feminine) | אַתְּ |
| he/it (masculine) | הוּא |
| she/it (feminine) | הִיא |

Notice that the first person singular pronoun אני "I" can be masculine or feminine. The second person pronouns את and אתה and the third person pronouns היא and הוא differ by gender.

### Agreement Rules

Nouns or verbs that follow the subject pronouns as predicates share the gender features of the subject.

The third person pronouns have the gender of the nouns they replace, be they people, things, places, or concepts.

| | |
|---|---|
| *Gil* is a student. | גִּיל סְטוּדֶנְט. |
| *He* is studying English. | הוּא לוֹמֵד אַנְגְּלִית. |

| | |
|---|---|
| *Jerusalem* is a beautiful city. | יְרוּשָׁלַיִם עִיר יָפָה. |
| *It* is the capital city. | הִיא עִיר הַבִּירָה. |

### Verbless Sentences

| | |
|---|---|
| Jerusalem (is) in Israel. | יְרוּשָׁלַיִם בְּיִשְׂרָאֵל. |
| She (is) a student. | הִיא סְטוּדֶנְטִית. |
| Who (are) you? | מִי אַתָּה? |

In Hebrew there are no present tense forms of the verb "to be." When "is" or "are" would be used in English, there are no equivalents in Hebrew.

## THE QUESTION WORD "WHO?"

The question word מי? "who?" is used to inquire about the identity of a person. The answer to the question may be a proper name, a pronoun, or a noun referring to a particular person.

| | |
|---|---|
| *Who* is he? | מי הוא? |
| He is *a new student.* | הוא סטודנט חדש. |
| *Who* is she? | מי היא? |
| She is *a new student.* | היא סטודנטית חדשה. |

**EXERCISE 2** **תרגיל מספר 2**

Complete the questions and answers by adding personal pronouns. Follow the examples.

מי אתה?
אני חבר של גיל.
מי ______?
אני חברה של גיל.
מי הוא?
______ מורה לספרות.
מי היא?
______ סטודנטית.

THE QUESTION "WHAT IS YOUR NAME?"

| | |
|---|---|
| *What is your name?* | מַה שִׁמְךָ? |
| *My name* is Danni. | שְׁמִי דני. |
| *What is his name?* | מה שְׁמוֹ? |
| *His name* is Danni. | שְׁמוֹ דני. |
| *What is your name?* | מַה שְׁמֵךְ? |
| *My name* is Dalia. | שְׁמִי דליה. |
| *What is her name?* | מה שְׁמָהּ? |
| *Her name* is Dalia. | שְׁמָהּ דליה. |

**EXERCISE 3** **תרגיל מספר 3**

Form questions and answers by combining the names in the following lists with the appropriate pronouns. Follow the example.

Names of persons:

| זכר | נקבה |
|---|---|
| דוד | רות |
| דן | דליה |
| גיל | עליזה |

מה שמך?
שמי דוד.

Form questions and answers by combining the nouns in the following lists with the appropriate pronouns. (של is the particle of possession ["of"]). Follow the example.

| | | | |
|---|---|---|---|
| Nouns: | a student | סטודנטית | סטודנט |
| | a teacher | מורה | מורה |
| | a friend (of) | חברה (של דן) | חבר (של אורי) |

מי אתה?/מי את?
אני חבר של אורי.

## SPEECH PATTERNS — תבניות לשון

| | |
|---|---|
| *What is this?* | *מַה זֶה?* |
| This is a book. | זה ספר. |
| This is a Hebrew lesson. | זה שיעור לעברית. |
| This is a university. | זאת אוניברסיטה. |
| This is a Hebrew class. | זאת כיתה לעברית. |
| *Who is this?* | *מִי זֶה?* |
| This is Dan. | זה דן. |
| This is a Hebrew student. | זה סטודנט לעברית. |
| This is Dalia. | זאת דליה. |
| This is a Hebrew teacher. | זאת מורה לעברית. |

## DEMONSTRATIVE PRONOUNS: SINGULAR

Demonstrative pronouns are used to point to or refer to. The pronoun זה refers to masculine entities and the pronoun זאת refers to feminine entities. In the following examples זה and זאת point to both objects and people.

| | |
|---|---|
| *Masculine* | *זכר* |
| This is a book. | זֶה ספר. |
| This is Dan. | זֶה דן. |
| *Feminine* | *נקבה* |
| This is a library. | זֹאת ספריה. |
| This is a student. | זֹאת סטודנטית. |

When the demonstrative pronoun initiates the sentence, it is equivalent to "this is," rather than to just the pronoun by itself.

**EXERCISE 4**                                                        תרגיל מספר 4

Complete the phrase by adding זה or זאת according to the gender of the noun.

מה זה?

_____ טלפון.

_____ רדיו.

_____ טלויזיה.

_____ קלטת (קסטה).

מי זה?

_____ דליה.

_____ סטודנט.

_____ חברה של דליה.

_____ אורי.

_____ מורה.

_____ חבר של דליה.

מי זה?

_____ ד"ר אורי שכטר.

_____ אדון כּהן.

_____ גברת שפירו.

_____ ד"ר דליה כהן.

אָדוֹן = Mr.       גְּבֶרֶת = Ms./Mrs./Miss       ד"ר (דוֹקטוֹר) = Dr. (Doctor)

**EXERCISE 5**                                                        תרגיל מספר 5

Here are several models for social interactions. Use them to create your own
dialogues. Change the names, add a sentence or two.

א'

גיל, זאת רינה.

נעים מאוד.

רינה, זה גיל.

נעים מאוד.

ב'

מי אתה?

אני ד"ר שכטר.

אה . . . ד"ר שכטר.

ואת? מה שמך?

שמי חנה שרון.

דוקטור שרון?

לא. פרופסור שרון.

נעים מאוד.

נעים מאוד.

ג'

שלום, דן.

שלום, דינה.

מה נשמע?

הכל בסדר.

ד'

שלום, גברת לב.

שלום, אדון מזרחי.

הכל בסדר?

כן. הכל בסדר.

*Group activity:* Work in groups of three. Create scenarios similar to the preceding interactions in which one person introduces the other two. Assign roles in each group.

| **SPEECH PATTERNS** | **תבניות לשון** |
|---|---|
| Dalia is a student. | דליה סטודנטית. |
| Aliza is *not* a student. | עליזה לא סטודנטית. |
| Is she a teacher? | היא מורה? |
| *No*. She is *not* a teacher. | לא. היא לא מורה. |
| David is a student. | דוד סטודנט. |
| Dan is *not* a student. | דן לא סטודנט. |
| Is he a teacher? | הוא מורה? |
| *Yes*. He is a teacher. | כן. הוא מורה. |
| Is she Dan's friend? | היא חברה של דן? |
| *No*! | לא! |
| Is he Ori's friend? | הוא חבר של אורי? |
| *Yes*! | כן! |

## THE NEGATIVE PARTICLE לא AND THE POSITIVE PARTICLE כן

The answer to yes/no questions is either the positive particle כֵּן "yes" or the negative particle לא "no."

The negative particle also precedes the word within a sentence or a phrase that is being negated.

| *Positive* חִיּוּב | *Negative* שְׁלִילָה |
|---|---|
| את סטודנטית? | את סטודנטית? |
| כן! | לא! אני לא סטודנטית. |

אתה מורה לעברית?
כן. אני מורֶה לעברית.

אתה מורה לעברית?
לא. אני לא מורֶה לעברית.

**EXERCISE 6** **תרגיל מספר 6**

Form questions from words in the two columns and give two answers: a positive answer and a negative answer.

| זכר | נקבה | |
|---|---|---|
| סטודנט | סטודנטית | |
| מורֶה | מורָה | |
| חבר (של דן) | חברה (של דן) | |
| אתה ______? | את ______? | Are you a ______? |

| | | |
|---|---|---|
| טלפון | טלוויזיה | |
| רדיו | קלטת | |
| ספר | כיתה לעברית | |
| זה ______? | זאת ______? | Is this a ______? |

**SPEECH PATTERNS** **תבניות לשון**

| | |
|---|---|
| האם אתה סטודנט? | Are you a student? |
| כן. אני סטודנט. | Yes. I am a student. |
| לא. אני לא סטודנט. | No. I am not a student. |

## YES OR NO?

The question with a yes/no answer can be phrased in two ways: (1) without a question word or (2) introduced by the question word הַאִם?.

The question word הַאִם? has no equivalent in English. In English such questions are initiated with "Are you/Is he?" or "Do you/Does he?"

**EXERCISE 7** **תרגיל מספר 7**

Form questions with words from the two columns and give both a yes and a no answer to each question.

| | |
|---|---|
| אורי | סטודנט |
| הוא | מורה |
| זה | רדיו |
| היא | סטודנטית |
| את | מורָה |

| | |
|---|---|
| אתה | מוֹרֶה |
| זה | ד"ר אֵילוֹן |
| זאת | גברת אֵילוֹן |

---

| SPEECH PATTERNS | תבניות לשון |
|---|---|
| Are you from Tel Aviv? | האם את/ה מתֵל-אָבִיב? |
| No. I am from Haifa. | לא. אני מחֵיפָה. |
| Are you Danni's friend? | את/ה חבר/ה של דָנִי? |
| Yes. | כן. |
| Are you in the literature class? | אַת בַּכִּיתָה לְסִפרוּת? |
| Yes. I am in the literature class. | כן. אני בכיתה לספרות. |
| Who is the literature instructor? | מי הַמּוֹרֶה לְספרות? |
| Dr. Elon is the literature instructor. | ד"ר אילון המורה לספרות. |

---

## SOME PREPOSITIONS AND PARTICLES

A more extensive discussion of these prepositions and particles is presented in subsequent lessons.

| *Prepositions* | *מיליות יחס* |
|---|---|
| *from* | מִ- |
| Are you from Tel Aviv? | אתה מִתל אביב? |
| Are you from Jerusalem? | אתה מִירושלים? |
| *of* | שֶׁל |
| Are you a friend of Dan's? | אתה חבר שֶׁל דן? |
| Are you a friend of Orli's? | את חברה שֶׁל אורלי? |
| *for/of* | לְ- |
| Are you a teacher of Hebrew? | אתה מורה לְעברית? |
| Are you a teacher of English? | את מורה לְאנגלית? |
| *at/in (the)* | בְּ- (בַּ-)/(בָּ-) |
| Is Ori at home? | אורי בַּבית? |
| Are you a student at the university? | אתה סטודנט בָּאוניברסיטה? |
| *Particles* | *מיליות* |
| *and* | וְ- (וּ-) |
| Are you a teacher of English and Hebrew? | את מורה לאנגלית וּלעברית? |
| Are you a friend of Ori's and Dan's? | אתה חבר של אורי וְשל דן? |

*the*

Are you the teacher?

Are you the student from Haifa?

הַ-

אתה הַמורה?

את הַסטודנטית מחיפה?

**EXERCISE 8**                                                    תרגיל מספר 8

Work with a partner.     Practice interactions using the following model.

אתה ארכיטקט?

כן.

אני ארכיטקט. ואת?

אני רופאה. אתה מחיפה?

לא. אני מאילת. ואת?

| *Nouns* | | | *Names of Places* | |
|---|---|---|---|---|
| teacher | מוֹרֶה/מוֹרָה | | Jerusalem | יְרוּשָׁלַיִם |
| doctor | רוֹפֵא/רוֹפְאָה | | Eilat | אֵילַת |
| architect | אַרְכִיטֶקְט/אַרְכִיטֶקְטִית | | Beersheva | בְּאֵר-שֶׁבַע |

**EXERCISE 9**                                                    תרגיל מספר 9

Form questions with words from the two columns and give both a yes and a no answer to each question.

| | |
|---|---|
| אורי | סטודנט באוניברסיטה |
| דן | מוֹרֶה לעברית |
| זה | ספר לעברית |
| היא | מוֹרָה של אורי |
| את | מחיפה |
| אתה | מתל אביב |
| את | חברה של דוד |
| הוא | סטודנט של ד"ר שכטר |

# חלק ב׳

# PART B

## שיחון ב׳: סטודנטים באוניברסיטה – בשיעור של ד״ר אילון

## DIALOGUE B: STUDENTS AT THE UNIVERSITY – IN DR. ELON'S CLASS

אורי: את לומדת ספרות?
רונית: כן. אני לומדת ספרות.
ואתה? אתה לומד ספרות?
אורי: כן. אני לומד ספרות ותיאטרון.
(דליה באה.) (Dalia comes.)
אורי: מי זאת? חברה של אורלי?
גיל: לא. היא חברה של דוד.
אורי: מה היא לומדת?
גיל: היא לומדת הסטוריה ואנגלית.
אורי: ומה אתה לומד?
גיל: אני לומד פיסיקה ומתמטיקה.
(המורה בא.) (The instructor comes.)
המורה: שלום. בוקר טוב!
(אחרי השיעור.) (After class.)
אורי: אתה הולך לקפיטריה?
גיל: כן. אני הולך. אורלי, את באה?
אורלי: לא. אני לא באה.
גיל: שלום, אורלי.
אורלי: להתראות.

### תרגיל מספר 10: כן או לא?

### EXERCISE 10

1. האם גיל לומד פיסיקה? ______
2. האם רונית לומדת ספרות? ______
3. האם דליה חברה של אורי? ______
4. האם דליה לומדת אנגלית? ______
5. האם אורי חבר של רונית? ______
6. האם אורי לומד תיאטרון? ______
7. האם אורלי הולכת לקפיטריה? ______
8. האם אתה לומד תיאטרון? ______
9. מי לומד פיסיקה ואנגלית? ______
10. מי לומד פיסיקה ומתמטיקה? ______

| SPEECH PATTERNS | תבניות לשון |
|---|---|
| Are you studying Hebrew? | האם אתה לומד עברית? |
| Yes. I am studying Hebrew. | כן. אני לומד עברית. |
| Are you studying Hebrew? | האם את לומדת עברית? |
| No. I am not studying Hebrew. | לא. אני לא לומדת עברית. |

## PRESENT TENSE VERB FORMS: SINGULAR

There are four present tense verb forms: two singular and two plural. The two singular forms consist of one for masculine subjects and one for feminine subjects.

Here are the present tense singular forms of the verb לִלְמוֹד "to study."

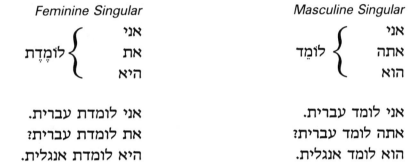

*Masculine Singular*

אני / אתה / הוא } לומֵד

*Feminine Singular*

אני / את / היא } לומֶדֶת

אני לומד עברית.
אתה לומד עברית?
הוא לומד אנגלית.

אני לומדת עברית.
את לומדת עברית?
היא לומדת אנגלית.

Here are the present tense singular forms of the verb לָבוֹא "to come."

*Masculine Singular*

אני / אתה / הוא } בָּא

*Feminine Singular*

אני / את / היא } בָּאָה

אני בא לשיעור.
אתה בא לשיעור?
הוא בא לשיעור.

אני באה לשיעור.
את באה לשיעור?
היא באה לשיעור.

Here are the present tense singular forms of the verb לָלֶכֶת "to go."

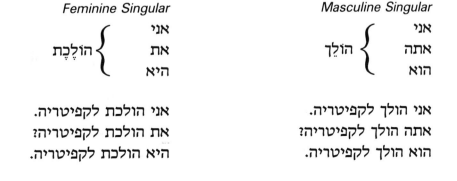

*Masculine Singular*

אני / אתה / הוא } הולֵך

*Feminine Singular*

אני / את / היא } הולֶכֶת

אני הולך לקפיטריה.
אתה הולך לקפיטריה?
הוא הולך לקפיטריה.

אני הולכת לקפיטריה.
את הולכת לקפיטריה?
היא הולכת לקפיטריה.

## EXERCISE 11 — תרגיל מספר 11

Find a partner and ask each other questions. Report in third person about what your partner studies. Some subjects of study are:

עִבְרִית, אַנגלִית, סִפרוּת, תֵיאַטרוֹן, הִסטוֹרְיָה, פִיסִיקָה, מָתֵמָטִיקָה

מה אתה לומד?

אני לומד ________. הוא ________.

מה את לומדת?

אני לומדת ________. היא ________.

Ask each other whether you are coming to class. Report in third person.

האם אתה בא לשיעור לעברית?

כן/לא. אני ________. הוא ________.

האם את באה לשיעור לאנגלית?

כן/לא. אני ________. הוא ________.

## EXERCISE 12 — תרגיל מספר 12

Complete the positive and negative answers, following the example sentence.

(הַאִם) אתה דן?

כן. אני דן. — לא. אני לא דן. אני דוד.

1. (האם) היא לומדת בתל אביב?
   כן. היא ________ בתל אביב. — לא. היא לא ________.
2. (האם) אתה לומד בָאוניברסיטה?
   כן. אני לומד באוניברסיטה. — לא. אני לא ________.
3. (האם) אדון כֹּהֵן בא לַשיעור לְעברית?
   כן. הוא ________. — לא. הוא לא ________. הוא ________ לאנגלית.
4. (האם) גברת כהן באה לַשיעור לְאנגלית?
   כן. היא ________. — לא. היא לא ________. היא ________ לעברית.

---

## SPEECH PATTERNS — תבניות לשון

| | |
|---|---|
| Dan, how are you? | דן, מה שלומְךָ? |
| Dalia, how are you? | דליה, מה שלומֵך? |
| I am fine. | שלומִי טוב. |

---

| | |
|---|---|
| *Greeting* | |
| Hello, David. | שָׁלוֹם, דוד. |
| Hello, Dan. | שָׁלוֹם, דן. |
| How are you? | מה שְׁלוֹמְךָ? |
| I am fine. | שְׁלוֹמִי טוֹב. |
| *Morning Greeting* | |
| Good morning, Dalia. | בּוֹקֶר טוֹב, דליה. |
| Good morning, Dan. | בּוֹקר טוֹב, דן. |
| How are you? | מה שלוֹמֵךְ? |
| Not bad. | לֹא רַע. |
| *Evening Greeting* | |
| Good evening, Dalia. | עֶרֶב טוֹב, דליה. |
| Good evening, Dan. | ערב טוֹב, דן. |
| How are you? | מה שלומך? |
| Well, thanks. | טוֹב, תודה. |
| *Informal Greetings* | |
| What's new? | מה חָדָשׁ? |
| Nothing is new. | אֵין חָדָשׁ. |
| How are things? | מה נִשְׁמַע? |
| OK/Everything is OK. | בְּסֵדֶר/הַכֹּל בְּסֵדֶר. |
| *On Parting* | |
| Goodbye! | שלום! |
| See you! | לְהִתְרָאוֹת! |
| Bye! Bye! | שלום! שלום! |
| Good night! | לַיְלָה טוֹב! |

## EXERCISE 13 תרגיל מספר 13

Complete the following conversations.

אורי: שלום, דני.
מה ________?
דני: שלומי ________.
אורי: מה ________?
דני: הכל ________.
אורי: יופי!

גיל: בוקר טוב, דליה.
דליה: בוקר ________, גיל.
גיל: מה ________?
דליה: אין חדש.
גיל: ________!
דליה: להתראות!

אורלי: ערב טוב, דני.
דני: ________.
אורלי: הכל בסדר?
דני: כן. הכל ________.
אורלי: אין חדש?
דני: ________ חדש.

גיל: מה ________?
דליה: לא רע.
דליה: מה ________?
גיל: בסדר.
דליה: לילה טוב!
גיל: ______! ________!

## NOUNS WITH POSSESSIVE PRONOUN SUFFIXES

In this lesson, the nouns שֵׁם "name" and שָׁלוֹם "peace/welfare" are combined with pronoun suffixes to form the following expressions.

| *Noun* | | *Expressions Used in Greetings:* | |
|---|---|---|---|
| my name | שְׁמִי | my welfare | שְׁלוֹמִי |
| your name (m.) | שִׁמְךָ | your welfare (m.) | שְׁלוֹמְךָ |
| your name (f.) | שְׁמֵךְ | your welfare (f.) | שְׁלוֹמֵךְ |
| his name | שְׁמוֹ | his welfare | שְׁלוֹמוֹ |
| her name | שְׁמָהּ | her welfare | שְׁלוֹמָהּ |

Here are examples of the expressions in sentences.

How are you? I am fine. מה שלומך? שלומי טוב.

What is your name? My name is David. מה שמך? שמי דוד.

### EXERCISE 14: Toward Free Expression — תרגיל מספר 14

Read the phone conversations in the right-hand columns and complete new conversations in the left-hand columns.

| | |
|---|---|
| הלו! | שלום! |
| מי זה? | מי זה? |
| זאת רונית. | ________ |
| רונית ענבר? | ________ |
| לא. רונית מזרחי. | ________ |
| אמנון בבית? | ________ |
| לא. אמנון לא בַּבַּית. | ________ |
| אַמנון בַּשִׁיעור לְספרות? | ________ |
| לא. הוא בַּקפיטריה. | ________ |
| שלום. | בסדר. |

| | |
|---|---|
| בוקר טוב! | ערב טוב! |
| בוקר טוב! | ערב טוב! |
| מי זה? | ________ |
| זאת רונית. מי זה? | ________ |
| זה עוזי. | ________ |
| כן?!? | ________ |
| אַבָּא בַּבַּיִת? | ________ |
| לא. אבא בַּספריה. | ________ |
| אִמָּא בַּבַּיִת? | ________ |
| לא. אמא בְּבֵית קָפֶה. | ________ |
| אז מי בַּבַּיִת? | שלום! שלום! |
| אני בבית! | להתראות! |

# LESSON 2 SUMMARY — שיעור 2: סיכום

Communicative Skills Introduced in This Lesson

1. How to introduce people
2. How to greet people

Grammatical Information Introduced in This Lesson

1. Nouns: gender features

   זכר: סטוּדֶנט   נקבה: סטוּדֶנטִית

2. Subject personal pronouns: singular

   אֲנִי, אַתָּה, אַתְּ, הוּא, הִיא

3. The question word "who?" — מִי?
4. The question word "what?" — מַה?
5. Demonstrative pronouns: singular — זֶה, זֹאת
6. Yes/no questions and answers

   האִם אתה סטודנט?
   כֵּן. אני סטודנט.
   לֹא. אני לֹא סטודנט.

7. Prepositions and particles
   - from — אתה מֵחיפה?
   - of — אתה חבר של דליה?
   - for — את מורה לעברית?
   - and — רינה וְרותי סטודנטיות.
   - the — זה המורה לעברית.
8. Present tense verb forms: singular

   דן לוֹמד   דליה לוֹמֶדֶת

9. Nouns with pronoun suffixes

   מה שמך?   מה שלומך?

# WORD LIST FOR LESSON 2 — אוצר מילים לשיעור 2

## Nouns — שמות

| *Singular and plural* | רבים | יחיד/ה |
|---|---|---|
| Sir! | | אָדוֹן (ז) |
| English | | אַנגלִית (נ) |
| morning | בְּקָרִים | בּוֹקֶר (ז) |
| house/home | בָּתִּים | בַּיִת (ז) |
| coffeehouse | בָּתֵּי קָפֶה | בֵּית קָפֶה |
| Ms./Mrs./Miss | | גְבֶרֶת (נ) |
| Dr. | | ד"ר |
| history | | הִסטוֹריָה (נ) |
| masculine | | זָכָר (ז) |
| television | טֶלֶוִיזיוֹת | טֶלֶוִיזיָה (נ) |
| telephone | טֶלֶפוֹנִים | טֶלֶפוֹן (ז) |
| class/classroom | כִּיתוֹת | כִּיתָה (נ) |
| night | לֵילוֹת | לַיְלָה (ז) |
| word | מִילִים | מִילָה (נ) |
| number | מִספָּרִים | מִספָּר (ז) |
| mathematics | | מָתֵמָטִיקָה (נ) |
| feminine | | נְקֵבָה (נ) |
| book | סְפָרִים | סֵפֶר (ז) |
| literature | | סִפרוּת (נ) |
| library | סִפרִיּוֹת | סִפרִיָּה (נ) |
| Hebrew | | עִברִית (נ) |
| city | עָרִים | עִיר (נ) |
| physics | | פִיסִיקָה (נ) |
| cassette | קַלָטוֹת | קַלֶטֶת (נ) |
| cafeteria | קָפִיטֶריוֹת | קָפִיטֶריָה (נ) |
| radio | | רַדיוֹ (ז) |
| name/noun | שֵמוֹת | שֵם (ז) |
| course/class/lesson | שִיעוּרִים | שִיעוּר (ז) |
| theater | | תֵיאַטרוֹן (ז) |

| *Singular: Masculine and Feminine* | יחידה | יחיד |
|---|---|---|
| architect | אַרכִיטֶקטִית | אַרכִיטֶקט |
| friend | חֲבֵרָה | חָבֵר |
| singular | יְחִידָה | יָחִיד |
| teacher/instructor | מוֹרָה | מוֹרֶה |
| student | סְטוּדֶנטִית | סטוּדֶנט |
| physician/doctor | רוֹפְאָה | רוֹפֵא |

## Pronouns — שמות גוף וכינויים

| | יחידה | יחיד |
|---|---|---|
| I | אֲנִי | אֲנִי |
| you (singular) | אַתְּ | אַתָּה |
| he/she | הִיא | הוּא |
| this | זֹאת | זֶה |

## Adjectives: Singular – Masculine and Feminine — תארים

| | יחידה | יחיד |
|---|---|---|
| new | חֲדָשָׁה | חָדָשׁ |
| good | טוֹבָה | טוֹב |
| pretty | יָפָה | יָפֶה |
| bad | רָעָה | רַע |

## Verbs: Infinitive and Singular Forms in Present Tense — פעלים

| | | |
|---|---|---|
| to study | לוֹמֵד/לוֹמֶדֶת | לִלְמוֹד |
| to come | בָּא/בָּאָה | לָבוֹא |
| to go | הוֹלֵךְ/הוֹלֶכֶת | לָלֶכֶת |

## Particles, Prepositions, and Adverbs — מיליות ותארי פועל

| | |
|---|---|
| in/at | בְּ- |
| so/then | אָז |
| the | הַ- |
| question word for yes/no questions | הַאִם? |
| and | וְ- |
| yes | כֵּן |
| to/for | לְ- |
| no | לֹא |
| from | מִ- |
| who? | מִי? |
| what? | מָה? |
| of (possessive preposition) | שֶׁל |

## Expressions and Phrases — ביטויים וצירופים

| | |
|---|---|
| at home | בַּבַּיִת |
| Good morning! | בּוֹקֶר טוֹב! |
| This is David. | זֶה דָּוִד. |
| very nice. (Nice to meet you.) | נָעִים מאוֹד. |

| | |
|---|---|
| לַיְלָה טוֹב! | Good night! |
| מַה נִשְׁמַע? | How are things? |
| הַכֹּל בְּסֵדֶר. | Everything is OK. |
| בְּסֵדֶר. | OK. |
| מַה שְׁלוֹמְךָ? | How are you? |
| שְׁלוֹמִי טוֹב. | I am fine. |
| מַה שִּׁמְךָ? | What is your name? |
| שְׁמִי... | My name is... |
| עִיר בִּירָה (נ) עָרֵי בִּירָה | capital city |
| עֶרֶב טוֹב! | Good evening! |
| שִׁיעוּר לְסִפְרוּת/לְאַנְגְלִית | literature/English class |
| שָׁלוֹם! | Hello! |
| לְהִתְרָאוֹת! | See you! |

# LESSON 3

# שיעור מספר 3

## PART A

## חלק א'

### DIALOGUE A: WHERE ARE YOU FROM?

### שיחון א': מאין אתה? ומאיפה את?

(After class – outside the classroom.)

(אחרי השיעור – מחוץ לכיתה.)

דן: שמי דן. מה שמך?
אורלי: שמי אורלי.
דן: נעים מאוד. ושם המשפחה?
אורלי: עִנְבָּר.
דן: את סטודנטית חדשה. נכון?
אורלי: כן, נכון. אני סטודנטית שנה א'.
ואתה? אתה סטודנט חדש?
דן: לא. אני לא סטודנט חדש.
אני סטודנט שנה ב'.
אורלי: מאין אתה?
דן: אני מתל אביב. ומאיפה את?
אורלי: אני מחיפה.
(דליה באה.)
דן: דליה, מה שלומֵך?
דליה: בסדר. מה שלומְךָ?
דן: טוב. דליה, זאת אורלי.
אורלי: נעים מאוד.
דן: אורלי סטודנטית חדשה.
אורלי: ואת? את סטודנטית חדשה?
דליה: לא. אני סטודנטית שנה ד'.
אורלי: את מתל אביב?
דליה: לא. אני מאילת.
(גיל בא.)
גיל: זה שיעור טוב?
דליה: כן. זה שיעור מעניין.
גיל: ד"ר אילון מורה טוב?
דליה: הוא לא רק טוב. הוא טוב מאוד!
אורלי: הוא מורה מצוּיָּן!

**SPEECH PATTERNS** **תבניות לשון**

| | |
|---|---|
| Dalia is a new student. *Right?* | דליה סטודנטית חדשה. נכון? |
| That's *true.* | נכון. היא סטודנטית חדשה. |
| That's *not true (not so).* | לא נכון. היא לא סטודנטית חדשה. |

## ASSERTIONS: TRUE OR FALSE? נכון או לא נכון?

A reaction to a statement can be the assertion of its truth conditions. It reflects the belief of the speaker whether the statement is true or false.

### EXERCISE 1 תרגיל מספר 1

Based on dialogue 1, answer נכון (true) or לא נכון (false).

אורלי מחיפה. היא סטודנטית שנה א'. ______
דן סטודנט חדש באוניברסיטה. ______
אורלי חברה של דליה. ______
דן חבר של דליה. ______
זה שיעור של ד"ר שכטר. ______
ד"ר אילון מורה טוב. ______
דליה מתל אביב. ______
דן מירושלים. ______
זה שיעור מעניין. ______

## FIRST AND LAST NAMES

| | |
|---|---|
| name/names | שֵׁם (ז)/שֵׁמוֹת |
| first name | שם פרטי |
| last (family) name | שם משפחה |

| | *שם פרטי* | | *שם משפחה* |
|---|---|---|---|
| Hebrew names: | עוזי (ז) | דליה (נ) | לביא |
| | אמנון (ז) | תמר (נ) | מזרחי |
| | דוד (ז) | עליזה (נ) | אמיר |
| Foreign names: | ג'והן (ז) | ברברה (נ) | האריס |
| | טום (ז) | שירלי (נ) | מילר |
| | ג'ורג' (ז) | קרולין (נ) | טיילור |

## EXERCISE 2 — תרגיל מספר 2

Combine a first name and a last name, choosing from the following names.

| *Family Name* שם משפחה | | *First Name* שם פרטי | | | |
|---|---|---|---|---|---|
| | | *Boys* | בנים | *Girls* | בנות |
| Cohen | כהן | David | דוד | Ruth | רות |
| Zehavi | זהבי | Ori | אורי | Dalia | דליה |
| Mizrachi | מזרחי | Amnon | אמנון | Aliza | עליזה |
| Levi | לוי | Gil | גיל | Orli | אורלי |
| Inbar | ענבר | Dan | דן | Ronit | רונית |

## THE QUESTION WORD "FROM WHERE?"

In Hebrew there are two choices for expressing "from where?"

1. **Where** are you **from**? — **מֵאַיִן** אתה? **מאין** את?
   **From** Jerusalem. — מִירושלים (מִ + ירושלים).
2. **Where** are you **from**? — **מֵאֵיפֹה** אתה? **מאיפה** את?
   **From** Tel Aviv. — **מִתל אביב** (מִ + תל אביב).

The question word מאין? is considered more correct, whereas מאיפה? is considered less formal and is used regularly in everyday speech. Both forms are acceptable, as well as the more literary form מֵהֵיכָן?.

### The Preposition -מ in Questions and Answers — מאיפה? מחיפה.

In Hebrew the preposition -מ "from" is not a separate word. It is prefixed to the question word or to the noun in the answer.

מֵ + אַיִן? — מִ + ירושלים.
מֵ + אֵיפֹה? — מִ + תל אביב.

-מ is pronounced /me-/ if the word it is attached to begins with the letter א, ה, ח, or ר.

| | |
|---|---|
| /me + ayin/ | מֵאַיִן |
| /me + eyfo/ | מֵאֵיפֹה |
| /me + ha + universita/ | מֵהָאוניברסיטה |
| /me + ha + bayit/ | מֵהַבַּיִת |

-מִ is pronounced /mi-/ in most other circumstances.

| | |
|---|---|
| /mi + tel aviv/ | מִתל אביב |
| /mi + yerushalayim/ | מִירושלים |

*Note:* The preposition -מִ is a variant form of מִן, often used in classical texts.

## EXERCISE 3 — תרגיל מספר 3

Complete the questions or answers using the following names of cities. Follow the example.

| | |
|---|---|
| ירושלים | תל אביב |
| חיפה | אילת |
| רחובות | נתניה |

מאין אתה? אני מירושלים

מאיפה הוא? ______________.

מאין את? ______________.

מאיפה היא? ______________.

מאין ________? ________ מתל אביב.

מאיפה ________? היא ________.

________ ________? אני מרחובות.

________ ________? דן ______________.

________ ________? רות ______________.

________ ________? אני מאילת.

Ask the other students in class where they are from. Find out if anybody is from your hometown.

## EXERCISE 4 — תרגיל מספר 4

Address questions to people, imaginary and real, to find out where they are from. Follow the example.

מאיפה את, כרמן סנטיאגו? מריו-דה ז'נירו.

איפה ריו-דה ז'נירו? בברזיל.

*ישראל*

תל אביב, ירושלים, חיפה, אילת, באר שבע, רחובות, נתניה, טבריה, צפת, נהריה

*אמריקה*

קליפורניה, מישיגן, ניו-ג'רסי, וויסקונסין, מסצ'וסטס, ניו יורק, בוסטון, וושינגטון, שיקגו, סיאטל

*קנדה*

אונטריו, אלברטה, קוויבק, נובה-סקוטיה, מונטריאול, טורונטו, וויניפג, המילטון, סטרטפורד

## SPEECH PATTERNS — תבניות לשון

| | |
|---|---|
| Where are you studying? | איפה אתה לומד? |
| At the university. | בָּאוניברסיטה. |
| Where is the university? | איפה האוניברסיטה? |
| In Tel Aviv. | בְּתל אביב. |
| Where in Tel Aviv? | איפה בְּתל אביב? |
| In Ramat Aviv. | בְּרמת אביב. |

## THE QUESTION WORD "WHERE?"

The question word **איפה?** "where?" is usually answered by a designation of a location, often expressed by a prepositional phrase: at/in + location.

Notice the different vowels for the preposition with and without a definite article:

| | | |
|---|---|---|
| /be/ = at | בְּישראל. | איפה? |
| /ba/ = at the | בָּאוניברסיטה | איפה? |

### EXERCISE 5 — תרגיל מספר 5

Write questions and answers, following the example.

| *Names of Cities* שמות של ערים | *"In" + Names of Countries* ב + שמות של ארצות |
|---|---|
| חיפה, וושינגטון, טורונטו, ירושלים, לונדון, סידני | בישראל, באמריקה, בקנדה, באוסטרליה, באנגליה |
| *איפה תל אביב?* | *תל אביב בישראל.* |

Write questions and answers, following the example.

| *People's Names* שמות של אנשים | *"In" + Names of Places* ב + שמות של מקומות |
|---|---|
| דליה, יונתן, דוד, אורי, אורלי, אביבה. | בָּאוניברסיטה, בַּשִיעור לְעִברית, בַּכִּיתה, בַּקפיטריה. |
| איפה דוד? | דוד בַּבַּיִת. |

## PREDICATE NOUN PHRASES

Nouns can be expanded into phrases by adding more information in the form of adjectives, preposition + nouns, or nouns.

Here are some examples of phrases in which the noun is masculine singular.

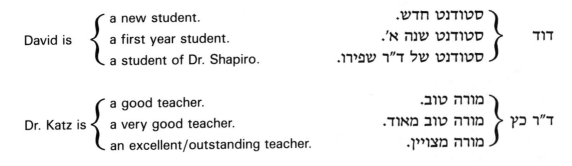

| | | | |
|---|---|---|---|
| David is | a new student. | סטודנט חדש. | דוד |
| | a first year student. | סטודנט שנה א'. | |
| | a student of Dr. Shapiro. | סטודנט של ד"ר שפירו. | |

| | | | |
|---|---|---|---|
| Dr. Katz is | a good teacher. | מורה טוב. | ד"ר כץ |
| | a very good teacher. | מורה טוב מאוד. | |
| | an excellent/outstanding teacher. | מורה מצויין. | |

Here are some examples of phrases in which the noun is feminine singular.

| | | | |
|---|---|---|---|
| Ruth is | a new student. | סטודנטית חדשה. | רות |
| | a first year student. | סטודנטית שנה א'. | |
| | a student of Dr. Elon. | סטודנטית של ד"ר אילון. | |

| | | | |
|---|---|---|---|
| Rina is | a friend of Ronit's. | חברה של רונית. | רינה |
| | a good friend. | חברה טובה. | |
| | a very good friend. | חברה טובה מאוד. | |

| | | | |
|---|---|---|---|
| Dalia is | a good student. | תלמידה טובה. | דליה |
| | an outstanding student. | תלמידה מצויינת. | |
| | a Hebrew student. | תלמידה לעברית. | |

### EXERCISE 6     תרגיל מספר 6

Rewrite the questions and answers in the third person. Identify the noun phrases.

| | |
|---|---|
| אתה סטודנט חדש? | הוא סטודנט חדש? |
| אני סטודנט חדש. | הוא סטודנט חדש. |
| האם אתה סטודנט שנה א'? | ______________________? |
| כן. אני סטודנט שנה א'. | ______________________. |
| אתה חבר של דליה? | ______________________? |
| לא. אני לא חבר של דליה. | ______________________. |
| האם את סטודנטית חדשה? | ______________________? |
| אני סטודנטית חדשה. | ______________________. |

את סטודנטית שנה ב'? _____?

לא. אני סטודנטית שנה ג'. _____.

האם את חברה של גיל? _____?

לא. אני לא חברה של גיל. _____.

---

**SPEECH PATTERNS**      תבניות לשון

| | |
|---|---|
| Mr. Cohen is a nice man. | אדון כהן איש נחמד. |
| Mrs. Cohen is a very nice woman. | גברת כהן אשה נחמדה מאוד. |
| Gil is a good-looking guy/young man. | גיל בחור יפה. |
| Dalia is a very pretty girl. | דליה בחורה יפה מאוד. |

---

## AGREEMENT RULES: NOUNS AND ADJECTIVES

Gender is reflected in the adjectives that modify nouns. These adjectives *follow* the nouns they modify (unlike English, where they precede the nouns) and match them in gender.

The following sentences illustrate noun-adjective gender agreement. Note the difference in word order between Hebrew and English.

*Masculine*     זכר

| | |
|---|---|
| This is a nice house. | זה בית נחמד. |
| Dan is a good student. | דן סטודנט טוב. |

*Feminine*     נקבה

| | |
|---|---|
| This is a new university. | זאת אוניברסיטה חדשה. |
| Dalia is a good student. | דליה סטודנטית טובה. |

### Adjectives

| | *Feminine* נקבה | *Masculine* זכר |
|---|---|---|
| new | חֲדָשָׁה | חָדָשׁ |
| | אני סטודנטית חדשה. | אני סטודנט חדש. |
| | זאת ספריה חדשה. | זה ספר חדש. |
| good-looking/pretty | יָפָה | יָפֶה |
| | היא בחורה יפה. | הוא בחור יפה. |
| | זאת אוניברסיטה יפה. | זה בית יפה. |
| nice | נֶחְמָדָה | נֶחְמָד |
| | היא אשה נחמדה. | הוא איש נחמד. |
| | זאת קפיטריה נחמדה. | זה בית נחמד. |

| זכר Masculine | נקבה Feminine | |
|---|---|---|
| מְצוּיָּן | מְצוּיֶּנֶת | excellent |
| דן סטודנט מצויין. | דליה רופאה מצויינת. | |
| זה ספר מצויין. | זאת טלויזיה מצויינת. | |
| מְעַנְיֵין | מְעַנְיֶינֶת | interesting |
| זה ספר מעניין. | זאת בחורה מעניינת. | |
| זה שיעור מעניין. | זאת כיתה מעניינת. | |

## תרגיל מספר 7 — EXERCISE 7

ענה על השאלות. — Give full answers to the questions.

זאת אוניברסיטה טובה? — לא. זאת לא אוניברסיטה טובה

זה רדיו חדש? — כן. ______

זאת טלויזיה חדשה? — כן. ______

זה שיעור טוב? — כן. ______

זה קמפוס חדש? — לא. ______

הוא בחור נחמד? — לא. ______

גברת אלוני אשה מעניינת? — כן. ______

זה קמפוס יפה? — לא. ______

זאת אוניברסיטה יפה? — לא. ______

אדון אלוני איש נחמד? — כן. ______

## Intensifying the Description

To intensify adjectives, the adverb **מאוד** "very" is added after the adjective.

דן סטודנט טוב. — דינה סטודנטית טובה.

דן סטודנט טוב <u>מאוד</u>. — דינה סטודנטית טובה <u>מאוד</u>.

## תרגיל מספר 8 — EXERCISE 8

Complete both positive and negative answers for each question.

דן מורה טוב?
כן. הוא מורה טוב מאוד.
לא. הוא לא מורה טוב.

דליה סטודנטית טובה?
כן. היא סטודנטית ______.
לא. היא ______.

אדון מזרחי איש נחמד?
כן. הוא איש ______.
לא. הוא לא איש ______.

זה בית קפה נחמד?
כן. זה בית קפה ______.
לא. זה לא בית קפה ______.

ניו יורק עיר מעניינת?
כן. ניו יורק ____________.
לא. ניו יורק ____________.

**EXERCISE 9: Who (Are) You?** **תרגיל מספר 9: מי את? מי אתה?**

Complete the questions or answers, choosing from the following new noun phrases. Give more than one answer to each question.

| *Masculine* *זכר* | *Feminine* *נקבה* |
|---|---|
| סטודנט חדש | סטודנטית חדשה |
| סטודנט שנה א׳ | סטודנטית שנה א׳ |
| סטודנט של ד״ר שכטר | סטודנטית של ד״ר שכטר |
| מורה טוב מאוד | מורה טובה מאוד |
| מורה לעברית | מורה לעברית |
| מורה מצויין | מורה מצויינת |
| חבר חדש | חברה חדשה |
| חבר טוב | חברה טובה |
| חבר של גיל | חברה של גיל |
| חבר טוב מאוד | חברה טובה מאוד |
| איש נחמד | אשה נחמדה |
| בחור מעניין | בחורה מעניינת |

מי אתה? — *אני חבר טוב של דן.* — *דן ואני מחיפה.*

מי הוא? — ____________. — ____________.
מי את? מה שמך? — ____________. — ____________.
מי היא? — ____________. — ____________.
מי ______? — ______ של אורי. — ____________.
מי ______? — ______ של רות. — ____________.
____________? — כן. אני סטודנט חדש. — ____________.
______? — לא. ____________. — ____________.
את מורה של דן? — לא. אני ______. — ____________.
אתה מורה לעברית? — כן. ____________. — ____________.
מי זה? — זה ____________. — ____________.
מי זאת? — זאת ____________. — ____________.

**EXERCISE 10**    תרגיל מספר 10

Fill in the missing questions and/or answers.

אמנון:   מה שמך?

דליה:   *שמי דליה.*

אמנון:   _____.

דליה:   נעים מאוד.

אתה סטודנט באוניברסיטה?

אמנון:   _____

אני מורה.

דליה:   יפה מאוד!


דן:   _____?

גיל:   גיל.

דן:   _____?

גיל:   שפירו.

דן:   אתה סטודנט?

גיל:   אני מורה.

דן:   אתה? מורה?


אני:   מה שמך?

אורי:   _____.

אני:   אתה סטודנט חדש?

אורי:   _____.

אני:   אתה תלמיד שנה ד'?

אורי:   _____.


אני:   מי את?

אורלי:   _____.

אני:   ואת?

רינה:   _____.

אורלי:   _____.

אני:   שם המשפחה?

רינה:   _____.

אורלי:   _____.

## PART B

**חלק ב׳**

DIALOGUE B: WHAT ARE YOU STUDYING?

שיחון ב׳: מה אתה/את לומד/ת?

(The place: a history class.)

(המקום: שיעור להסטוריה.)

(The participants: Gil, Orli, Ori, Dr. Carmi, and Dr. Katz.)

(המשתתפים: גיל, אורלי, אורי, ד״ר כרמי, וד״ר כץ.)

| | |
|---|---|
| גיל: | אורלי, מה את לומדת בסימסטר הזה? |
| אורלי: | אני לומדת הסטוריה, ספרות ופיסיקה. |
| גיל: | פיסיקה? באמת? את רוצה להיות פיסיקאית? |
| אורלי: | אולי. מה אתה לומד? |
| גיל: | הסטוריה, תיאטרון ומוסיקה. |
| אורלי: | תיאטרון ומוסיקה? |
| גיל: | כן. אני רוצה להיות שחקן או אולי מוסיקאי. |
| אורלי: | שחקן? זה לא מקצוע טוב. |
| גיל: | ומוסיקאי? |
| אורלי: | זה גם לא מקצוע טוב. |

(Ori enters.)

(אורי נכנס.)

| | |
|---|---|
| אורי: | אורלי, מה את עושה בקורס הזה? |
| אורלי: | מה אני עושה פה? אני לומדת בכיתה הזאת. ואתה? |
| אורי: | גם אני לומד בקורס הזה. |
| אורלי: | אתה סטודנט להסטוריה? |
| אורי: | לא. אני רוצה להיות עורך-דין. |
| אורלי: | זה מקצוע מעניין! |

(Teacher enters.)

(מורה נכנס.)

| | |
|---|---|
| מורה: | שלום. שמי ד״ר כרמי. זה קורס מבוא לביולוגיה. |
| סטודנטים: | ביולוגיה? פרופסור כרמי, זה קורס להסטוריה! |
| ד״ר כרמי: | סליחה! |

(Dr. Carmi leaves.)

(ד״ר כרמי יוצא.)

| | |
|---|---|
| אורלי: | איזה פרופסור מפוזר! |

(Dr. Katz enters.)

(ד״ר כץ נכנס.)

| | |
|---|---|
| ד״ר כץ: | שלום. שמי ד״ר כץ. אני פרופסור להסטוריה וזה קורס להסטוריה של המזרח התיכון. |

---

## SPEECH PATTERNS

**תבניות לשון**

| | |
|---|---|
| What are you studying? | מה את לומדת? |
| I am studying chemistry. | אני לומדת כימיה. |
| Where are you studying? | איפה את לומדת? |
| I am studying at a medical school. | אני לומדת בבית ספר לרפואה. |
| What do you want to be? | מה את רוצה להיות? |
| I want to be a physician. | אני רוצה להיות רופאה. |

---

# PLACES AND SUBJECTS OF STUDY

| | |
|---|---|
| *Places of Study* | מקומות לימודים |
| | איפה את/ה לומד/ת? |
| university | אוניברסיטה (נ) |
| high school | בית ספר תיכון (ז) |
| medical school | בית ספר לרפואה (ז) |
| school of education | בית ספר לחינוך (ז) |
| law school | בית ספר למשפטים (ז) |
| business school | בית ספר למנהל עסקים (ז) |
| music school | בית ספר למוסיקה (ז) |
| *Subjects of Study* | מקצועות (לימודים) |
| | מה את/ה לומד/ת? |
| computer science | מדעי המחשב (ז) |
| psychology | פסיכולוגיה (נ) |
| biology | ביולוגיה (נ) |
| physics | פיסיקה (נ) |
| mathematics | מתמטיקה (נ) |
| music | מוסיקה (נ) |
| theatre | תיאטרון (ז) |
| medicine | רפואה (נ) |
| law | משפטים (ז.ר.) |

**EXERCISE 11**             **תרגיל מספר 11**

Answer the questions or complete the sentences, following the example.

דינה רוצה להיות רופאה. איפה היא לומדת?

*היא לומדת בבית ספר לרפואה.*

דן רוצה להיות מורה בבית ספר תיכון. איפה הוא לומד?

_____

דניאלה רוצה להיות מוסיקאית. איפה ומה היא לומדת?

_____

גיל רוצה להיות עורך-דין. איפה הוא רוצה ללמוד?

_____

דליה רוצה להיות מורה. איפה היא לומדת?

_____

הוא רוצה להיות שחקן. מה הוא לומד?

_____

הוא רוצה להיות עורך-דין. איפה הוא לומד?

_____

את רוצה להיות ביולוגית? איפה ומה את לומדת?

_____

אבא של דן רוצה להיות רופא. איפה הוא לומד?

______________________________.

אמא של דליה רוצה להיות פסיכולוגית. מה היא לומדת?

______________________________.

## EXERCISE 12 — תרגיל מספר 12

Transform the sentences according to the example.

דן רוצה להיות מורה לאנגלית. — הוא לומד אנגלית.

דינה רוצה להיות פסיכולוגית. ______________.

אני רוצה להיות רופא. ______________.

דן רוצה להיות עורך-דין. ______________.

את רוצה להיות שחקנית? ______________?

אני רוצה להיות מוסיקאית? ______________?

מי רוצה להיות מתמטיקאי? ______________?

דליה לא רוצה להיות ביולוגית. ______________.

## EXERCISE 13 — תרגיל מספר 13

Read the following passage.

קטע קריאה: באוניברסיטה

דוד תלמיד שנה א'. הוא סטודנט חדש באוניברסיטה. הוא לומד ספרות עברית. המורה לספרות עברית, ד"ר שמואל כהן, מורה צעיר. גם הוא חדש באוניברסיטה. דניאלה חברה טובה של דוד. היא גם לומדת באוניברסיטה. היא לא לומדת ספרות. היא לומדת פיסיקה וביולוגיה.

מה דוד רוצה לעשות? הוא רוצה להיות מורה לספרות. מה דניאלה רוצה לעשׂות? היא רוצה להיות רופאה.

Answer כן (yes) or לא (no).

דוד תלמיד חדש? ______

דוד רוצה להיות שׂחקן? ______

דניאלה לומדת ספרות? ______

המורה של דוד מורה חדש? ______

דניאלה רוצה להיות מורה? ______

Rewrite the passage, changing the subjects as follows:

Change דוד (David) to גילה (Gila).
Change דניאלה (Daniella) to דניאל (Daniel).
Change ד"ר שמואל כהן (Dr. Shmuel Cohen) to ד"ר רות לוי (Dr. Ruth Levi).

## EXERCISE 14 תרגיל מספר 14

Review the following adjectives and then answer the questions.

| | *Feminine* *נקבה* | *Masculine* *זכר* |
|---|---|---|
| large | גְדוֹלָה | גָדוֹל |
| new | חֲדָשָׁה | חָדָשׁ |
| good | טוֹבָה | טוֹב |
| pretty | יָפָה | יָפֶה |
| interesting | מְעַנְיֶינֶת | מְעַנְיֵין |
| excellent | מְצוּיֶינֶת | מְצוּיָן |
| nice | נֶחְמָדָה | נֶחְמָד |
| private | פְּרָטִית | פְּרָטִי |
| young | צְעִירָה | צָעִיר |
| small | קְטַנָּה | קָטָן |
| bad | רָעָה | רַע |

Answer the questions.

ניו יורק עיר גדולה או עיר קטנה?
רינה בחורה נחמדה או לא נחמדה?
אילת עיר יפה או עיר לא יפה?
פרינסטון אוניברסיטה פרטית או לא פרטית?
הקמפוס חדש או לא חדש?
גברת מזרחי נחמדה או לא נחמדה?
הרופא שלך רופא טוב או לא טוב?
ד"ר איילון מורה מעניין או לא?
ירושלים עיר מעניינת או לא?
ישראל ארץ גדולה או קטנה?

## THE DEFINITE ARTICLE

Nouns in Hebrew are made definite by adding the particle -ה to the noun. Note that the definite article is not a separate word but is prefixed to the noun.

| *Definite* | | *Indefinite* | |
|---|---|---|---|
| **the** pupil | התלמיד | a pupil | תלמיד |
| **the** book | הספר | a book | ספר |

*There is no indefinite article in Hebrew.*

## NOUN PHRASES: DEFINITE AND INDEFINITE

### Noun + Adjective: Agreement Rules

Adjectives that modify definite nouns also have a definite article. The definite article appears *twice* in the phrase: it is prefixed both to the noun and to the adjective.

| *Definite* | *Indefinite* |
|---|---|
| הקמפוס החדש | קמפוס חדש |
| הספריה הטובה | ספריה טובה |

**EXERCISE 15** **תרגיל מספר 15**

Change the following phrases from indefinite to definite and translate both phrases. Follow the example.

the new library הספריה החדשה  a new library ספריה חדשה

| *Definite* | *Indefinite* |
|---|---|
| ____________ | ספר טוב |
| ____________ | איש נחמד |
| ____________ של דני | חבר טוב של דני |
| ____________ של גילה | חברה חדשה של גילה |
| ____________ | עיר גדולה |
| ____________ | אוניברסיטה קטנה |
| ____________ | מקצוע טוב |
| ____________ | אשה צעירה |
| ____________ | בית חדש |
| ____________ | סטודנט צעיר |
| ____________ | קמפוס יפה |

### Noun + Demonstrative Pronoun: Agreement Rules

Demonstrative pronouns, like adjectives, can modify definite nouns, and they follow the same rules as noun + adjective phrases. The definite article appears *twice* in the phrase: it is prefixed both to the noun and to the demonstrative pronoun that follows the noun.

| *Definite Phrase with Demonstrative Pronoun* | | *Definite Noun* | *Indefinite Noun* |
|---|---|---|---|
| This campus | הקמפוס הזה | הקמפוס | קמפוס |
| This library | הספריה הזאת | הספריה | ספריה |

## EXERCISE 16 תרגיל מספר 16

Rewrite the sentences and add a translation for each of them. Follow the example.

| | |
|---|---|
| זאת ספריה חדשה. | הספריה הזאת חדשה. |
| This is a new library. | This library is new. |

| *Indefinite* | *Definite* |
|---|---|
| זה ספר טוב | ______________ |
| זה איש נחמד | ______________ |
| זה בחור נחמד | ______________ |
| זאת כיתה טובה | ______________ |
| זאת עיר גדולה | ______________ |
| זאת אוניברסיטה קטנה | ______________ |
| זה מקצוע טוב | ______________ |
| זאת אשה צעירה | ______________ |
| זה בית חדש | ______________ |
| זה סטודנט צעיר | ______________ |
| זה קמפוס יפה | ______________ |

## MORE ABOUT THE WORD שם "NAME"

### With the Definite Article

Noun + adjective

| | |
|---|---|
| First name | שם פרטי |
| The first name | השם הפרטי |

Noun + noun

| | |
|---|---|
| Family/last name | שם משפחה |
| The last name | שם המשפחה |

In the noun + adjective phrase the definite article appears twice; however, the rule for a noun + noun phrase is that the definite article appears only before the *second* noun.

### With the Preposition of Possession

| | |
|---|---|
| my first name | השם הפרטי שֶׁלִי |
| your first name (m.) | השם הפרטי שֶׁלְךָ |
| your first name (f.) | השם הפרטי שֶׁלָךְ |
| his first name | השם הפרטי שֶׁלוֹ |
| her first name | השם הפרטי שֶׁלָהּ |
| my last name | שם המשפחה שֶׁלִי |
| your last name (m.) | שם המשפחה שֶׁלְךָ |
| your last name (f.) | שם המשפחה שֶׁלָךְ |
| his last name | שם המשפחה שֶׁלוֹ |
| her last name | שם המשפחה שֶׁלָהּ |

### Questions and Answers

| | |
|---|---|
| What is your first name? | מה השם הפרטי שֶׁלְךָ? |
| My name is David. | שמי דוד. |
| What is your last (family) name? | מה שם המשפחה שֶׁלְךָ? |
| My last name is Cohen. | שם המשפחה שֶׁלִי כהן. |
| His name is David Cohen. | שְׁמוֹ דוד כהן. |
| What is your first name? | מה השם הפרטי שֶׁלָךְ? |
| My name is Dalia. | שמי דליה. |
| What is your last (family) name? | מה שם המשפחה שֶׁלָךְ? |
| My last name is Lavi. | שם המשפחה שֶׁלִי לביא. |
| Her name is Dalia Lavi. | שְׁמָהּ דליה לביא. |

In informal speech, the following expression (literally, "how are you called?") is used for asking someone's name.

| *זכר* | *נקבה* |
|---|---|
| איך קוראים לְךָ? | איך קוראים לָךְ? |
| קוראים לי דני. | קוראים לי דליה. |

## EXERCISE 17 — תרגיל מספר 17

Write sets of questions and answers following the examples given here. Combine names from the following lists or use other first and last names.

| *שם פרטי* | | *שם משפחה* |
|---|---|---|
| *זכר* | *נקבה* | |
| עוזי | דליה | לביא |
| אמנון | תמר | מזרחי |
| דוד | עליזה | אמיר |
| דניאל | דניאלה | כהן |
| אורי | רונית | שכטר |
| רון | דורית | שׂריד |

Example:

איך קוראים לך?
קוראים לי דני.
קוראים לו דני.

מה השם הפרטי שלך?
השם הפרטי שלי דניאלה.
מה שם המשפחה שלך?
שם המשפחה שלי הרפז.
השם הפרטי שלה דניאלה ושם המשפחה שלה הרפז.

## EXERCISE 18: Toward Free Expression — תרגיל מספר 18

Find out about others in your class by asking them questions. Choose from the following questions and answers.

*Addressing a Man*

מה שמך?
מאין אתה?
אתה לומד באוניברסיטה?
מה אתה לומד?
מה אתה רוצה להיות?

*Addressing a Woman*

מה שמך?
מאין את?
את לומדת באוניברסיטה?
מה את לומדת?
מה את רוצה להיות?

*A Man Telling about Himself*

שמי אורי לביא.
אני סטודנט חדש.
אני סטודנט שנה א'.
אני חבר של רינה.
אני מחיפה.
אני לומד מוסיקה.
אני רוצה להיות מוסיקאי.

*A Woman Telling about Herself*

שמי דליה כהן.
אני לא סטודנטית חדשה.
אני סטודנטית שנה ב'.
אני חברה טובה של גיל.
אני מירושלים.
אני לומדת עברית.
אני רוצה להיות מורה לעברית.

*Asking about a Man*

מי הוא?
מה שמו?
מאיפה הוא?

*Asking about a Woman*

מי היא?
מה שמה?
מאין היא?

*Telling about Others*

שמו אמנון שפירו. הוא לא סטודנט באוניברסיטה. הוא לא לומד. הוא מורה. הוא מורה לכימיה. הוא מורה מצויין. הוא חדש באוניברסיטה. שמה דליה. היא חברה טובה של אמנון. דליה לומדת באוניברסיטה. האוניברסיטה לא חדשה. זאת אוניברסיטה מצויינת. דליה לומדת. היא לא סטודנטית של אמנון. היא לא רוצה להיות כימאית. היא רוצה להיות רופאה.

# LESSON 3 SUMMARY — שיעור 3: סיכום

## Communicative Skills Introduced in This Lesson

1. How to find out where people are from
2. How to find out what people study and do

## Grammatical Information Introduced in this Lesson

1. True or false? — נכון או לא נכון?
2. First and last names — שם פרטי ושם משפחה

   מה שמך? שמי דני. שם פרטי: דניאל. שם משפחה: לוי.
3. The question word "from where?" and preposition "from"

   מאין? מאיפה? מ

   מאין אתה, דניאל? אני מירושלים.
4. The question word "where?" and preposition "in/at" — איפה? ב

   איפה האוניברסיטה? ברמת אביב.
5. Predicate noun phrases — צירופים שמניים

   דליה סטודנטית חדשה.
   היא סטודנטית שנה א'.
   היא סטודנטית של ד"ר שכטר.
   היא סטודנטית טובה מאוד.
   היא סטודנטית לעברית.
6. Places and subjects of study

   אוניברסיטה, בית ספר לרפואה/לחינוך/למשפטים/למנהל עסקים/למוסיקה
7. The definite article — ה-

   הבית החדש, המוֹרָה הטובה, הבית הזה, השם הפרטי, שם המשפחה
8. Prepositions and pronoun suffixes

   שֶׁלִּי, שֶׁלְּךָ, שֶׁלָּךְ, שֶׁלּוֹ, שֶׁלָּהּ, שֶׁלָּנוּ, שֶׁלָּכֶם, שֶׁלָּכֶן, שֶׁלָּהֶם, שֶׁלָּהֶן
   לִי, לְךָ, לָךְ, לוֹ, לָהּ, לָנוּ, לָכֶם, לָכֶן, לָהֶם, לָהֶן

## WORD LIST FOR LESSON 3 — אוצר מילים לשיעור 3

### Nouns — שמות

| | רבים | יחיד/ה |
|---|---|---|
| man | אֲנָשִׁים | אִישׁ (ז) |
| woman | נָשִׁים | אִישָׁה (נ) |
| son/boy | בָּנִים | בֵּן (ז) |
| daughter/girl | בָּנוֹת | בַּת (נ) |
| apartment | דִּירוֹת | דִּירָה (נ) |
| profession/subject matter | מִקְצוֹעוֹת | מִקְצוֹעַ (ז) |
| family | מִשְׁפָּחוֹת | מִשְׁפָּחָה (נ) |
| city | עָרִים | עִיר (נ) |
| course | קוּרְסִים | קוּרְס (ז) |
| campus | קַמְפּוּסִים | קַמְפּוּס (ז) |
| coffee | | קָפֶה (ז) |
| question | שְׁאֵלוֹת | שְׁאֵלָה (נ) |
| year | שָׁנִים | שָׁנָה (נ) |
| answer | תְּשׁוּבוֹת | תְּשׁוּבָה (נ) |

| | יחידה | יחיד |
|---|---|---|
| young man/woman | בַּחוּרָה | בַּחוּר |
| biologist | בִּיּוֹלוֹגִית | בִּיּוֹלוֹג |
| chemist | כִּימָאִית | כִּימַאי |
| musician | מוּסִיקָאִית | מוּסִיקַאי |
| mathematician | מָתֵמָטִיקָאִית | מָתֵמָטִיקַאי |
| lawyer | עוֹרֶכֶת דִּין | עוֹרֵךְ דִּין |
| physicist | פִּיסִיקָאִית | פִּיסִיקַאי |
| psychologist | פְּסִיכוֹלוֹגִית | פְּסִיכוֹלוֹג |
| actor | שַׂחְקָנִית | שַׂחְקָן |
| student/pupil | תַּלְמִידָה | תַּלְמִיד |

### Adjectives — תארים

| | יחידה | יחיד |
|---|---|---|
| big/large | גְּדוֹלָה | גָּדוֹל |
| new | חֲדָשָׁה | חָדָשׁ |
| good | טוֹבָה | טוֹב |
| pretty | יָפָה | יָפֶה |
| absentminded | מְפוּזֶרֶת | מְפוּזָּר |
| interesting | מְעַנְיֶינֶת | מְעַנְיֵין |

| | יְחִידָה | יָחִיד |
|---|---|---|
| excellent | מְצוּיֶינֶת | מְצוּיָין |
| nice | נֶחְמָדָה | נֶחְמָד |
| pleasant | נְעִימָה | נָעִים |
| private | פְּרָטִית | פְּרָטִי |
| young | צְעִירָה | צָעִיר |
| small/little | קְטַנָּה | קָטָן |
| bad | רָעָה | רַע |

## Verbs                  פעלים

| | הוֹוֶה | שם הפועל |
|---|---|---|
| to do | עוֹשֶׂה/עוֹשָׂה | לַעֲשׂוֹת |
| to want | רוֹצֶה/רוֹצָה | לִרְצוֹת |
| to be | | לִהְיוֹת |

## Particles, Prepositions, and Adverbs    מיליות ותארי פועל

| | |
|---|---|
| or | אוֹ |
| perhaps | אוּלַי |
| where? | אֵיפֹה? |
| also | גַּם |
| very | מְאוֹד |
| from where? | מֵאַיִן? |
| from where? | מֵאֵיפֹה? |
| here | פֹּה |
| only | רַק |
| not only | לֹא רַק |
| my | שֶׁלִּי |
| your (m.s.) | שֶׁלְּךָ |
| your (f.s.) | שֶׁלָּךְ |
| his | שֶׁלּוֹ |
| her | שֶׁלָּה |

## Expressions and Phrases    ביטויים וצירופים

| | |
|---|---|
| What an absentminded professor! | אֵיזֶה פְּרוֹפֶסוֹר מְפוּזָר! |
| What's your name? (informal) | אֵיךְ קוֹרְאִים לְךָ? |
| My name is... | קוֹרְאִים לִי |
| the Near East | הַמִּזְרָח הַתִּיכוֹן |

| | |
|---|---|
| a literature instructor | מוֹרֶה לְסִפְרוּת |
| first-/second-/third-/fourth-year student | סְטוּדֶנְט שָׁנָה א'/ב'/ג'/ד' |
| Excuse me! | סְלִיחָה! |
| introductory course | קוּרְס מָבוֹא |

## Places of Study                                            מקומות לימודים

| | |
|---|---|
| university | אוּנִיבֶרְסִיטָה (נ) |
| high school | בֵּית סֵפֶר תִּיכוֹן (ז) |
| medical school | בֵּית סֵפֶר לִרְפוּאָה (ז) |
| law school | בֵּית סֵפֶר לְמִשְׁפָּטִים (ז) |
| school of education | בֵּית סֵפֶר לְחִינוּךְ (ז) |
| business school | בֵּית סֵפֶר לְמִנְהַל עֲסָקִים (ז) |
| music school | בֵּית סֵפֶר לְמוּסִיקָה (ז) |

# LESSON 4 — שיעור מספר 4

## PART A — חלק א'

### DIALOGUE A: VISITORS AT THE UNIVERSITY – WHERE IS THE CAFETERIA?

### שיחון א': אורחים באוניברסיטה – איפה הקפיטריה?

(Time: morning.)
(Place: next to the library.)
(Orli and Ronit are on the way to the library.)

(זמן: בוקר.)
(מקום: על יד הספריה.)
(אורלי ורונית בדרך לספריה.)

דן: סליחה, אתן יודעות איפה הקפיטריה החדשה?
אורלי: הקפיטריה החדשה נִמְצֵאת על יד הספריה.
דן: ואיפה הספריה?
רונית: מה? אתם לא יודעים איפה הספריה?
אורלי: זה הבניין הגדול על יד בניין הספורט. אתם יודעים איפה נִמְצָא בניין הספורט?
רון: זה הבניין החדש בדרך למעונות?
דן: לא, אבל אני יודע איפה בניין הספורט.
רון: מה אתן עושות פה? אתן סטודנטיות או מורות?
רונית: מי? אנחנו? מורות? אנחנו סטודנטיות.
אורלי: ואתם? אתם תיירים?
רון: לא בדיוק.
רונית: מה אתם עושים פה?
דן: אנחנו אורחים. החברים שלנו לומדים פה.
אורלי: אה, אתם אורחים בקמפוס! זה קמפוס יפה. נכון?
רון: כן. הקמפוס הזה יפה מאוד.
דן: אנחנו בדרך לקפיטריה. אתן רוצות לבוא?
רונית: לא. אנחנו בדרך לספריה.
רון: חבל!
אורלי: שלום.
רון: ולהתראות.
רונית: אולי!

**EXERCISE 1** **תרגיל מספר 1**

After reading the dialogue and listening to it, mark the following sentences נכון (true) or לא נכון (false).

רונית ואורלי בדרך לקפיטריה. ______
דן ורון אורחים באוניברסיטה. ______
דן ורון אורחים של רונית ואורלי. ______
האוניברסיטה ישנה והקמפוס לא יפה. ______
אורלי בדרך לספריה. ______

## SUBJECT PERSONAL PRONOUNS: PLURAL

There are five plural subject personal pronouns.

| | |
|---|---|
| we (masculine and/or feminine) | אֲנַחְנוּ |
| you (masculine) | אַתֶּם |
| you (feminine) | אַתֶּן |
| they (masculine) | הֵם |
| they (feminine) | הֵן |

Notice that the first person plural pronoun אנחנו "we" can be masculine or feminine (or both). The plural subject personal pronouns have distinct masculine and feminine forms in the second and third person.

Here is a complete list of the subject personal pronouns.

| | Plural רבים | | Singular יחיד | |
|---|---|---|---|---|
| First person: | | אֲנַחְנוּ | | אֲנִי |
| Second person: | אַתֶּן (נ) | אַתֶּם (ז) | אַתְּ (נ) | אַתָּה (ז) |
| Third person: | הֵן (נ) | הֵם (ז) | הִיא (נ) | הוּא (ז) |

**EXERCISE 2** **תרגיל מספר 2**

Rewrite the sentences with plural subjects.

| יחיד | רבים |
|---|---|
| אני מחיפה. | ______ |
| אתה מירושלים? | ______ |
| את בכיתה לספרות? | ______ |
| הוא בבית. | ______ |
| היא באוניברסיטה. | ______ |

**EXERCISE 3** **תרגיל מספר 3**

In the left-hand column, write the plural forms of the subject pronouns found in the right-hand column.

| רבים/ות | יחיד/ה |
|---|---|
| ______ תיירות. | אני תיירת. |
| ______ רופאות? | את רופאה? |
| ______ מורות? | היא מורה? |
| ______ סטודנטיות? | את סטודנטית? |
| ______ חברים של דן? | אתה חבר של דן? |
| ______ אורחות של אורלי. | היא אורחת של אורלי. |
| ______ מלצרים. | הוא מלצר. |
| ______ ספרנים? | הוא ספרן? |
| ______ חברות של אורלי. | את חברה של אורלי? |
| ______ תיירים מאמריקה. | אני תייר מאמריקה. |

**EXERCISE 4** **תרגיל מספר 4**

Add pronoun subjects to the predicates.

________ תיירת מאוסטרליה.
________ אורחות של דוד.
________ סטודנטיות לעברית.
________ חברה של דליה?
________ מורים לספרות.
________ פרופסור באוניברסיטה?

## NOUNS: NUMBER AND GENDER FEATURES

Noun forms have *number* features as well as gender features: they are either singular or plural.

There are two plural noun endings in Hebrew: /-im/ ־ים and /-ot/ ־ות. Most nouns that refer to living beings have predictable plural endings: ־ים for masculine plural and ־ות for feminine plural.

| | *Feminine Plural* **רבות** | | *Masculine Plural* **רבים** |
|---|---|---|---|
| tourists | תַּיָּרוֹת | tourists | תַּיָּרִים |
| students | סְטוּדֶנְטִיּוֹת | students | סְטוּדֶנְטִים |

Nouns that do not refer to living beings may have one of either of the shapes of the plural endings, regardless of their gender:

| Feminine Plural רבות | | Masculine Plural רבים | |
|---|---|---|---|
| libraries | סְפְרִיּוֹת | houses | בָּתִּים |
| cities | עָרִים | streets | רְחוֹבוֹת |

## Another Plural: The Dual Ending

There is also a dual ending /-ayim/ ־יִם for a small group of nouns. Most of these nouns refer to entities that come in pairs: /yadáyim/ יָדַיִם (hands).

## Terminology and Notations

The following terms refer to gender and number features.

| masculine singular | יָחִיד | masculine plural | רַבִּים |
|---|---|---|---|
| feminine singular | יְחִידָה | feminine plural | רַבּוֹת |

The notation for masculine plural is (ז.ר.).
The notation for feminine plural is (נ.ר.).

---

| **SPEECH PATTERNS** | תבניות לשון |
|---|---|
| Are you tourists? | אתם תיירים? |
| No. We are not tourists. | לא. אנחנו לא תיירים. |
| They are not tourists. | הם לא תיירים. |
| They are guests on campus. | הם אורחים בקמפוס. |
| | |
| Are you new students? | אתן סטודנטיות חדשות? |
| No. We are second-year students. | לא. אנחנו סטודנטיות שנה ב׳. |
| They are not new students. | הן לא סטודנטיות חדשות. |
| They are second-year students. | הן סטודנטיות שנה ב׳. |

---

## AGREEMENT RULES

Noun and verb predicates that follow plural subjects match the subjects in both gender and number features.

| | |
|---|---|
| Who (are) you? | מי אתם? (ז.ר.) |
| We (are) tourists. | אנחנו תַּיָּרִים. |
| Who (are) you? | מי אתן? (נ.ר.) |
| We (are) new students. | אנחנו סטוּדנטִיּוֹת חדשות |
| Who (are) they? | מי הם? (ז.ר.) |
| They (are) Dan's guests. | הם הָאורחִים של דן. |
| Who (are) they? | מי הן? (נ.ר.) |
| They (are) friends of Gila's. | הן חֲבֵרוֹת של גילה. |

Compound plural subjects of mixed gender (masculine and feminine) have masculine plural predicates.

| | |
|---|---|
| Dan, are you and Ruth friends? | דן, אתה ורות חברים? |
| Yes. We are friends. | כן. אנחנו חברים. |
| And (are) Ori and Rina also friends? | גם אורי ורינה חברים? |
| No. They are not friends. | לא. הם לא חברים. |

מי הם?
הם תיירים ותיירות.

דן ודליה, אתם אורחים של גילה?
דן אוֹרֵחַ של גילה.
אני חברה טובה של גילה.

## NOUNS THAT REFER TO LIVING BEINGS

Nouns that refer to living beings often have four forms, reflecting real gender and number features. The masculine singular form is the basis of all other forms, which have predictable gender and number suffixes.

The vowel composition of the different noun forms is not always the same as that of the masculine singular base. For instance, the noun /tayar/ תַּיָּר "tourist" has a feminine form /tayéret/ תַּיֶּרֶת.

Notice the variations of feminine suffixes in the following examples of the four forms of nouns.

| *Gender and Number* | רבות | רבים | יחידה | יחיד |
|---|---|---|---|---|
| *Noun Ending* | /-ot/ | /-im/ | /-ah/ | |
| instructor | מוֹרוֹת | מוֹרִים | מוֹרָה | מוֹרֶה |
| doctor | רוֹפְאוֹת | רוֹפְאִים | רוֹפְאָה | רוֹפֵא |
| friend | חֲבֵרוֹת | חֲבֵרִים | חֲבֵרָה | חָבֵר |
| *Noun Ending* | /-ot/ | /-im/ | /-et/ | |
| tourist | תַּיָּרוֹת | תַּיָּרִים | תַּיֶּרֶת | תַּיָּר |
| *Noun Ending* | /-ot/ | /-im/ | /-at/ | |
| guest | אוֹרְחוֹת | אוֹרְחִים | אוֹרַחַת | אוֹרֵחַ |
| *Noun Ending* | /-iyot/ | /-im/ | /-it/ | |
| student | סטוּדֶנְטִיּוֹת | סטוּדֶנְטִים | סטוּדֶנְטִית | סטוּדֶנְט |
| waiter/waitress | מֶלְצָרִיּוֹת | מֶלְצָרִים | מֶלְצָרִית | מֶלְצָר |
| librarian | סַפְרָנִיּוֹת | סַפְרָנִים | סַפְרָנִית | סַפְרָן |

Feminine nouns ending in /-ah/ ה- or /-et/ /-at/ ת- have a plural suffix /-ot/ ות-.
Feminine nouns ending in /-it/ ית- have a plural suffix /-iyot/ יּוֹת-.

Not all feminine nouns that refer to human beings are derived from the singular masculine form.

Mr. (ז) אָדוֹן — Ms./Mrs. (נ) גְּבֶרֶת

Not all plural forms of masculine nouns end in /-im/ ים-.

father (ז) אָב — fathers (ז.ר.) אָבוֹת

Not all plural forms of feminine nouns end in /-ot/ ות-.

woman (נ) אִשָּׁה — women (נ.ר.) נָשִׁים

## EXERCISE 5 תרגיל מספר 5

In the left-hand column, write the plural forms of the nouns found in the right-hand column.

| *רבים/ות* | *יחיד/ה* |
|---|---|
| דן ואורי __________. | דן תייר. |
| ד"ר כהן וד"ר כץ __________. | ד"ר כהן רופא. |
| אדון לוי ואדון לביא __________. | אדון לוי מורה. |
| אורי וגיל __________. | אורי סטודנט. |
| רות ורינה __________ של דן. | רות חברה של דן. |
| גיל ויוסי __________ של אורלי. | גיל אורח של אורלי. |
| אורלי ורות __________. | אורלי מלצרית. |
| גברת מזרחי וגברת לוי __________. | גברת מזרחי ספרנית. |
| אנחנו __________ של אורי. | אני חבר של אורי. |
| אתן __________ בקמפוס? | את אורחת בקמפוס? |

## FOUR FORMS OF ADJECTIVES

Adjectives have four forms, reflecting the gender and number features of the nouns they modify. The masculine singular form is the basis of all other forms, which have predictable gender and number suffixes.

| | רבות | רבים | יחידה | יחיד |
|---|---|---|---|---|
| good | טוֹבוֹת | טוֹבִים | טוֹבָה | טוֹב |
| pretty | יָפוֹת | יָפִים | יָפָה | יָפֶה |
| nice | נֶחְמָדוֹת | נֶחְמָדִים | נֶחְמָדָה | נֶחְמָד |
| new | חֲדָשׁוֹת | חֲדָשִׁים | חֲדָשָׁה | חָדָשׁ |
| old | יְשָׁנוֹת | יְשָׁנִים | יְשָׁנָה | יָשָׁן |
| big | גְּדוֹלוֹת | גְּדוֹלִים | גְּדוֹלָה | גָּדוֹל |
| small | קְטַנּוֹת | קְטַנִּים | קְטַנָּה | קָטָן |

| | | |
|---|---|---|
| old (versus new) | זה בית חדש – זה לא בית ישן. | יָשָׁן ≠ חָדָשׁ |
| old (versus young) | דוד בחור צעיר – הוא לא איש זקן. | זָקֵן ≠ צָעִיר |
| old/ancient (versus modern) | ירושלים העתיקה. | עַתִּיק ≠ חָדִישׁ |

### EXERCISE 6 — תרגיל מספר 6

Choose from the list of adjectives above to fill in the missing words.

דן רופא ________ ב"הדסה".

הם חברים ________ של דן.

אנחנו סטודנטיות ________ באוניברסיטה.

אתם לא מלצרים ________.

את ספרנית ________ בספריה?

זה קמפוס ________.

זאת אוניברסיטה ________.

זה בניין ________.

זאת קפיטריה ________.

זאת ספריה ________.

---

### SPEECH PATTERNS — תבניות לשון

| | |
|---|---|
| Where is the new library (located)? | איפה הספריה החדשה? |
| The new library is (located) next to the cafeteria. | הספריה החדשה נמצאת על-יד הקפיטריה. |
| Where is the new sports building (located)? | איפה נמצא בניין הספורט החדש? |
| The new sports building is (located) next to the dorms. | בניין הספורט החדש נמצא על-יד המעונות. |

## THE DEFINITE ARTICLE IN PHRASES

### Noun + Adjective — שם + תואר

In a definite phrase the definite article appears twice: it is attached to the noun and it is attached to the adjective.

| | | |
|---|---|---|
| the pretty buildings | הבניינים היפים | בניינים יפים |
| the new students | הסטודנטיות החדשות | סטודנטיות חדשות |

### Noun + Noun — שם + שם (סמיכות)

When a phrase that consists of two nouns is definite, the definite article precedes the second noun.

| | *Definite* | *Indefinite* |
|---|---|---|
| the sports building | בניין הספורט | בניין ספורט |
| the coffeehouse | בית הקפה | בית קפה |

### (Noun + Noun) + Adjective — (שם + שם) + תואר

When a two-noun phrase is made definite and an adjective is added to it, the definite article is added to the second noun *and* to the adjective.

| | *Definite* | *Indefinite* |
|---|---|---|
| the new sports building | בניין הספורט החדש | בניין ספורט חדש |
| the old coffeehouse | בית הקפה הישן | בית קפה ישן |

### EXERCISE 7 — תרגיל מספר 7

Change the phrase from indefinite to definite.

אתן חברות של דן? ?____________________

אתה מורה לספרות? ?____________________

אתם אורחים של דליה? ?____________________

את סטודנטית חדשה? ?____________________

זאת ספריה ישנה? ?____________________

זה בניין אוניברסיטה חדש? ?____________________

זה בית קפה טוב? ?____________________

זה איש נחמד? ?____________________

זאת אשה נחמדה? ?____________________

## THE VERB להימצא "TO BE LOCATED": PRESENT TENSE

Here are the present tense forms of the verb.

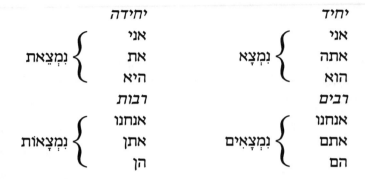

| יחיד | | יחידה | |
|---|---|---|---|
| אני | | אני | |
| אתה | נִמְצָא | את | נִמְצֵאת |
| הוא | | היא | |
| **רבים** | | **רבות** | |
| אנחנו | | אנחנו | |
| אתם | נִמְצָאִים | אתן | נִמְצָאוֹת |
| הם | | הן | |

The verb להימצא follows the subject of a sentence and links it with prepositional phrases or adverbs describing location. In English the same function would be by the verb "to be." A more accurate translation would be "to be located."

The university is (located) in Ramat Aviv. — האוניברסיטה נמצאת ברמת אביב.

The use of נמצא is optional, as you can see in the following sentences.

| *Without the Verb of Location* | *With the Verb of Location* |
|---|---|
| הבית על-יד הספריה. | הבית נמצא על-יד הספריה. |
| הספריה בקמפוס. | הספריה נמצאת בקמפוס. |
| המעונות על-יד התיאטרון. | המעונות נמצאים על-יד התיאטרון. |

**EXERCISE 8: Toward Free Expression** **תרגיל מספר 8**

*Group activities:* Work in groups. Use the following short dialogues as models for your interactions. You can substitute items and change roles.

(בקמפוס. על יד הקפיטריה.) (On campus. Next to the cafeteria.)

סליחה, איפה נמצאת הספריה החדשה?

הספריה החדשה נמצאת על יד בניין התיאטרון הישן.

תודה.

(על יד האוטובוס.) (Next to the bus.)

אתם בדרך לשיעור?

לא. אנחנו בדרך לתיאטרון.

איפה נמצא בניין התיאטרון?

ברחוב הרצל.

(בקפיטריה.) (In the cafeteria.)

איפה נמצאים הסטודנטים החדשים?

באוניברסיטה.

איפה באוניברסיטה?

איפה? בקפיטריה, במעונות, בספריה, בשיעורים.

תודה.

## THE PREPOSITION "NEXT TO"

The preposition על יד is translated into English as "next to," but it does not include the particle -ל usually associated with the English "to." It is followed immediately by a noun or noun phrase.

| | |
|---|---|
| next to the bank | על יד הבנק |
| next to the big bank | על יד הבנק הגדול |
| next to the Ha-Poalim Bank | על יד "בנק הפועלים" |

### EXERCISE 9      **תרגיל מספר 9**

Answer the questions according to the position of the items on the campus map.

**CAMPUS**
הקמפוס

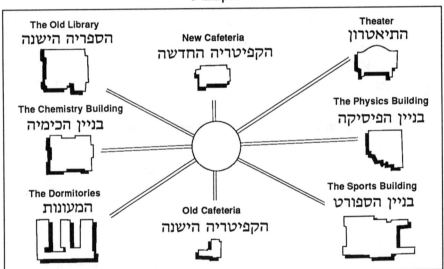

איפה הבניינים?

בניין הספורט נמצא על יד _____

בניין הכימיה נמצא על יד _____

הקפיטריה הישנה נמצאת על יד _____

בניין הפיסיקה נמצא על יד _____

המעונות נמצאים על יד _____

הספריה הישנה נמצאת על יד _____

הקפיטריה החדשה נמצאת על יד _____

בניין התיאטרון נמצא על יד _____

## PART B

## חלק ב׳

DIALOGUE B: VISITORS ON CAMPUS – PARENTS' VISIT

שיחון ב׳: אורחים בקמפוס – בִּיקוּר הוֹרִים

(אדון וגברת כהן עוֹמְדִים על יד בניין הספורט. רונית באה מִשִׁיעוּר לטניס.)

(Mr. and Mrs. Cohen are standing next to the sports building. Ronit comes from a tennis lesson.)

גב׳ כהן: סליחה, את יודעת איפה הַמְעוֹנוֹת של הסטודנטים?
רונית: המעונות של הסטודנטים על יד הספריה.
אדון כהן: ואיפה הספריה שלכם?
רונית: הספריה כָּאן, על יד בניין הספורט.
אתם אורחים בקמפוס?
גב׳ כהן: כן. הַבֵּן שֶׁלָּנוּ, גיל כהן, לומד כאן באוניברסיטה.
רונית: גיל כהן? מתל אביב? זה הַבֵּן שֶׁלָּכֶם?
אדון כהן: כן. הוא הבן הגדול שלנו.
רונית: אני חברה שֶׁלּוֹ.
אדון כהן: אה . . . את החברה שלו?
רונית: אני לא הַחברה שלו – אני חברה שלו.

(גיל והאורחים שלו עומדים על יד המעונות. רונית באה.)

(Gil and his guests stand by the dorms. Ronit comes.)

גיל: שלום, רונית.
רונית: שלום.
גיל: רונית, אֵלֶּה הָהוֹרִים שֶׁלִּי.
רונית: אני יודַעַת.
גיל: אמא, זאת רונית מזרחי.
רונית, זאת אִמָּא שֶׁלִּי.
רונית: נעים מאוד.
גיל: וזה אַבָּא שֶׁלִּי.
יורם: נעים מאוד.
רונית: סליחה, אני בדרך לספריה.

(גיל וההורים שלו יושבים בבית קפה.)

(Gil and his parents are sitting in a coffeehouse.)

רות: החברה שלך, רונית, בחורה נחמדה מאוד.
גיל: היא לא החברה שלי. אנחנו לומדים בְּיַחַד.

---

### SPEECH PATTERNS

### תבניות לשון

| | |
|---|---|
| Where is Dan's book? | איפה הספר של דן? |
| Dan's book is on the desk. | הספר של דן על השולחן. |
| Are you a friend of Dalia's? | את חברה של דליה? |
| No. I am a friend of Dan's. | לא. אני חברה של דן. |

# THE PREPOSITION OF POSSESSION

The preposition שֶׁל "of" links nouns in an expression of possession. In Hebrew
phrases of possession the word order is that of "possessed" noun first followed by
the preposition and the "possessor" noun. The reverse is true in English.

| | |
|---|---|
| A student's book | ספר של תלמיד |
| The student's book | הספר של התלמיד |

Possessive phrases can be definite or indefinite.

*Definite Phrase*

| | |
|---|---|
| Yossi is Dan*'s* friend. | יוסי הַחבר שֶׁל דן. |
| Yossi is not Rina*'s* boyfriend. | יוסי לא הַחבר שֶׁל רינה. |
| He is Dalia*'s* boyfriend. | הוא הַחבר שֶׁל דליה. |

*Indefinite Phrase*

| | |
|---|---|
| Yossi is *a friend of* Dan's. | יוסי חבר שֶׁל דן. |
| (Yossi is one of Dan's friends.) | |

The common expression of possession is a definite concept.

| | |
|---|---|
| Dan's friend | החבר של דן |
| Rivka's house | הבית של רבקה |
| Rina's teacher | המורה של רינה |

**EXERCISE 10**                                                              **תרגיל מספר 10**

An expression of possession can be added to a noun or to a noun phrase. Here are
two examples of noun phrases: noun + adjective followed by a prepositional phrase
indicating possesion.

זה החבר הטוב של דן.
זה הבית הישן של רבקה.

Following the examples, create similar sentences from the three columns below.

| Prepositional phrase | | Adjective | Noun |
|---|---|---|---|
| רינה. | | חדשה | מורה |
| אדון וגברת מזרחי. } של | | פרטי | בית |
| דן ורבקה. | | נחמדה | אורחת |

Add two more examples of your own.

## EXERCISE 11 — תרגיל מספר 11

An expression of possession can be added to a noun or to a noun phrase. Here are examples in which an adjective is added to the second noun, which is part of the prepositional phrase of possession.

זה הבית של <u>התלמידים החדשים</u>.
זאת הספריה של <u>האוניברסיטה העברית</u>.

Following the examples, create similar sentences from the three columns below.

| Noun | | Prepositional Phrase | Adjective |
|---|---|---|---|
| אמא | | תלמידים | חדשים. |
| חבר | של | אורחים | נחמדים. |
| חברה | | סטודנטים | מעניינים. |

Add two more examples of your own.

## EXERCISE 12 — תרגיל מספר 12

Complete with either the definite article or the preposition של.

אתה <u>ה</u>תלמיד <u>ה</u>חדש?
אתה <u>ה</u>תלמיד <u>של</u> ד״ר אילון?

אתם _____תלמידים _____ ד״ר שכטר?
מי _____מלצר כאן?
את _____חברה _____ רונית או _____חברה _____ דליה?
איפה _____רופא? הוא לא כאן?
איפה _____קפיטריה? _____קפיטריה על יד _____ _____ספריה.
_____אורחים בקפיטריה?
אתם _____חברים _____ דן?
איפה _____בניין _____ _____ספריה?
_____ספריה על יד בניין _____ספורט?
_____תיירים בדרך ל״הילטון״?

## EXERCISE 13                                    **תרגיל מספר 13**

Following the example, change the sentences in the right-hand column from indefinite to definite and from singular to plural.

| רבים/ות | | יחיד/ה |
|---|---|---|
| דן ואורי *האורים החדשים?* | | דן מורה חדש? |
| ד"ר כהן וד"ר כץ _____. | | ד"ר כהן רופא טוב. |
| אדון לוי ואדון לביא _____ | | אדון לוי ספרן טוב. |
| רות וגילה _____ בכיתה. | | רות סטודנטית חדשה בכיתה. |
| הם _____ של דוד. | | הוא חבר טוב של דוד. |
| גילה ורות _____ של אורלי. | | גילה חברה חדשה של אורלי. |
| מי _____ כאן? | | מי מלצרית טובה כאן? |
| גברת מזרחי וגברת לוי _____. | | גברת מזרחי ספרנית חדשה. |

---

### SPEECH PATTERNS                               **תבניות לשון**

| | |
|---|---|
| Who is this boy? | מי הילד הזה? |
|   This is my son, Dan. | זה הבן שלי, דן. |
| Who is this woman? | מי האשה הזאת? |
|   That's my guest, Tsipi. | זאת האורחת שלי, ציפי. |
| Who are these people? | מי האנשים האלה? |
|   These are Dan's parents. | אלה ההורים של דן. |
|   These are his mom and dad. | אלה אמא ואבא שלו. |
| Who are these young women? | מי הבחורות האלה? |
|   These are our sisters. | אלה האחיות שלנו. |

---

## DEMONSTRATIVE PRONOUNS: SINGULAR AND PLURAL

You have been introduced to the demonstrative pronouns in the singular form in Lesson 2. The plural form is אלה "these." It is the same for both masculine and feminine.

### Introducing a Sentence

| | |
|---|---|
| This is a big house. | זה **בית** גדול. |
| This is a pretty city. | זאת **עיר** יפה. |
| These are interesting books. | אלה **ספרים** מעניינים. |
| These are new libraries. | אלה **ספריות** חדשות. |

## Modifying a Noun in a Definite Phrase

| | |
|---|---|
| The house is my house. | **הבית הזה** (הוא) הבית שלי. |
| This city is the capital. | **העיר הזאת** (היא) עיר הבירה. |
| These books are interesting books. | **הספרים האלה** (הם) ספרים מעניינים. |
| These libraries are new libraries. | **הספריות האלה** (הן) ספריות חדשות. |

### EXERCISE 14 — תרגיל מספר 14

Complete the sentences by adding the appropriate demonstrative pronoun. Translate each sentence. Follow the example.

This is a new house. זה בית חדש.

This house is new. הבית הזה חדש.

__________ תלמידים של ד"ר אילון.

__________ החברה של דוד.

__________ האורחות של דליה.

__________ ההורים של אורלי.

__________ האחות של רונית.

__________ ספר מעניין.

__________ ספרים טובים.

התלמידים __________.

הבחורה __________.

הסטודנטיות __________.

האנשים __________.

הילדה __________.

הספר __________.

הספרים __________.

### EXERCISE 15 — תרגיל מספר 15

Translate the following sentences into Hebrew.

These people are our guests.
This is the new student. She is from Boston.
Who is this? This is Dan. He is a friend of mine.
Are these people your parents?
This is a small university.
Is this building the sports building?
This is the new cafeteria.
This is not a very interesting lesson.

# THE PREPOSITION של WITH PRONOUN SUFFIXES

Pronoun suffixes can be attached to prepositions to create possessive pronouns.
Here are the pronouns created by combining the preposition of possession של with
pronoun suffixes.

| *Plural* | | *Singular* | |
|---|---|---|---|
| our (masculine and/or feminine) | שֶׁלָּנוּ | my (masculine or feminine) | שֶׁלִּי |
| your (masculine) | שֶׁלָּכֶם | your (masculine) | שֶׁלְּךָ |
| your (feminine) | שֶׁלָּכֶן | your (feminine) | שֶׁלָּךְ |
| their (masculine) | שֶׁלָּהֶם | his/its | שֶׁלּוֹ |
| their (feminine) | שֶׁלָּהֶן | her/its | שֶׁלָּהּ |

### של *with Pronouns*

| my house | הבית שלי |
|---|---|
| our friends | החברים שלנו |
| his guest | האורחת שלו |
| her books | הספרים שלה |
| their parents | ההורים שלהם |

### של *with Nouns*

| Michael's house | הבית של מיכאל |
|---|---|
| Dalia's friends | החברים של דליה |
| Orli's parents | ההורים של אורלי |
| the students' dorms | המעונות של הסטודנטים |

In a noun phrase composed of a noun and an adjective the preposition של with its
pronoun or noun follows that entire phrase.

| my old house | הבית הישן שלי |
|---|---|
| your new teacher | המורה החדשה שלכם |
| Dalia's good friends | החברים הטובים של דליה |

In a noun phrase composed of two or three nouns, the preposition של with its
pronoun or noun follows that entire phrase.

| our sports building | בניין הספורט שלנו |
|---|---|
| my last name | שם המשפחה שלי |
| David's coffeehouse | בית הקפה של דוד |

**EXERCISE 16** **תרגיל מספר 16**

Complete the sentences by adding translations of the English phrases.

| | |
|---|---|
| your guests | דני, איפה ________? |
| my guests | ________ נמצאים בבית קפה. |
| your friends | דליה, איפה ________? |
| my friends | ________ בשיעור להסטוריה. |
| your new books | דוד ודן, איפה ________? |
| our new books | ________? איפה הם? |
| their house | ________ נמצא על יד האוניברסיטה. |
| her parents | ________ לא נמצאים בעיר. |
| his classes | ________ בבניין הספורט. |
| Ori's good friends | ________ לא נמצאים באוניברסיטה. |
| Orli's guest | ________ בדרך לקפיטריה. |
| the new university's dorms | הם נמצאים ב________. |
| Dan's new doctor | ________ נמצא בתל אביב. |

## THE FAMILY המשפחה

Here is a list of some family terms.

| | |
|---|---|
| parents | הוֹרִים |
| mother | אִמָּא |
| father | אַבָּא |
| children | יְלָדִים |
| daughter/daughters | בַּת (נ)/בָּנוֹת |
| son/sons | בֵּן (ז)/בָּנִים |
| sister/sisters | אָחוֹת (נ)/אֲחָיוֹת |
| brother/brothers | אָח (ז)/אַחִים |

**EXERCISE 17** **תרגיל מספר 17**

Answer the questions and complete the sentences according to the family tree of the Cohen family.

משפחת כהן

מי הם ההורים של גיל?

ההורים שלו _____.

מה השם של אמא של גיל?

השם שלה _____.

מה השם של אבא של גיל?

השם שלו _____.

גיל האח של _____.

נורית האחות של _____.

גיל הבן של _____ ושל _____.

נורית הבת של _____ ושל _____.

גיל ויוסי הבנים של _____.

נורית ותמר הבנות של _____.

_____ ו _____ אחים.

_____ ו _____ אחיות.

Answer the questions and complete the sentences according to your family tree.

*המשפחה שלך:*

שם משפחה: _____ *הורים: אדון וגברת* _____

שם פרטי: _____ *אמא:* _____ *אבא:* _____

*ילדים:* _____ _____ _____

| | |
|---|---|
| **EXERCISE 18** | **תרגיל מספר 18** |

Change the underlined words from singular to plural.

רינה, זה <u>הבן</u> שלי!     _____!

דן, זה <u>האח</u> שלו.     _____!

רינה, זאת <u>האחות</u> שלך?     _____?

דן, זאת <u>האחות</u> שלך?     _____?

Change the underlined words from masculine to feminine.

יורם, זה <u>הבן</u> שלך?     רות, _____?

זה <u>האח</u> שלה.     _____.

זה <u>אבא</u> שלי.     _____.

## VOCABULARY NOTES: REFERRING TO PEOPLE

| Plural רבים/רבות | | Singular יחיד/ה | |
|---|---|---|---|
| people | אֲנָשִׁים | man | אִישׁ |
| men | גְּבָרִים | man | גֶּבֶר |
| women | נָשִׁים | woman | אִשָּׁה |
| children/boys | יְלָדִים | child/boy | יֶלֶד |
| girls | יְלָדוֹת | girl | יַלְדָּה |
| young men | בַּחוּרִים | young man | בָּחוּר |
| young women | בַּחוּרוֹת | young woman | בַּחוּרָה |

## THE VERB SYSTEM: PRESENT TENSE          מערכת הפועל: זמן הווה

Verbs in Hebrew have three major tenses: present, past, and future. All verbs in the present tense have four forms. The forms have fixed gender and number features.

Verbs in present tense describe an action, state, or process that is either habitual or ongoing.

| Where *do you study* every morning? | איפה אתה לומד כל בוקר? |
|---|---|
| *Are you studying* now? | אתה לומד עכשיו? |

### Present Tense Forms: Verb Stems and Suffixes

The present tense has four forms. These forms share a *verb stem*, which is a combination of consonants and vowels. *Suffixes* are added to the form of the masculine singular to indicate gender and number features. The masculine singular form is thus the base from which other forms are derived.

Here are the gender and number suffixes of present tense verb forms.

|  | *יחידה* |  |  | *יחיד* |
|---|---|---|---|---|
|  | אני |  |  | אני |
| ת/ה + verb stem { | את | verb stem { | | אתה |
|  | היא | (no suffix) | | הוא |
|  | *רבות* |  |  | *רבים* |
|  | אנחנו |  |  | אנחנו |
| ות + verb stem { | אתן | ים + verb stem { | | אתם |
|  | הן |  |  | הם |

The subject can be a noun, a proper name, or a pronoun.

|  | היא |  |  | הוא | שם הגוף: |
|---|---|---|---|---|---|
| ת/ה + verb stem { | הסטודנטית | verb stem { | | הסטודנט | שם: |
|  | דליה | (no suffix) | | דן | שם: |
|  | הן |  |  | הם |  |
| ות + verb stem { | הסטודנטיות | ים + verb stem { | | הסטודנטים |  |
|  | דליה ורינה |  |  | דן ואורי |  |

## SPEECH PATTERNS — תבניות לשון

| | |
|---|---|
| Are you studying here? | אתם לומדים פה? |
| We are not studying here. | אנחנו לא לומדים פה. |

Verb forms following plural subjects match them in number and gender.

Here are the present tense forms of the verb ללמוד "to study."

| *יחיד* | | *יחידה* | |
|---|---|---|---|
| אני<br>אתה<br>הוא | לוֹמֵד | אני<br>את<br>היא | לוֹמֶדֶת |
| *רבים* | | *רבות* | |
| אנחנו<br>אתם<br>הם | לוֹמְדִים | אנחנו<br>אתן<br>הן | לוֹמְדוֹת |

Related nouns are תַּלְמִיד/תַּלְמִידָה "pupil" and (ז.ר.) לִימוּדִים "studies."

### EXERCISE 19 — תרגיל מספר 19

Change from singular to plural.

מה אתה לומד פה?
את לומדת הסטוריה?
היא לומדת בספריה.
הוא לומד עם החברים שלו.
אני לומדת עברית ואנגלית.

## SPEECH PATTERNS — תבניות לשון

| | |
|---|---|
| Where are you coming from? | מאיפה אתן באות? |
| Are you coming from the university? | אתן באות מהאוניברסיטה? |
| Are you coming to class this evening? | אתם באים לשיעור הערב? |

Here are the present tense forms of the verb לָבוֹא "to come."

| יחידה | | | יחיד | | |
|---|---|---|---|---|---|
| | אני | | | אני | |
| בָּאָה | את | | בָּא | אתה | |
| | היא | | | הוא | |
| רבות | | | רבים | | |
| | אנחנו | | | אנחנו | |
| בָּאוֹת | אתן | | בָּאִים | אתם | |
| | הן | | | הם | |

Related nouns are מבוא (לביולוגיה) (ז) "introduction (to biology)."

| **EXERCISE 20** | **תרגיל מספר 20** |
|---|---|

Change from singular to plural.

אני בא הביתה.

האח שלי בא מהבית.

הבן של דן בא מהפארק.

הבת שלך באה לספריה בערב?

האחות של דן באה לשיעור.

---

| **SPEECH PATTERNS** | **תבניות לשון** |
|---|---|

| Don't you want to study? | אתם לא רוצים ללמוד? |
| Do you want to come to class? | אתן רוצות לבוא לשיעור? |

---

Here are the present tense forms of the verb לִרְצוֹת "to want."

| יחידה | | | יחיד | | |
|---|---|---|---|---|---|
| | אני | | | אני | |
| רוֹצָה | את | | רוֹצֶה | אתה | |
| | היא | | | הוא | |
| רבות | | | רבים | | |
| | אנחנו | | | אנחנו | |
| רוֹצוֹת | אתן | | רוֹצִים | אתם | |
| | הן | | | הם | |

## EXERCISE 21 — תרגיל מספר 21

Change from singular to plural.

דליה רוצה ללמוד אנגלית.
האחות שלי רוצה לבוא לביקור.
אבא של דן רוצה להיות באוניברסיטה.
אמא שלך רוצה לבוא לספריה בערב?
האח של דליה רוצה ללמוד ביולוגיה.

---

## SPEECH PATTERNS — תבניות לשון

| | |
|---|---|
| Do you know Hebrew? | אתם יודעים עברית? |
| Do you know where Dan's house is? | את יודעת איפה הבית של דן? |
| I don't know what to do! | אני לא יודעת מה לעשות! |

---

Here are the present tense forms of the verb לָדַעַת "to know."

| יחיד | | יחידה | |
|---|---|---|---|
| אני / אתה / הוא | יוֹדֵעַ | אני / את / היא | יוֹדַעַת |
| **רבים** | | **רבות** | |
| אנחנו / אתם / הם | יוֹדְעִים | אנחנו / אתן / הן | יוֹדְעוֹת |

Related nouns are (ז) יֶדַע "knowledge/know-how" and (ז) מֵידָע "information."

## EXERCISE 22 — תרגיל מספר 22

Change from singular to plural.

דליה לא יודעת אנגלית.
אני יודעת איפה הספריה.
אבא שלך יודע מי אנחנו?
את יודעת איפה הבית של משפחת לביא?
אני יודע מי המורה החדש.

**EXERCISE 23**                                    תרגיל מספר 23

Work with a partner. Interview each other, using some or all of these questions, and
write down the information.

מאיפה המשפחה שלך?

מה שם אבא שלך?

מה שם אמא שלך?

ההורים שלך מורים?

מה שם האח שלך?

מה שם האחות שלך?

את/ה לומד/ת עם חברים?

את/ה יודע/ת מה את/ה רוצה ללמוד?

מה את/ה לומד/ת?

מה החברים שלך לומדים?

אתם לומדים במעונות?

# LESSON 4 SUMMARY

# שיעור 4 סיכום

Communicative Skills Introduced in This Lesson

1. How to find out where things are on campus
2. How to find out about family relationships

Grammatical Information Introduced in This Lesson

1. Subject pronouns: plural

אֲנַחְנוּ, אַתֶּם, אַתֶּן, הֵם, הֵן

2. Nouns: number and gender features
3. Four noun forms representing gender and number features

תַּיָּיר, תַּיֶּירֶת, תַּיָּירִים, תַּיָּירוֹת

אוֹרֵחַ, אוֹרַחַת, אוֹרְחִים, אורחות

4. Four adjective forms representing gender and number features

סטודנט חָדָשׁ, סטודנטית חֲדָשָׁה, סטודנטים חֲדָשִׁים, סטודנטיות חֲדָשׁוֹת

5. The definite article in phrases

| | | |
|---|---|---|
| Indefinite: | בניין ספורט | בניין חדש, |
| Definite: | בניין הספורט | הַבִּניין החדש, |

6. Expressions of possession

הַבַּיִת שֶׁל דן

הבית שלו

7. Demonstrative pronouns

זֶה, זֹאת, אֵלֶּה

8. The verb system: present tense

לִלמוֹד, לָבוֹא, לִרצוֹת, לָדַעַת

## WORD LIST FOR LESSON 4 — אוצר מילים לשיעור 4

### Nouns — שמות

| | רבים | יחיד/ה |
|---|---|---|
| father | אָבוֹת | אָב/אַבָּא (ז) |
| bus | אוֹטוֹבּוּסִים | אוֹטוֹבּוּס (ז) |
| brother | אַחִים | אָח (ז) |
| sister | אֲחָיוֹת | אָחוֹת (נ) |
| mother | אִימָּהוֹת | אֵם/אִמָּא |
| visit | בִּיקּוּרִים | בִּיקּוּר (ז) |
| building | בִּנְיָינִים | בִּנְיָין |
| son | בָּנִים | בֵּן (ז) |
| daughter | בָּנוֹת | בַּת (נ) |
| man | גְּבָרִים | גֶּבֶר (ז) |
| parent | הוֹרִים | הוֹרֶה (ז) |
| child | יְלָדִים | יֶלֶד (ז) |
| information | | מֵידָע (ז) |
| dormitory/residence | מְעוֹנוֹת | מָעוֹן (ז) |
| sports | | סְפּוֹרְט (ז) |
| street | רְחוֹבוֹת | רְחוֹב (ז) |

| | רבות | רבים | יחידה | יחיד |
|---|---|---|---|---|
| young man/woman | בַּחוּרוֹת | בַּחוּרִים | בַּחוּרָה | בָּחוּר |
| guest | אוֹרְחוֹת | אוֹרְחִים | אוֹרַחַת | אוֹרֵחַ |
| boy/girl | יְלָדוֹת | יְלָדִים | יַלְדָּה | יֶלֶד |
| waiter/waitress | מֶלְצָרִיּוֹת | מֶלְצָרִים | מֶלְצָרִית | מֶלְצָר |
| librarian | סַפְרָנִיּוֹת | סַפְרָנִים | סַפְרָנִית | סַפְרָן |
| tourist | תַּיָּירוֹת | תַּיָּירִים | תַּיֶּירֶת | תַּיָּיר |

### Pronouns — שמות גוף

| | רבות | רבים |
|---|---|---|
| we | אֲנַחְנוּ | אֲנַחְנוּ |
| you (plural) | אַתֶּן | אַתֶּם |
| they | הֵן | הֵם |
| these | אֵלֶּה | אֵלֶּה |

### Adjective — תארים

| | יחידה | יחיד |
|---|---|---|
| old (thing) | יְשָׁנָה | יָשָׁן |

## Verbs

| | | פעלים |
|---|---|---|
| to know | יוֹדֵעַ/יוֹדַעַת | לָדַעַת |
| to be (located) | נִמְצָא/נִמְצֵאת | לְהִימָּצֵא |
| to stand | עוֹמֵד/עוֹמֶדֶת | לַעֲמוֹד |
| to sit | יוֹשֵׁב/יוֹשֶׁבֶת | לָשֶׁבֶת |

## Particles, Prepositions, and Adverbs

מילות ותארי פועל

| | |
|---|---|
| but | אֲבָל |
| together | בְּיַחַד |
| on the way to | בַּדֶּרֶךְ ל |
| here | כָּאן |
| every morning | כֹּל בּוֹקֶר |
| now | עַכְשָׁיו |
| next to | עַל יָד |
| with | עִם |

## Expressions and Phrases

ביטויים וצירופים

| | |
|---|---|
| What a pity! | חֲבָל! |
| Not exactly! | לֹא בְּדִיּוּק! |
| Thanks! | תּוֹדָה! |

# LESSON 5 שיעור מספר 5

**PART A** חלק א'

DIALOGUE A: AT RECESS TIME שיחון א': בהפסקה

(אורלי וגיל בהפסקה.)

גיל:    אורלי, את גרה בעיר?

אורלי:  כן. ואתה? אתה גם גר בעיר?

גיל:    אני גר במעונות באוניברסיטה.
        את גרה עם ההורים שלך?

אורלי:  המשפחה שלי גרה בחיפה.

גיל:    המשפחה שלי גרה מחוץ לעיר.

אורלי:  אתה עובד?

גיל:    כן. אני עובד.

אורלי:  מה אתה עושה?

גיל:    אני מלצר בבית קפה. ואת? את עובדת?

אורלי:  כן. אני עובדת.

גיל:    מה את עושה?

אורלי:  אני עובדת בספריה.

גיל:    את גרה במעונות?

אורלי:  לא. אני לא גרה במעונות.

גיל:    את גרה בדירה או בבית?

אורלי:  אני גרה בדירה.

גיל:    הדירה שלך דירה יקרה?

אורלי:  לא יקרה ולא זולה.

גיל:    את גרה לבד?

אורלי:  לא. אני גרה עם חברה.

גיל:    את פוגשת הרבה אנשים?

אורלי:  כן. אני פוגשת אנשים בעבודה.
        ואתה? אתה גר לבד או עם חברים?

גיל:    אני גר לבד בחדר קטן במעונות.

אורלי:  ואתה פוגש הרבה אנשים במעונות?

גיל:    לא. אני לומד ועובד ואני לא פוגש אנשים.

אורלי:  חבל!

# THE VERB SYSTEM: ROOTS AND ROOT CLASSIFICATIONS

## מערכת הפועל: שורשים וגזרות

## Roots                        שורשים

A root שורש is a sequence of consonants that form the basis of all verbs and nouns. Words that share a common root are often related to one another in meaning as well.

A root is an abstract concept. Actual words are made of sequences of consonants that combine with vowels. In addition to the root letters, other consonants help form words.

Most roots are composed of three root letters. The root letters are also known as אותיות השורש "radicals." The root letters have names that identify them according to their sequential position. Root letter 1 is labeled פ' הפועל, Root letter 2 is labeled ע' הפועל, and Root letter 3 is labeled ל' הפועל.

$$\text{R1} = \text{פ' הפועל}$$
$$\text{R2} = \text{ע' הפועל}$$
$$\text{R3} = \text{ל' הפועל}$$

These are the root letters for the verb ללמוד "to study."

$$\text{R1} = \text{ל}$$
$$\text{R2} = \text{מ}$$
$$\text{R3} = \text{ד}$$

In the following words, the common consonants are ל, מ, ד. They have a fixed order.

| | |
|---|---|
| am/is studying (verb) | לומד |
| to study (verb) | ללמוד |
| studies (noun) | לימודים (ז.ר.) |
| student/pupil (noun) | תלמיד (ז.) |

## Some Root Classifications             גזרות

In Hebrew, roots are classified in two major categories. One is known as "complete" שלמים or "strong," and the other is known as "incomplete" or "weak." The Hebrew name for these classifications is גזרות.

Here are three different verb classifications or גזרות: שלמים, ל"ה, ע"ו.

GROUP 1                                                      קבוצה 1: שלמים

The roots that belong to גזרת שלמים are composed of three root letters that appear in *all* verb and noun forms.

Here are examples of verbs that keep all their root letters in all forms.

| Root Class | Root | Root Letters | Present Tense Forms | Infinitive |
|---|---|---|---|---|
| שלמים | ל.מ.ד. | פ = ל<br>ע = מ<br>ל = ד | לוֹמֵד, לוֹמֶדֶת, לוֹמְדִים, לוֹמְדוֹת | לִלְמוֹד<br>"to study" |
| שלמים | ע.ב.ד. | פ = ע<br>ע = ב<br>ל = ד | עוֹבֵד, עוֹבֶדֶת, עוֹבְדִים, עוֹבְדוֹת | לַעֲבוֹד<br>"to work" |
| שלמים | פ.ג.ש. | פ = פ<br>ע = ג<br>ל = שׁ | פּוֹגֵש, פּוֹגֶשֶת, פּוֹגְשִים, פּוֹגְשוֹת | לִפְגוֹש<br>"to meet" |

GROUP 2                                                      קבוצה 2: פעלי ל"ה

The roots that belong to גזרת ל"ה have a final consonant ה. It is called ל"ה because the final root letter ה is missing in some of the conjugated forms.

The verbs לעשות "to do" and לרצות "to want" serve here as examples. Notice that in the present tense plural forms the letter ה does not appear. In the infinitive form ה has been replaced by ת.

| Root Class | Root | Root Letters | Present Tense Forms | Infinitive |
|---|---|---|---|---|
| ל"ה | ע.ש.ה. | פ = ע<br>ע = שׁ<br>ל = ה | עוֹשֶׂה, עוֹשָׂה, עוֹשִׂים, עוֹשׂוֹת | לַעֲשׂוֹת<br>"to do" |
| ל"ה | ר.צ.ה. | פ = ר<br>ע = צ<br>ל = ה | רוֹצֶה, רוֹצָה, רוֹצִים, רוֹצוֹת | לִרְצוֹת<br>"to want" |

GROUP 3                                                      קבוצה 3: פעלי ע"ו

Present tense forms of verbs in this root group, called גזרת ע"ו, do not include the second root letter ו. In the infinitive, the ו becomes a vowel.

| Root Class | Root | Root Letters | Present Tense Forms | Infinitive |
|---|---|---|---|---|
| ע"ו | ג.ו.ר. | פ = ג<br>ע = ו<br>ל = ר | גָּר, גָּרָה, גָּרִים, גָּרוֹת | לָגוּר<br>"to live/reside" |

Here is another verb that is conjugated in a similar way in present tense.

| *Root Class* | *Root* | *Root Letters* | *Present Tense Forms* | *Infinitive* |
|---|---|---|---|---|
| ע"ו | ב.ו.א. | פ = ב | בָּא, בָּאָה, בָּאִים, בָּאוֹת | לָבוֹא |
| | | ע = ו | | "to come" |
| | | ל = א | | |

We can see how the **גזרות** root classifications derive their names from the composition of their root letters.

| *ל׳ הפועל* | *ע׳ הפועל* | *פ׳ הפועל* | *גזרה* |
|---|---|---|---|
| ד | ב | ע | שלמים |
| ה | ש | ע | פעלי ל"ה |
| ר | ו | ג | פעלי ע"ו |

**EXERCISE 1** **תרגיל מספר 1**

Conjugate new verbs in the present tense following the examples given.

גזרה: שלמים

| | | | |
|---|---|---|---|
| | כ.ת.ב. | ל.מ.ד. | שורש |
| ***Infinitive*** | "to write" לִכְתּוֹב | "to study" לִלְמוֹד | *שם פועל* |
| ***Present Tense*** | __________ | לומד | *זמן הווה* |
| | __________ | לומדת | |
| | __________ | לומדים | |
| | __________ | לומדות | |

גזרה: ל"ה

| | | | |
|---|---|---|---|
| | ע.ש.ה. | ר.צ.ה. | שורש |
| ***Infinitive*** | "to do" לַעֲשׂוֹת | "to want" לִרְצוֹת | *שם פועל:* |
| ***Present Tense*** | __________ | רוצה | *זמן הווה* |
| | __________ | רוצה | |
| | __________ | רוצים | |
| | __________ | רוצות | |

גזרה: ע"ו

| | | | |
|---|---|---|---|
| | ק.ו.מ. | ר.ו.צ. | שורש |
| ***Infinitive*** | "to get up" לָקוּם | "to run" לָרוּץ | *שם פועל:* |
| ***Present Tense*** | __________ | רץ | *זמן הווה* |
| | __________ | רצה | |
| | __________ | רצים | |
| | __________ | רצות | |

## PLACE/LOCATION: QUESTIONS AND ANSWERS

| | |
|---|---|
| Where? | אֵיפֹה? |
| at/in (a) | בְּ |
| at/in the | בַּ |
| here | פֹּה/כָּאן |
| there | שָׁם |

The question word איפה? "where?" is often answered by a prepositional phrase that begins with the preposition ב "in/at" or by an adverbial expression that signifies location, such as פֹּה/כָּאן "here" or שָׁם "there."

| | |
|---|---|
| Where do you live? | איפה אתם גרים? |
| We live on Herzl Street. | אנחנו גרים בְּרחוב הרצל. |
| Where does Dalia live? | איפה דליה גרה? |
| She also lives there. | גם היא גרה שָׁם. |

## THE PREPOSITION ב "AT/IN"

### What Vowel to Use?

The preposition ב is prefixed to the noun that follows it. When the noun has no article, the vowel of the preposition is pronounced as a short /e/, or its variant /i/ before a consonant cluster. When the noun has a definite article, the ה of the definite article is omitted, but the vowel /a/ is kept.

| *Definite* | | *Indefinite* | |
|---|---|---|---|
| /babayit/ | בַּבַּיִת | /bedira/ | בְּדִירָה |
| /basifriya/ | בַּסִּפְרִיָּה | /beshi'ur/ | בְּשִׁיעוּר |
| | | /bitverya/ | בִּטְבֶרְיָה |

### In Specific Locations: Preposition + Name of Place/Street

Names are not preceded by definite articles.

| | |
|---|---|
| on Herzl Street | בִּרְחוֹב הֶרצל |
| in Tel Aviv | בְּתֵל אָבִיב |

### With Adverbs of Location:

| | |
|---|---|
| here ≠ there | פֹּה/כָּאן ≠ שָׁם |

When the above adverbs are used, the preposition ב is not included.

## SPEECH PATTERNS / תבניות לשון

| | |
|---|---|
| Do you live at home or in the dorms? | את גרה בַּבַּיִת או בַּמעונות? |
| I live at home. | אני גרה בַּבַּיִת. |
| Who else lives there? | מי עוֹד גר שָׁם? |
| My roommate lives there. | השוּתָּפָה שלי גָּרָה שָׁם. |
| Do you live here? | אתם גרים פֹּה? |
| No. We don't live here. | לא. אנחנו לא גרים פֹּה. |
| With whom do you live? | עִם מי אתם גרים? |
| We live alone. | אנחנו גרים לְבַד. |

## EXERCISE 2 / תרגיל מספר 2

Questions are initiated by איפה and עם מי. Circle the right answer and write a sentence.

איפה את/ה גר/ה?

אני גר/ה
1. בחדר
2. בדירה
3. בבית ______________________

אני גר/ה
1. בישראל
2. באמריקה
3. ב ______ ______________________

עם מי את/ה גר/ה?

אני גר/ה
1. עם ההורים
2. לבד
3. עם חברים/ות ______________________

איפה את/ה לומד/ת?

אני לומד/ת
1. בחדר
2. בדירה
3. בספריה ______________________

עם מי את/ה לומד/ת?

1. עם ההורים
2. לבד
3. עם חברים/ות ______________________

איפה את/ה עובד/ת?

אני עובד/ת
1. בבית
2. בקפיטריה
3. בספריה ______________________

עם מי את/ה עובד/ת?

1. עם דני
2. לבד
3. עם חברים/ות ______________________

**EXERCISE 3** **תרגיל מספר 3**

Rewrite the sentences, changing the subjects and verbs from singular to plural.

אני גר בְּבית.
אני גרה בְּתל אביב.
הוא גר בְּחֶדֶר גדוֹל.
את גרה בִּירושלים?
היא גרה בְּקָנָדָה.
אתה גר עִם חברים?
דוד גר פֹּה?

## NEW ADJECTIVES

| | | | | |
|---|---|---|---|---|
| expensive | יְקָרוֹת | יְקָרִים | יְקָרָה | יָקָר |
| inexpensive | זוֹלוֹת | זוֹלִים | זוֹלָה | זוֹל |
| private | פְּרָטִיּוֹת | פְּרָטִיִּים | פְּרָטִית | פְּרָטִי |

Observe how these adjectives are used in the following sentences.

אני גר/ה ב { בית פרטי. / דירה יקרה. / חדר זול. }

אנחנו גרים/ות ב { דירה יקרה. / חדר קטן אבל זול. / בית גדול ולא יקר. }

**EXERCISE 4** **תרגיל מספר 4**

Add one of the following adjectives to complete the sentences: יקר, זול, פרטי

הבתים בקליפורניה ______ מאוד.
זאת דירה ______? זאת דירה ______ ולא ______.
את/ה גר/ה בבית ______?
הבתים בעיר ______ או ______?
זאת אוניברסיטה ______?
זה ספר ______?

## EXERCISE 5 / תרגיל מספר 5

Answer the questions.

את/ה לומד/ת באוניברסיטה פרטית?
את/ה גר בדירה פרטית או בדירה של האוניברסיטה?
עם מי את/ה גר/ה?
את/ה גר/ה בחדר זול?
החדר שלך גדול או קטן?
את/ה גר/ה במקום יקר?
איפה גרה המשפחה שלך?
המשפחה שלך גרה בבית גדול?
זה בית יקר?

## VERBS: "TO WORK" AND "TO DO"

### SPEECH PATTERNS / תבניות לשון

| | |
|---|---|
| Where do you work? | איפה אתה עובד? |
| Do you work at the university? | אתה עובד באוניברסיטה? |
| No, I don't work at the university. | לא. אני לא עובד באוניברסיטה. |
| Where do you work? | איפה את עובדת? |
| I work in an office in town. | אני עובדת בְּמִשְׂרָד בָּעִיר. |
| Do you work with Dan? | אתם עובדים עם דן? |
| Yes. We work with Dan. | כן. אנחנו עובדים עִם דן. |
| Do you work in the morning? | אתן עובדות בַּבּוֹקר? |
| No. We work in the evening. | לא. אנחנו עובדות בָּערב. |

Here are the present tense forms of the verb לַעֲבוֹד "to work."

בסיס: עובד- שורש: ע.ב.ד. גזרה: שלמים

| *יחיד* | | *יחידה* | |
|---|---|---|---|
| אני | | אני | |
| אתה | עוֹבֵד | את | עוֹבֶדֶת |
| הוא | | היא | |
| *רבים* | | *רבות* | |
| אנחנו | | אנחנו | |
| אתם | עוֹבְדִים | אתן | עוֹבְדוֹת |
| הם | | הן | |

A related noun is עֲבוֹדָה (נ) "work, job."

**EXERCISE 6**                                                     תרגיל מספר 6

Create sentences by combining subject and verb from the two right-hand columns
with items from the left-hand columns.

| | | | |
|---|---|---|---|
| אוניברסיטה | בְּ | לעבוד | אני |
| ספריה | בַּ | | דוד |
| חברים | עִם | | הם |
| משרד | | | אנחנו |
| סופרמרקט | | | דליה ודן |
| בנק | | | מי |
| אדון כהן | | | גברת כהן |
| בית קפה | | | אדון לוי |

---

**SPEECH PATTERNS**                                               תבניות לשון

| | |
|---|---|
| What do you do in the library? | מה אתה עושה בספריה? |
| I am a librarian. | אני סַפְרָן. |
| What do you do in the cafeteria? | מה את עושה בקפיטריה? |
| I am a waitress. | אני מֶלְצָרִית. |
| What are the students doing? | מה עושים הסטודנטים?/מה הסטודנטים עושים? |
| They are studying. | הם לומדים. |
| What are you doing here? Are you guests? | מה אתן עושות כאן? אתן אורחות? |
| No. We live here. | לא. אנחנו גרות כאן. |

---

Here are the present tense forms of the verb לעשות "to do."

בסיס: עוֹשֶׂ(ה)-    שורש: ע.שׂ.ה.    גזרה: ל"ה

| | | | | | |
|---|---|---|---|---|---|
| | | *יחידה* | | | *יחיד* |
| עוֹשָׂה | { | אני את היא | עוֹשֶׂה | { | אני אתה הוא |
| | | *רבות* | | | *רבים* |
| עוֹשׂוֹת | { | אנחנו אתן הן | עוֹשִׂים | { | אנחנו אתם הם |

Observe that the question מה אתה עושה? can be answered by either a noun/noun
phrase or a verb/verb phrase predicate.

מה אתה עושה בתל אביב?

Noun phrase predicate:

אני סטודנט.

מה אתה עושה בתל אביב?

Verb phrase predicates:

אני עובד פה.

אני גם גר פה.

The answer to a question with the verb לעשות "to do" uses a different verb. The same is true in English.

**EXERCISE 7**                                                         **תרגיל מספר 7**

Choose from the lists of possible predicates and write answers to the questions.

ספרן/ספרנית/ספרנים/ספרניות
רופא/רופאה/רופאים/רופאות

סטודנט/סטודנטית/סטודנטים/סטודנטיות
מלצר/מלצרית/מלצרים/מלצריות

מורה/מורה/מורים/מורות
אורח/אורחת/אורחים/אורחות

עובד/עובדת/עובדים/עובדות
גר/גרה/גרים/גרות

מה אתם עושים באוניברסיטה?
_____

מה הם עושים בניו יורק?
_____

מה אתה עושה בספריה?
_____

מה את עושה בקפיטריה?
_____

מה רות עושה במשרד של דוד?
_____

מה גיל עושה בתל אביב?
_____

מה רות ורינה עושות?
_____

מה אתם עושים שם?
_____

מה יוסי ודן עושים בירושלים?
_____

מה אני עושה פה?
_____

Observe the word order of nouns and verbs in questions. The word order following a question word can be verb + noun or noun + verb. This is true only when the subject is a noun, not when the subject is a pronoun.

What does the librarian do?

מה עושה הספרנית?

או

מה הספרנית עושה?

What does the waiter do?

מה עושה המלצר?

או

מה המלצר עושה?

**EXERCISE 8**                                                    תרגיל מספר 8

Change the word order in each question and then answer the questions.

מה האורחים של אורלי עושים באוניברסיטה?

_____?

_____.

מה החברות של דן עושות בספריה?

_____?

_____.

מה המלצר עושה בבית הקפה?

_____?

_____.

מה הספרנית עושה בספריה?

_____?

_____.

**EXERCISE 9**                                                    תרגיל מספר 9

Translate the questions and answers and indicate whether the predicate of the answer is a noun phrase (NP) or a verb phrase (VP).

| VP or NP | Translation | |
|---|---|---|
| | _____ | דן, מה אתה עושה פֹּה? |
| \_\_\_\_\_ | _____ | אני גר פֹּה. |
| \_\_\_\_\_ | _____ | אני גם עובד פֹּה. |
| | _____ | דליה, מה את עושה בְּנְיוּ יורק? |
| \_\_\_\_\_ | _____ | אני אורחת. |
| \_\_\_\_\_ | _____ | אני לא עובדת. |
| | _____ | מה דן ודינה עושים בִּירוּשָׁלַיִם? |
| \_\_\_\_\_ | _____ | הם עובדים שָׁם. |
| \_\_\_\_\_ | _____ | הם גם גרים שָׁם. |
| | _____ | איפה דינה ורינה? |
| \_\_\_\_\_ | _____ | הן בניו יורק. |
| | _____ | מה הן עושות שם? |
| | _____ | הן עובדות שם? |
| \_\_\_\_\_ | _____ | לא. הן אורחות. |
| | _____ | מה אתם עושים בספריה? |
| \_\_\_\_\_ | _____ | אנחנו עובדים. |
| \_\_\_\_\_ | _____ | אנחנו ספרנים. |
| | _____ | מה הם עושים פה? |
| \_\_\_\_\_ | _____ | הם עובדים? |
| \_\_\_\_\_ | _____ | כן. הם המלצרים. |

## תרגיל מספר 10 EXERCISE 10: Toward Communication

Complete the phone conversations.

*בטלפון*
שלום, דוד!
שלום, רינה!
מה נשמע?
בסדר. איפה אתה, דוד?
אני ______________.
מה את עושה, רינה?
אני ______________.
______________
______________
______________

*בטלפון*
הלו, דני?
כן? מי זה?
זאת רינה.
דני, איפה אתם?
אנחנו ______________.
אתם לא באים?
אנחנו *כן* באים.
______________
______________
______________

*בטלפון*
בוקר טוב, דליה.
בוקר טוב. מי זה?
אורי. אורי כהן.
דליה, איפה דוד גר?
דוד גר ______________.
מה הוא עושה?
______________
______________
______________

*בטלפון*
הלו! משפחת מזרחי?
כן. זה דן מזרחי.
איפה רינה ודליה מזרחי?
איפה הן גרות?
הן גרות ______________?
כן. הן גרות שם.
______________
______________
______________

*בטלפון*
אורי, איפה רינה גרה?
רינה גרה ______________
גם דוד גר שם?
______________
ואיפה רינה עובדת?
______________

*בטלפון*
דליה, ואיפה אתם גרים?
אנחנו גרים ______________
עם חברים?
______________
אתם עובדים?
______________

## PART B

## חלק ב׳

### DIALOGUE B: ENCOUNTERS

### שיחון ב׳: מפגשים

(השעה ארבע. דוד ועליזה, ההורים של רונית ואמנון, יושבים בבית הקפה המפגש. אורלי באה לבית הקפה.)

דוד: זאת בחורה יָפָה. מי היא?
עליזה: שְׁמָהּ אורלי. היא שכֵנָה שלנו.
דוד: איפה היא גרה?
עליזה: היא גרה בקוֹמָה ג׳.
דוד: מה היא עוֹשָׂה?
עליזה: היא סטודנטית. היא לומדת עִם רונית שלנו.
היא נחמדה מאוד. חבל שֶׁהיא יושבת לבד!
(אורי בא לבית הקפה ויושב עם אורלי.)
עליזה: זה בחור נחמד!
דוד: מי זה?
עליזה: גם שכן שלנו.
דוד: מה שמו?
עליזה: שמו אוּרִי.
דוד: זה לא הבן של עוּזִי ודוֹרִית עִנְבָּר?
עליזה: נכון. זה אורי ענבר.
דוד: גם הוא לומד עם רונית שלנו?
עליזה: כן.
דוד: גם אורי וגם אורלי נחמדים מאוד.
(זהבה ואמנון באים לבית הקפה ויושבים עם אורי ואורלי.)
עליזה: אמנון! אמנון! אנחנו פה!
אמנון: שלום אבא! להתראות אמא!
אני רוצה לשבת ביחד עם החברים שלי.
דוד: להתראות בבית.

*סיכום*

דוד ועליזה מזרחי יוֹשְׁבִים בבית קפה "המפגש". אנשים באים ויוֹשְׁבִים. אורלי באה ויושבת לבד. אורלי שכֵנָה של דוד ועליזה. היא לומדת עִם הבת שלהם. אורי בא ויושב עִם אורלי. גם הוא שכן של דוד ועליזה. גם הוא לומד באוניברסיטה.
גם אמנון בא ויושב עם אורלי ואורי. הוא לא יושב עם אמא ואבא שלו. הוא רוצה לשבת ביחד עם החברים שלו.

**EXERCISE 11**                                          **תרגיל מספר 11**

Change verb forms to plural according to subject.

אנחנו ＿＿＿＿＿＿ עם חברים.          אני יושב עם חברים.

איפה אתן ＿＿＿＿＿＿?                 איפה את יושבת?

עם מי אתם ＿＿＿＿＿＿?               עם מי אתה יושב?

דינה ודליה ＿＿＿＿＿＿ בבית.         דינה יושבת בבית.

הם ＿＿＿＿＿＿ ברחוב לבד.           הוא עומד ברחוב לבד.

אנחנו לא ＿＿＿＿＿ – ＿＿＿＿＿.      אני לא יושבת – אני עומדת.

---

**SPEECH PATTERNS**                                      **תבניות לשון**

With whom do you live?                                   עם מִי אתה גר?

Do you live with friends?                                אתה גר עם חברים?

   Yes, but I want to live alone.        כן, אבל אני רוצה לגור לבד.


Do you live alone?                                       את גרה לבד?

Or do you live together with your friends?               או את גרה ביחד עם החברות שלך?

   I live with friends.                   אני גרה עם חברות.

---

## THE PREPOSITION "WITH" AND ADVERBS "ALONE" AND "TOGETHER"

### The Preposition עִם "With"

The preposition עם "with" is followed by a noun or pronoun. It functions in the same manner as its equivalent in English.

אנחנו גרים עִם חברים.

אני לומדת עִם דליה.

### The Adverb לְבַד "Alone"

The adverb לבד "alone" modifies a state, action, or process. As adverbs do not have gender features, the form is always the same regardless of what precedes it or follows it.

אני יושבת לבַד.

הם לומדים לבַד.

## The Adverb בְּיַחַד "Together"

The adverb ביחד "together" modifies a state, action, or process. It is an inclusive
adverb, and therefore it either follows a plural subject or is followed by the
preposition עם, which links it with another noun.

אנחנו גרות בְּיַחַד.

אני גר ביחד עם דן.

**EXERCISE 12** תרגיל מספר 12

Add the appropriate prepositions, choosing from the following: ב (ב), עם, מ, של

דן לא גר _____ בית. הוא גר _____ דירה _____ חברים _____ האוניברסיטה. הם גרים
_____ דירה יקרה _____ בניין גדול על יד האוניברסיטה.

רינה, החברה של דן, לא גרה _____ בית פרטי. היא לא גרה _____ ההורים. היא גרה
_____ חדר קטן וזול _____ מעונות _____ אוניברסיטה.

רות אורחת באוניברסיטה. היא חברה _____ רינה. איפה היא גרה? היא לא גרה
_____ מעונות. היא גרה לבד _____ חדר גדול ויקר _____ "הילטון". מאין רות? היא
_____ אמריקה.

**EXERCISE 13** תרגיל מספר 13

Answer the questions below, using עם or ביחד (עם) or לבד.

עם מי אתם באים לשיעור?

_____

עם מי אתן יושבות?

_____

אתם באים ביחד עם דן או לבד?

_____

דינה גרה לבד בדירה?

_____

אתם גרים ביחד?

_____

אתה יושב בבית לבד?

_____

אתן לומדות ביחד עם חברים?

_____

אתם גרים עם המשפחה שלכם?

_____

הם עומדים בחוץ?

______________________________.

את רוצה לשבת או לעמוד?

______________________________.

## שיחון ג׳: שאלות ותשובות DIALOGUE C: QUESTIONS AND ANSWERS

(השעה חמש. גברת ענבר, אמא של אורי, באה לבית הקפה. אורלי וזהבה יושבות עם אורי. גב׳ ענבר מדברת עם אורלי וזהבה.)

גב׳ ענבר: ואיפה את גרה, זהבה?
זהבה: אני גרה ברחוב הרצל מספר 3.
גב׳ ענבר: גם אנחנו גרים שם! בְּאֵיזוֹ קוֹמָה את גרה?
זהבה: אני גרה בקומה ג׳.
גב׳ ענבר: איפה את עובדת?
זהבה: אני עובדת בְּמִשְׂרָד של סוֹכנוּת נְסִיעוֹת.
גב׳ ענבר: בְּאֵיזֶה רחוֹב המשרד?
זהבה: המשרד בְּרחוב ביאליק.
גב׳ ענבר: המשרד חדש?
אורי: מה זה, אמא? שאלות בְּלִי סוֹף?!
גב׳ ענבר: למה לא? אורלי, ואיפה את גרה?
אורלי: גם אני גרה ברחוב הרצל מספר שלוש.
גב׳ ענבר: גם בקומה ג׳?
אורלי: נכון. זהבה ואני גרות ביחד.
גב׳ ענבר: ואיפה את עובדת?
אורלי: אני לא עובדת – אני לומדת.
גב׳ ענבר: יפה מאוד!
אורלי: גברת ענבר, את רוצה לשבת?
גב׳ ענבר: לא. אני רוצה לשבת עם השכנים שלי. להתראות!
(דורית ענבר יושבת עם עליזה ודוד מזרחי.)
דורית: החברות של אורי נחמדות מאוד.
דוד: נכון.
עליזה: זהבה, הבחורה הבְּלוֹנְדִינִית, עובדת במשרד.
ואורלי, הבחורה הגִ׳ינְגִ׳ית, לומדת באוניברסיטה.
דורית: את יודעת הַכֹּל! – מה הן עושות, איפה הן גרות . . .
עליזה: אני יודעת הכל עַל החברים של הילדים שלי!

| SPEECH PATTERNS | תבניות לשון |
|---|---|
| *Feminine* | *נקבה* |
| On which street do you live? | באיזה רחוב את גרה? |
| I live on Herzl Street. | אני גרה ברחוב הרצל. |
| In which coffeehouse do you sit? | באיזה בית קפה את יושבת? |
| I sit in the "Hamifgash" café. | אני יושבת בבית קפה "המפגש". |
| *Masculine* | *זכר* |
| At which university do you study? | באיזו אוניברסיטה אתה לומד? |
| I study at the Hebrew University. | אני לומד באוניברסיטה העברית. |
| At what time are they coming? | באיזו שעה הם באים? |
| They are coming at four. | הם באים בארבע. |

## THE QUESTION WORD "WHICH?" WITH PREPOSITIONS

The question word אֵיזֶה?/אֵיזוֹ? "which one?" is used in combination with the preposition -ב to form the question "in (on/at) which?" A gender distinction exists. איזה? is used to introduce the masculine noun and איזו? is used to introduce the feminine noun.
The question word איזה?/איזו? can be used with a number of prepositions.

בְּאֵיזֶה בית את גרה?
עִם אֵיזֶה שכן את יושבת?
לְאֵיזֶה בניין אתם באים?
מֵאֵיזֶה בניין אתם באים?

### EXERCISE 14 — תרגיל מספר 14

Add the appropriate preposition with the question word אֵיזֶה?/אֵיזוֹ?

____ ______ דירה אתם גרים?
____ ______ בית קפה אתם יושבים?
____ ______ שעה השיעור של ד"ר שכטר?
____ ______ בניין השיעור שלו?
____ ______ חברה את לומדת?
____ ______ ספריה את רוצה ללמוד?

## EXERCISE 15 תרגיל מספר 15

Write questions and answers, using the following forms.

באיזה רחוב (את גרה)?
מאיזו עיר (את)?
באיזו אוניברסיטה (אתם לומדים)?

Choose from the names of streets, universities, and cities in the following list. The columns do not match. Choose whatever you want to create questions and answers.

| *איפה גרים?* | *מאיזו עיר?* | *איפה לומדים?* |
|---|---|---|
| רחוב הרצל | ירושלים | הָאוּנִיבֶרְסִיטָה הָעִבְרִית |
| רחוב יָפוֹ | חיפה | אוּנִיבֶרְסִיטַת בֶּן גוּרִיוֹן |
| רחוב הַנְּבִיאִים | תל אביב | אוּנִיבֶרְסִיטַת תֵּל-אָבִיב |
| רחוב הַיָּם | באר שבע | תִּיכוֹן חָדָשׁ |
| רחוב בְּיָאלִיק | רחובות | מָכוֹן וַייצְמָן |
| רחוב מוֹרִיָּה | | הַטֶּכְנִיוֹן |

| | | | |
|---|---|---|---|
| שאלה: | באיזה רחוב | את | גרה? |
| תשובה: | | אני | גרה ברחוב הרצל. |
| שאלה: | ______ | ______ | ______? |
| תשובה: | | ______ | ______. |
| שאלה: | ______ | ______ | ______? |
| תשובה: | | ______ | ______. |
| שאלה: | ______ | ______ | ______? |
| תשובה: | | ______ | ______. |
| שאלה: | ______ | ______ | ______? |
| תשובה: | | ______ | ______. |
| שאלה: | ______ | ______ | ______? |
| תשובה: | | ______ | ______. |
| שאלה: | ______ | ______ | ______? |
| תשובה: | | ______ | ______. |

## ADJECTIVES AS PREDICATES

Adjectives can function as predicates. Adjectives as predicates agree in number and gender with the subject of the sentence.

| Subject: Noun | Predicate: Adjective |
|---|---|
| המשרד | חדש. |
| המזכירה | עֲסוּקָה. |
| החדרים | גדולים ויפים. |
| הדירות | קטנות ונחמדות. |

In the present tense there is no verb equivalent to English "to be" that functions to link the subject and the predicate. (In the past and future tenses the verb להיות "to be" is used to link the subject and predicate.)

When the predicate is an adjective it is *always* indefinite in form, even though the subject is usually definite.

| | Subject | Predicate |
|---|---|---|
| The house (is) small. | הבית | קטן. |
| The apartment (is) large. | הדירה | גדולה. |
| The rooms (are) nice. | החדרים | נחמדים. |
| The televisions (are) new. | הטלויזיות | חדשות. |

When an adjective is *not a predicate*, but a *noun modifier* in a noun phrase, it is definite when the noun it modifies is definite.

| הבית החדש | ברחוב הרצל. |
|---|---|
| התלמידה החדשה | לומדת עברית. |
| הבחורים הנחמדים | מישראל. |

Let's see the differences between adjectives that are noun modifiers and adjectives that are predicates.

### Adjectives as Noun Modifiers

Definite subject noun phrase (article + noun) + (article + adjective):
The new house (is) on Herzel Street.          הבית החדש ברחוב הרצל.

Definite object noun phrase (article + noun) + (article + adjective):
Dan likes his new friends.          דן אוהב את החברים החדשים שלו.

## Adjectives as Predicates

| | |
|---|---|
| Dan's house (is) new. | הבית של דן חדש. |
| The new house (is) small. | הבית החדש קטן. |
| The new student (is) American. | התלמידה החדשה אמריקאית. |

### EXERCISE 16 — תרגיל מספר 16

Use nouns as subjects and adjectives as predicates to write sets of questions and answers according to the examples.

שמות: בניינים, שכנים, חברה, אוניברסיטה, ילדים, ילדות, שכן, חבר
תארים: גדול/גדולה, קטן/קטנה, טוב/טובה, רע/רעה, עסוק/עסוקה, נחמד/נחמדה, חדש/חדשה, צעיר/צעירה, יפה/יפה, ישן/ישנה

*מה זה?*
*זה בית.*
*הבית הזה חדש.*

*מה זאת?*
*זאת דירה.*
*הדירה הזאת קטנה.*

*מי אלה?*
*אלה סטודנטים.*
*הסטודנטים האלה צעירים.*

### EXERCISE 17 — תרגיל מספר 17

Combine each set of two sentences to make one longer sentence by changing the first sentence to a noun + adjective phrase and incorporating the adjective of the second sentence as the predicate. Translate the new sentence.

הדירה חדשה. הדירה נחמדה.
*הדירה החדשה נחמדה.*
*The new apartment is nice.*

הילד גדול. הילד יפה.
______________________
______________________

הסטודנט חדש. הסטודנט נחמד.
______________________
______________________

האשה צעירה. האשה עסוקה.
______________________
______________________

הבתים קטנים. הבתים לא יפים.
______________________
______________________

השכנים חדשים.　　השכנים נחמדים.

______________________________

______________________________

הדירות ישנות.　　הדירות לא רעות.

______________________________

______________________________

המשרד ישן.　　המשרד גדול.

______________________________

______________________________

השכן חדש.　　השכן לא עסוק.

______________________________

______________________________

האוניברסיטה גדולה.　　האוניברסיטה יפה.

______________________________

______________________________

## EXERCISE 18 　　תרגיל מספר 18

Complete the passage using the following adjectives. Add definite articles when necessary.

גדולה, נחמדים, טובים, קטנה, עסוקים, גדול, נחמדה.

התלמידים החדשים ________. הם מניו יורק. הם ________ מאוד. הם לומדים מהבוקר עד הערב. הם גרים בבנין ________ ברחוב ביאליק בדירה ________.

הם הולכים לבית קפה. הם יושבים עם חברים ________ בבית קפה ומדברים על האוניברסיטה ________. באמריקה הם לומדים באוניברסיטה ________.

# LESSON 5 SUMMARY / שיעור 5: סיכום

## Communicative Skills Introduced in This Lesson

1. How to describe where you live
2. How to find out information about other people

## Grammatical Information Introduced in This Lesson

| | |
|---|---|
| 1. The concept of roots and root classifications | שורשים, גזרות |
| | גזרת שלמים: ל.מ.ד. |
| | גזרת ל"ה: ר.צ.ה. |
| | גזרת ע"ו: ג.ו.ר. |
| 2. The question word "where?" | אֵיפֹה? |
| Answers: with prepositional phrase | בַּבַּיִת. |
| with adverbial expressions | פֹּה/כָּאן או שָׁם. |
| 3. The prepositon "in/at" + (definite/indefinite) nouns | ב . . . |
| 4. New adjectives | |
| expensive | יָקָר, יְקָרָה, יְקָרִים יְקָרוֹת |
| inexpensive | זוֹל, זוֹלָה, זוֹלִים, זוֹלוֹת |
| private | פְּרָטִי, פְּרָטִית, פְּרָטִיִּים, פְּרָטִיּוֹת |
| 5. Verbs: "to work" and "to do" | לַעֲשׂוֹת, לַעֲבוֹד |
| | עוֹבֵד, עוֹבֶדֶת, עוֹבְדִים, עוֹבדוֹת |
| | עוֹשֶׂה, עוֹשָׂה, עוֹשִׂים, עוֹשׂוֹת |
| 6. Adverbs: "together" and "alone" | בְּיַחַד, לְבַד |
| 7. The question word "which?" with prepositions | אֵיזֶה? אֵיזוֹ? |
| | *בְּאֵיזֶה* בית אתם גרים? |
| | *מֵאֵיזוֹ* עיר אתם? |
| 8. Adjectives as predicates | |
| | הבית שלנו *גדול*. |
| | הספריה באוניברסיטה *טובה*. |

## WORD LIST FOR LESSON 5      **אוֹצַר מִילִים לְשִׁיעוּר 5**

| Nouns | | שֵׁמוֹת |
|---|---|---|

| | *רבים* | *יחיד/ה* |
|---|---|---|
| root classification | גְּזָרוֹת | גִּזְרָה (נ) |
| apartment | דִּירוֹת | דִּירָה |
| recess | הַפְסָקוֹת | הַפְסָקָה (נ) |
| room | חֲדָרִים | חֶדֶר (ז) |
| meeting | יְשִׁיבוֹת | יְשִׁיבָה (נ) |
| sentence | מִשְׁפָּטִים | מִשְׁפָּט (ז) |
| office | מִשְׂרָדִים | מִשְׂרָד (ז) |
| subject | נוֹשְׂאִים | נוֹשֵׂא (ז) |
| end | | סוֹף (ז) |
| supermarket | | סוּפֶּרְמַרְקֶט (ז) |
| movie | סְרָטִים | סֶרֶט (ז) |
| work/job | | עֲבוֹדָה (נ) |
| floor/story | קוֹמוֹת | קוֹמָה (נ) |
| root | שׁוֹרָשִׁים | שׁוֹרֶשׁ (ז) |
| hour | שָׁעוֹת | שָׁעָה (נ) |

| | *יחידה* | *יחיד* |
|---|---|---|
| secretary | מַזְכִּירָה | מַזְכִּיר |
| neighbor | שְׁכֵנָה | שָׁכֵן |

| Adjectives | | תְּאָרִים |
|---|---|---|

| | *יחידה* | *יחיד* |
|---|---|---|
| blond | בְּלוֹנְדִּינִית | בְּלוֹנְדִּינִי |
| redhead (slang expression) | גִ׳ינְגִ׳ית | גִ׳ינְגִ׳י |
| inexpensive/cheap | זוֹלָה | זוֹל |
| expensive/dear | יְקָרָה | יָקָר |
| busy | עֲסוּקָה | עָסוּק |

## Verbs / פעלים

| | | |
|---|---|---|
| to live/reside | גָּר/גָּרָה | לָגוּר |
| to speak/talk | מְדַבֵּר/מְדַבֶּרֶת | לְדַבֵּר |
| to write | כּוֹתֵב/כּוֹתֶבֶת | לִכְתּוֹב |
| to go/walk | הוֹלֵךְ/הוֹלֶכֶת | לָלֶכֶת |
| to work | עוֹבֵד/עוֹבֶדֶת | לַעֲבוֹד |
| to stand | עוֹמֵד/עוֹמֶדֶת | לַעֲמוֹד |
| to meet | פּוֹגֵשׁ/פּוֹגֶשֶׁת | לִפְגּוֹשׁ |
| to get up | קָם/קָמָה | לָקוּם |
| to see | רוֹאֶה/רוֹאָה | לִרְאוֹת |
| to run | רָץ/רָצָה | לָרוּץ |
| to sit | יוֹשֵׁב/יוֹשֶׁבֶת | לָשֶׁבֶת |

## Particles, Prepositions, and Adverbs / מיליות ותארי פועל

| | |
|---|---|
| which? | אֵיזֶה? אֵיזוֹ? |
| without | בְּלִי |
| everything | הַכֹּל |
| many | הַרְבֵּה |
| here | כָּאן |
| alone | לְבַד |
| why? | לָמָּה? |
| more/yet | עוֹד |
| about | עַל |
| with | עִם |
| there | שָׁם |

## Expressions and Phrases / ביטויים וצירופים

| | |
|---|---|
| Universities | אוּנִיבֶרְסִיטָאוֹת |
| The Hebrew University | הָאוּנִיבֶרְסִיטָה הָעִבְרִית |
| Ben Gurion University | אוּנִיבֶרְסִיטַת בֶּן גּוּרְיוֹן |
| Tel Aviv University | אוּנִיבֶרְסִיטַת תֵּל אָבִיב |
| at what time? | בְּאֵיזוֹ שָׁעָה? |
| outside | בַּחוּץ |
| at work | בָּעֲבוֹדָה |
| The Israel Technical Institute | הַטֶכְנִיּוֹן |
| out of town | מִחוּץ לָעִיר |
| The Weizman Institute | מְכוֹן וַייצְמָן |
| travel agency | סוֹכְנוּת נְסִיעוֹת (נ) סוֹכְנוּיוֹת נְסִיעוֹת |
| endless questions | שְׁאֵלוֹת בְּלִי סוֹף |
| New High (name of a high school) | תִּיכוֹן חָדָשׁ |

# LESSON 6 שיעור מספר 6

## PART A חלק א'

### DIALOGUE A: COMING AND GOING, RUNNING AND TRAVELING! WHERE TO?

### שיחון א': הולכים ובאים, רצים ונוסעים! לאן?

(אורלי ורונית באות מהספריה. גיל בא משיעור למוסיקה. הוא הולך לאכול.)

גיל: שלום, אורלי ורונית. מאיפה אתן באות?
אורלי: אנחנו באות מֵהַספריה. מֵאֵיפֹה אתה בא?
גיל: אני בא מִשִּׁיעוּר למוסיקה.
אורלי: לְאָן אתה רץ?
גיל: אני לא רָץ. אני הוֹלֵךְ.
אורלי: לאן?
גיל: למעונות. אני הולך לֶאֱכוֹל.
(אורי בא.)
אורי: מי רוצה לנסוע איתי לַמִסעָדָה הַחֲדָשָׁה?
רונית: לַמסעדה החדשה בִּרחוב בְּיָאלִיק?
אורי: כֵּן. זאת מסעדה חדשה וטובה.
רונית: אני רוצָה לנסוע. גיל, אתה בא איתָנוּ?
גיל: אני לא יודע. אני רוצה ללכת לְחברים הָערב.

רונית: אורלי, את באה איתנו?
אורלי: אתם נוסעים בִּמכונית או בְּאוטובוס?
אורי: אנחנו נוסעים בַּמכונית הַחדשה שלי.
אורלי: אם אתם נוסעים בִּמכונית – אני באה איתכם.
אורי: גיל, אתה בא איתנו?
גיל: אִם כּוּלָם נוסעים, אז גם אני נוסע אִיתְּכֶם.
אורי: יוֹפִי!

## תרגיל מספר 1 EXERCISE 1

Read Dialogue A and circle the correct answer.

| | | | |
|---|---|---|---|
| א. גיל הולך | לשיעור למוסיקה. | ב. רונית באה | מהמעונות. |
| | לספריה. | | מהמסעדה. |
| | למעונות. | | מהספריה. |
| ג. אורי רוצה | ללכת ללמוד. | ד. הם נוסעים | באוטובוס. |
| | לנסוע למסעדה. | | במכונית. |
| | ללכת לחברים. | | במונית. |

DIRECTIONAL VERBS

## SPEECH PATTERNS תבניות לשון

| | |
|---|---|
| Where are you going (to)? | לאן אתה הולֵך? |
| I am going to a coffeehouse. | אני הולֵך לְבית קפה. |
| Where are you going (to)? | לאן את הולֶכֶת? |
| I am going to the library. | אני הולֶכֶת לַספריה. |
| Are they going home? | הם נוֹסְעִים הַבַּיתָה? |
| No. They are going downtown. | לא. הם נוֹסְעִים הָעִירָה. |
| Are you going by car? | אתן נוֹסְעוֹת בִּמְכוֹנִית? |
| No. We are going by taxi. | לא. אנחנו נוסעות בְּמוֹנִית. |

Here are the present tense forms of the verb (ל...) לָלֶכֶת "to go (to)."

בסיס: הולך-   שורש: ה.ל.כ.   גזרה: שלמים

| | | | |
|---|---|---|---|
| *יחיד* | | *יחידה* | |
| אני | | אני | |
| אתה | הולֵך | את | הולֶכֶת |
| הוא | | היא | |
| *רבים* | | *רבות* | |
| אנחנו | | אנחנו | |
| אתם | הולְכִים | אתן | הולְכוֹת |
| הם | | הן | |

## EXERCISE 2 — תרגיל מספר 2

Rewrite the sentences using feminine subjects.

אנחנו הולכים לבית של דליה.
אני הולך לבית קפה.
הם הולכים ללמוד בספריה.
לאן אתם הולכים?
אתם הולכים הביתה?
הם הולכים הביתה?
הם הולכים לשיעור?
אתה בא או הולך?

Here are the present tense forms of the verb לִנְסוֹעַ ל/ב "to go to a destination by vehicle/to travel."

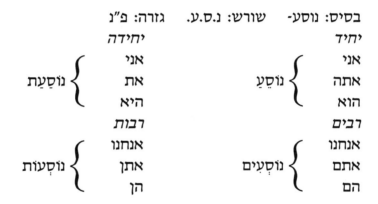

בסיס: נוסע- שורש: נ.ס.ע. גזרה: פ"נ

| *יחיד* | | *יחידה* | |
|---|---|---|---|
| אני / אתה / הוא | נוֹסֵעַ | אני / את / היא | נוֹסַעַת |
| *רבים* | | *רבות* | |
| אנחנו / אתם / הם | נוֹסְעִים | אנחנו / אתן / הן | נוֹסְעוֹת |

Related nouns are נְסִיעָה (נ) "trip" and נוֹסֵעַ/נוֹסַעַת "passenger/traveler." A related expression is נְסִיעָה טוֹבָה! "Have a good trip!"

*Note on pronunciation:* Verbs that have a final ע' radical have this vowel sequence in the present tense: /nose'a/ נוֹסֵעַ /nosa'at/ נוֹסַעַת.

### ללכת "To Go" and לנסוע "To Go" – What Is the Difference?

The verb ללכת is used in most situations where "to go" or "to walk" is used in English.

It can be used in combination with an infinitive describing an activity.

אני הולך לרקוד.
אני הולכת ללמוד.

Or it can be followed by a noun describing a destination.

אני הולכת לסופרמרקט.
אנחנו הולכים הביתה.

The verb ללכת ברגל means "to walk".

אנחנו הולכות בָּרֶגֶל כל יום.

The verb לנסוע is used in the specific context of "to go by vehicle," or it can be used in the general meaning of "to travel."

It can be followed by a noun describing the vehicle.

אני נוסע בְּאוטובוס.
אני נוסעת בִּמְכוֹנִית.

Or it can be followed by a noun describing a destination.

אני נוסעת לִירושלים.
אנחנו נוסעים לְאָמֵריקה.

## EXERCISE 3 — תרגיל מספר 3

Complete the sentence with the correct verb: לנסוע or ללכת. In some cases you may choose either verb; in others, only one is appropriate.

| | |
|---|---|
| אנחנו הולכים לאוניברסיטה. | אנחנו נוסעים לאוניברסיטה. |
| אני ________ לאלסקה. | ________ |
| הם ________ באוטובוס. | ________ |
| או הם ________ ברגל? | ________ |
| לאן אתם ________? | ________ |
| אתם ________ לקונצרט? | ________ |
| אתן רוצות ________ במכונית שלי? | ________ |
| הם ________ לשיעור? | ________ |
| מי ________ לספריה הערב? | ________ |
| דליה, את רוצה ________ לקונצרט? | ________ |
| דליה לא רוצה ________ באוטובוס. | ________ |

## THE QUESTION WORD ?לְאָן "WHERE TO?" AND THE PREPOSITION לְ "TO"

The question word לאן combines both the preposition of direction -ל and the interrogative -אן "where?" The form -אן is a bound form.

| | |
|---|---|
| where to? | ?לְאָן |
| to | לְ |
| to the | לַ/לָ |

**Examples** **דוגמאות**

| | |
|---|---|
| *Where* are you going (*to*)? | ?לאן אתם הולכים |
| We are going *to a music lesson.* | אנחנו הולכים *לְשיעור במוסיקה.* |
| *Where* are you going/traveling (*to*)? | ?לאן אתם נוסעים |
| We are going *to Haifa.* | אנחנו נוסעים *לְחיפה.* |

### The Preposition -ל: What Vowel to Use?

The preposition -ל is prefixed to the noun that follows it. When the noun has no article, the vowel of the preposition is pronounced as a short /e/ or its variant /i/ before a consonant cluster. When the noun has a definite article, the -ה of the definite article is omitted, but the vowel /a/ is kept.

| ***Definite*** | | ***Indefinite*** | |
|---|---|---|---|
| **/lasifriya/** | לַספריה | **/lesifriya/** | לְספריה |
| | | **/liyrushalayim/** | לירושלים |

The directional phrases הַבַּיְתָה "(to) home" and הָעִירָה "(to) town" use a suffix instead of a preposition to indicate directionality.

| | |
|---|---|
| (To) where are you going? | ?לאן אתם הולכים |
| We are going home. | אנחנו הולכים הביתה. |
| (To) where are you going? | ?לאן את נוסעת |
| I am going downtown. | אני נוסעת העירה. |

---

**SPEECH PATTERNS** **תבניות לשון**

| | |
|---|---|
| Where are you running to? | ?לאן את רצה |
| I am running to the library. | אני רצה לספריה. |
| Are they running to class? | ?הם רצים לשיעור |
| No. They are not running – they are walking. | הם לא רצים – הם הולכים. |

---

Here are the present tense forms of the verb ...לָרוּץ ל "to run (to)."

בסיס: רצ- שורש: ר.ו.צ. גזרה: ע"ו

| יחיד | | יחידה | |
|---|---|---|---|
| אני | | אני | |
| אתה | רָץ | את | רָצָה |
| הוא | | היא | |
| **רבים** | | **רבות** | |
| אנחנו | | אנחנו | |
| אתם | רָצִים | אתן | רָצוֹת |
| הם | | הן | |

**תרגיל מספר 4** **EXERCISE 4**

Rewrite the sentences using feminine subjects.

אנחנו רצים לבית של דליה.
אני רץ לבניין הספורט.
אתם רצים בבוקר?
הם רצים מהבית לאוניברסיטה?
לאן הוא רץ? לשיעור?

---

**תבניות לשון** **SPEECH PATTERNS**

| | |
|---|---|
| **מֵאַיִן/מֵאֵיפֹה** אתם באים? | Where are you coming from? |
| מִשִּׁעוּר | from class |
| מֵהַבַּיִת של אורלי | from Orli's house |
| מֵהַבַּיִת | from home |

---

THE QUESTION WORD "FROM WHERE?" AND THE PREPOSITION "FROM"

| | |
|---|---|
| מֵאַיִן?/מֵאֵיפֹה? | from where? |
| ...מִ | from |
| ...מֵהַ | from the |

## The Preposition -מ "From": What Vowel to Use?

The preposition -מ "from" is prefixed to the noun that follows it. When the noun has no article, the vowel of the preposition is pronounced /mi/. When the noun has a definite article, the vowel of the preposition is pronounced /meha-/. When the noun is definite, the initial -ה is kept intact (unlike the prepositions -ב and -ל).

| ***Definite*** | | ***Indefinite*** | |
|---|---|---|---|
| /*me* + *ha* + sifriya/ | מֵהַסִּפְרִיָּה | /*mi* + sifriya/ | מִסִּפְרִיָּה |
| /*me* + *ha* + bayit/ | מֵהַבַּיִת | /*mi* + kafeteria/ | מִקָּפִיטֶרְיָה |

**EXERCISE 5** **תרגיל מספר 5**

Add the following question words and prepositions to complete the sentences:
לאן? איפה? מאין? מ-, ל-, ב-

דוד, __________ אתה הולך?
אני הולך ______בית קפה.
דליה, __________ את באה? ______הבית?
לא. אני באה ______הספריה.
דוד ודליה, __________ אתם רצים?
אנחנו רצים ______שיעור בעברית.
דן בא ______שיעור לעברית והולך ללמוד בספריה.
__________ השיעור לעברית?
השיעור לעברית ______אוניברסיטה.
__________ האוניברסיטה?
האוניברסיטה ______ירושלים.
__________ אתם?
אנחנו ______חיפה.

---

**SPEECH PATTERNS** **תבניות לשון**

| | |
|---|---|
| *With whom* are you going to the concert? | *עם מי* את הולכת לקונצרט? |
| I am going *with a friend.* | אני הולכת *עם חברה.* |
| I am going *with her* to the concert. | אני הולכת *איתה* לקונצרט. |
| Rina, are you coming *with me*? | רינה, את באה *איתי*? |
| No. I am going *with Dan.* | לא. אני הולכת *עם דן.* |

---

## THE PREPOSITION "WITH" IN CONJUGATION

Pronouns can be separate words when they are the subject of a sentence, or they can be added as suffixes to nouns or prepositions. As pronoun suffixes they are not separate words, but are added to the nouns or to prepositions.

The preposition עם "with" is a separate word and can either be followed by a noun or have a pronoun suffixed to it. In modern Hebrew the base for the forms with pronouns suffixed to them is not עם but rather -את, which is an old variant of עם. Notice the difference between "with" + noun and "with" + pronoun suffix.

| *"With" + Pronoun Suffix* | | *"With" + Noun* | |
|---|---|---|---|
| with him | אִיתּוֹ | with David | עִם דוד |
| with her | אִיתָּהּ | with Dalia | עִם דליה |

| | *Plural* | *Singular* |
|---|---|---|
| First Person | אִתָּנוּ | אִתִּי |
| Second Person | אִתְּכֶם | אִתְּךָ |
| | אִתְּכֶן | אִתָּךְ |
| Third Person | אִתָּם | אִתּוֹ |
| | אִתָּן | אִתָּהּ |

In texts without vowels it is customary to add a yod to indicate the vowel /i/.

| | |
|---|---|
| איתנו | איתי |
| איתכם | איתךָ |
| איתכן | איתָךְ |
| איתם | איתוֹ |
| איתן | איתָהּ |

**EXERCISE 6** **תרגיל מספר 6**

Fill in the blanks with either עם "with" or the conjugation ו "and."

אני ______את סטודנטים באוניברסיטה.
דן הולך ______ דינה לספריה.
אני עובדת בספריה ______גם בבית.
אני לומדת לבד בבוקר אבל בערב אני לומדת ______ חברים.
דליה באה ______ דן.
דליה הולכת לשיעור ______דן הולך לחנות ספרים.
אנחנו לא רוצים ללכת למסיבה ______ ההורים שלנו.
אני חבר של דליה ______היא חברה שלי.
אתם הולכים ______ דוד או ______ דן?
______ מי הם הולכים לקולנוע ______מה הם עושים אחרי הסרט?

**EXERCISE 7: Everybody Is Coming to the Party!** **תרגיל מספר 7**

Fill in the correct preposition, either with or without a pronoun. Choose from the following prepositions: ב-, ל-, של, עִם.

*כולם באים ______מסיבה!*

אנחנו הולכים ______מסיבה. אתם רוצים לבוא ______ (אנחנו)? המסיבה ______בית ______ דן. החברים ______ (הוא) באים ______מסיבה ______ החברות ______ (הם).

אנחנו רוצים ללכת ______ (אתם) ______מסיבה ______ דן, אבל החברות ______ (אנחנו) לא רוצות לבוא ______ (אנחנו), אז אנחנו הולכים ______מסעדה החדשה.

*כולם נוסעים ______ירושלים!*

כולם נוסעים ______ירושלים. אתם רוצים לנסוע ______ (אנחנו)? אנחנו נוסעים ______אוניברסיטה ______ירושלים. החברים ______ (אנחנו) ______חיפה גם נוסעים ______ (אנחנו) ______ירושלים. הם נוסעים ______ חברות ______ (הם).

# PART B

# חלק ב׳

## DIALOGUE B: WHERE TO THIS EVENING?

## שיחון ב׳: תוכניות: לאן הערב?

(אורלי, רונית, אורי וגיל עושים תוכניות לאן ללכת בערב.)

(Orli, Ronit, Ori, and Gil are making plans for the evening.)

גיל: לאן אתם רוצים ללכת הערב?
אורלי: אני רוצה ללכת לשמוע מוסיקה טובה. אני אוהבת ג׳אז.
רונית: אני רוצה ללכת לקולנוע לראות סרט רומנטי.
אורי: אני רוצה ללכת לבית קפה לפגוש חברים. אני אוהב לשבת ולדבר עם חברים.
גיל: ואני רוצה ללכת לרקוד. אני לא אוהב לשבת כל הזמן!
רונית: זאת בעייה!

(In the evening – next to the moviehouse.)

(בערב – על יד הקולנוע.)
אורלי: אז מה אנחנו עושים עכשיו?
אורי: עכשיו אנחנו הולכים לקולנוע.
גיל: מה אנחנו הולכים לראות בקולנוע?
אורי: סרט רומנטי!
גיל: סרט רומנטי? אתה אוהב סרטים רומנטיים?
אורי: לא, אבל רונית אוהבת סרטים רומנטיים.

(After the movie.)

(אחרי הסרט.)
רונית: סרט מצויין! ומה אתם רוצים לעשות עכשיו?
אורי: עכשיו אני רוצה ללכת לשמוע מוסיקה.
אורלי: איפה?
אורי: במועדון הלילה החדש.

(Late at night.)

(מאוחר בערב.)
רונית: כבר מאוחר. אני עייפה. אני הולכת הביתה.
אורלי: נכון – מאוחר מאוד. גם אני הולכת הביתה.
אורי: מאוחר? עוד מוקדם!
אורלי: אולי מוקדם בבוקר!
אורי: גיל, אתה רוצה לבוא איתי?
גיל: לאן אתה הולך?
אורי: אני רוצה לפגוש את החברים שלי בבית קפה.
גיל: טוב! אני בא!

| SPEECH PATTERNS | תבניות לשון |
|---|---|
| (To) where do you want to go? | לאן אתן רוצות ללכת? |
| We want to go to the movies. | אנחנו רוצות ללכת לקולנוע. |
| Who wants a cup of coffee and my good cake? | מי רוצה כוס קפה ואת העוגה הטובה שלי? |
| I want coffee and Danni wants your good cake. | אני רוצה קפה ודני רוצה את העוגה הטובה שלך. |

## VERB PHRASES WITH "TO WANT"

### "Want" + Infinitive

Verb phrases can consist of two verbs: one in a tense and the other in the infinitive. The first verb often expresses intention or feeling. The verb **לרצות** "to want" is followed by an infinitive when a wish or desire is expressed.

מה אתם רוצים לעשות?
אנחנו רוצים ללכת הביתה.
אורלי רוצה ללכת לקונצרט.
אני רוצה לשבת בבית קפה עם חברים.

### "Want" + Direct Object

Verb phrases can consist of a verb and an object. The object following the verb **לרצות** "to want" is a direct object (follows the verb directly).

מה אתם רוצים?
אני רוצה שוקולד.
אנחנו רוצים קפה.
דליה רוצה קוקה-קולה.

If the direct object is definite, an additional preposition **אֶת** precedes the definite direct object.

| *Definite Direct Object* | *Indefinite Direct Object* |
|---|---|
| אני רוצה את הספר החדש. | אני רוצה ספר חדש. |
| אנחנו רוצים את הקפה הטוב מקֶניָה. | אנחנו רוצים קפה? |

The preposition **את** signifies a definite direct object. It has no equivalent in English. This preposition is discussed in more detail later in the lesson.

## EXERCISE 8 תרגיל מספר 8

Write complete sentences with the verb לרצות (both positive and negative statements), using the following subjects and direct objects. Some of the direct object nouns are foreign names. You should have no trouble figuring out what they are.

| | |
|---|---|
| אני | פָּלָאפֶל |
| אתם | הַמבּוּרגֶר |
| מי | שוקולד |
| דליה | פִּיצה |
| הן | בִּירה |
| אתן | כּוֹס קפה |
| אורי | כּוֹס תה |
| אנחנו | טלויזיה חדשה |
| הילדים | טלפון בחדר |

## EXERCISE 9 תרגיל מספר 9

Write sentences with the following subjects and definite direct objects, using the verb לרצות. Don't forget the preposition אֶת! (See p. 134.)

| | |
|---|---|
| אני | המחברת של דינה. |
| אתם | הדירה של דן. |
| מי | השוקולד מהולנד. |
| דליה | הרדיו שלך. |
| הן | הטלויזיה שלי. |
| אתן | הסטריאו שלי? |
| אורי | הספר החדש. |
| אנחנו | החדר הגדול. |

## EXERCISE 10 תרגיל מספר 10

Complete the questions and answers with verb phrases that include "want" + infinitive.

| | |
|---|---|
| דן, איפה אתה ________ לגור? | אני ________. |
| מה אתם ________ לעשות בערב? | אנחנו ________. |
| רות, מה את ________ לעשות? | אני ________. |
| לאן דן ________ ללכת? | הוא ________ לבית קפה. |
| לאן אתן ________ ללכת? | אנחנו ________ לחברים. |

| | |
|---|---|
| דן ודינה ______ לבוא? | כן. הם ______. |
| מה עליזה ______ לעשות? | היא ______ ללכת לרקוד. |
| עם מי אתם ______ לשבת? | אנחנו ______ לשבת עם ד"ר כץ. |
| איפה עליזה ______ לגור? | היא ______ לגור בבית. |
| האם אתן ______ לשמוע מוסיקה? | אנחנו ______ לשמוע מוסיקה. |

## SPEECH PATTERNS — תבניות לשון

| | |
|---|---|
| Do you like dancing? | אתה אוֹהֵב לרקוד? |
| Yes. I like to dance. | כן. אני אוֹהֵב לרקוד. |
| Do you like classical music? | את אוֹהֶבֶת מוסיקה קלאסית? |
| No. I like jazz. | לא. אני אוֹהֶבֶת ג'אז. |
| Do you like eating in restaurants? | אתם אוֹהֲבִים לאכול במסעדות? |
| Yes. We like to eat in restaurants. | כן. אנחנו אוֹהֲבִים לאכול במסעדות. |
| Do you like to take the bus? | אתן אוֹהֲבוֹת לנסוע באוטובוס? |
| No. We like going by car. | לא. אנחנו אוֹהֲבוֹת לנסוע במכונית. |

## VERB PHRASES WITH "TO LIKE/LOVE"

### "Like" + Infinitive

The verb **לאהוב** when followed by an infinitive expresses a liking to do something.

מה אתם אוֹהֲבִים לַעֲשׂוֹת בערב?
אנחנו אוהבים ללכת לאכול במסעדה.
אנחנו אוהבים ללכת לרקוד.
אנחנו אוהבים לשבת בבית קפה עם חברים.

### "Like" + Direct Object

The verb **לאהוב** can be followed by a direct object. It means either to like something or to like/love somebody.

מה אתם אוהבים לאכול?
אני אוהבת פיצה.
אנחנו אוהבים אוכל סיני.
דליה אוהבת אוכל צרפתי.
אתה אוהב אוכל יפני?

The object that follows the verb **לאהוב** is a direct object. If the direct object is definite, the preposition **את** precedes the definite direct object.

| *Indefinite Direct Object* | *Definite Direct Object* |
|---|---|
| (את) מה אתם אוהבים? | |
| אני אוהבת מוסיקה קלאסית. | אני אוהבת את המוסיקה של מוצרט. |
| אנחנו אוהבים קפה. | אנחנו אוהבים את הקפה הטוב מקניה. |
| את מי אתם אוהבים? | |
| אנחנו אוהבים ילדים. | אנחנו אוהבים את הילדים של דן. |
| | דליה אוהבת את דן. |

Here are the present tense forms of the verb **לֶאֱהוֹב** "to like/love."

בסיס: אוהב- שורש: א.ה.ב. גזרה: שלמים

| | | | |
|---|---|---|---|
| *יחיד* | | *יחידה* | |
| אני, אתה, הוא | אוֹהֵב | אני, את, היא | אוֹהֶבֶת |
| *רבים* | | *רבות* | |
| אנחנו, אתם, הם | אוֹהֲבִים | אנחנו, אתן, הן | אוֹהֲבוֹת |

*Note on pronunciation:* In the plural forms, an extra /a/ vowel accompanies the ה and makes it audible.

Related nouns are (נ) אַהֲבָה "love," (ז) סִיפּוּר אַהֲבָה "love story," and אָהוּב/אֲהוּבָה "beloved."

## EXERCISE 11 — תרגיל מספר 11

The following questions contain different verbs. Change the verb to a verb phrase by adding **לרצות** or **לאהוב** in the present tense.

דינה, מה את עושה?

מה את אוהבת לעשות?

מה את רוצה לעשות?

דינה ודן, אתם הולכים לקפיטריה?

אתם ________________ ללכת לקפיטריה?

דן, אתה הולך לספריה?

אתה ________________ ללכת לספריה?

דינה ודליה, אתן לומדות עברית?

אתן _____ ללמוד עברית?

דינה באה לשיעור עם דן?

היא _____ לבוא לשיעור עם דן?

אתם שומעים מוסיקה קלאסית?

אתם _____ לשמוע מוסיקה קלאסית?

אנחנו נוסעים לירושלים.

אנחנו _____ לנסוע לירושלים.

דן רוקד עם דינה.

דן _____ לרקוד עם דינה.

דינה ודליה שותות קוקה-קולה.

דינה ודליה _____ לשתות קוקה-קולה.

דן גר בתל אביב?

דן _____ לגור בתל אביב?

אתן לומדות ספרות?

אתן _____ ללמוד ספרות?

אנחנו שותים בירה "מכבי".

אנחנו _____ לשתות בירה "מכבי".

דן אוכל פיצה.

דן _____ לאכול פיצה.

מי עובד בחנות?

מי _____ לעבוד בחנות.

**EXERCISE 12**                                    **תרגיל מספר 12**

Write sentences with indefinite and definite direct objects, using the verb לאהוב.

| | |
|---|---|
| אני | הבית של דינה. |
| אתם | החברים של דן. |
| אתה | שוקולד מהולנד. |
| דליה | מוסיקה. |
| הם | השיעור של ד"ר אילון. |
| אתן | ספרים רומנטיים. |
| אורי | הספר החדש. |
| את | פיצה? |
| מי | פלאפל? |

**SPEECH PATTERNS** **תבניות לשון**

| | |
|---|---|
| *Whom* do you love? | את מי אתם אוהבים? |
| We love *Yossi.* | אנחנו אוהבים את יוסי. |
| We love *him* very much. | אנחנו אוהבים אותו מאוד. |

(The direct object is underlined.)

## THE DIRECT OBJECT PARTICLE את

The direct object particle את is followed by a definite noun, name of a person, or location. It can also have pronoun suffixes. The stem of את is changed to -אות in all cases except for the second person plural, when it remains as את.

Here are the direct object personal pronouns created by combining את with pronoun suffixes.

| | | *Plural* | | *Singular* |
|---|---|---|---|---|
| First Person | us | אוֹתָנוּ | me | אוֹתִי |
| Second Person | you | אֶתְכֶם | you | אוֹתְךָ |
| | you | אֶתְכֶן | you | אוֹתָךְ |
| Third Person | them | אוֹתָם | him | אוֹתוֹ |
| | them | אוֹתָן | her | אוֹתָהּ |

The particle את with a pronoun can also substitute for a third-person nonhuman object.

| | |
|---|---|
| אני רוצה את העוגה הטובה. | אני רוצה לאכול אותה. |
| דוד רוצה את הטלויזיה שלי. | דוד רוצה אותה. |
| דן רוצה לראות את הסרטים החדשים. | דן רוצה לראות אותם. |
| דינה רוצה את הקלטות שלי. | היא רוצה לשמוע אותן. |

**EXERCISE 13** **תרגיל מספר 13**

Here are some verbs that take a direct object.

| | |
|---|---|
| to love | לאהוב |
| to hear | לשמוע |
| to meet | לפגוש |
| to see | לראות |

Change the subject pronoun.

| | |
|---|---|
| רונית אוהבת את (הוא). | היא אוהבת *אותו.* |
| יוסי אוהב את (היא). | הוא אוהב _____. |
| הם פוגשים (אנחנו) בספריה. | הם פוגשים _____. |
| אתה רואה (הן)? | אתה רואה _____? |
| דן שומע (אתם)? | דן שומע _____? |
| אורי לא פוגש (אני). | אורי לא פוגש _____. |
| ההורים שלך אוהבים (את). | ההורים שלך אוהבים _____. |
| אנחנו לא שומעים (אתן). | אנחנו לא שומעים _____. |
| אני רואה (הם) בשיעור. | אני רואה _____ בשיעור. |
| הם לא רוצים לראות (את)! | הם לא רוצים לראות _____! |
| דן רוצה את הרדיו שלי. | הוא רוצה _____. |
| דינה רואה את הסרט בטלויזיה. | דינה רואה _____ בטלויזיה. |
| אנחנו לא שומעים את הקונצרט. | אנחנו לא שומעים _____. |

| | |
|---|---|
| **EXERCISE 14** | **תרגיל מספר 14** |

Complete each direct object with the appropriate personal pronoun ending.

דליה ודני יושבים בספריה.

גיל בא ורואה _____ _____. הם לא רואים _____.

גיל אוהב _____ דליה אבל דליה לא אוהבת _____.

גיל:    דני, סליחה. אני רוצה לדבר עם דליה.

דליה:    גיל, מה אתה רוצה?

גיל:    אני לא רואה _____ בזמן האחרון.

דליה:    אתה לא רואה _____ ואני לא רואה _____.

גיל:    זאת בעייה.

דליה:    זאת בעייה?

גיל:    דליה, אני אוהב _____ ואני רוצה לראות _____.

דליה:    אבל גיל, אני לא אוהבת _____.

גיל:    אבל דליה . . .

דני:    אתה לא שומע _____? היא לא אוהבת _____! היא אוהבת _____!

דליה:    אני לא אוהבת _____, גיל! ואני לא אוהבת _____, דני! אני לא אוהבת _____. אני אוהבת את דוד.

גיל:    את דוד? את אוהבת _____?

דליה:    כן. והוא אוהב _____!

דני:    לא נכון. שולה החברה שלו. הוא אוהב _____.

דליה:    שולה? היא לא רוצה לראות _____.

גיל: מי אוהב את מי? את לא אוהבת _____ אבל אני אוהב

_____. את לא אוהבת את דני והוא גם אוהב _____ את

אוהבת את דוד – את אוהבת רק _____, אבל הוא אוהב את

שולה. הוא אוהב רק _____, אבל היא לא אוהבת _____.


## EXERCISE 15     **תרגיל מספר 15**

Fill in the blanks with either עם + pronoun suffixes or את + pronoun suffixes.

רינה: דן, מתי ההורים שלך באים? איפה אתה פוגש _____?

דן: הם באים בערב והם פוגשים _____ במעונות.

רינה: הם באים לבד או גם האחים שלך באים _____?

דן: אני לא יודע.

רינה: לאן אתה הולך _____?

דן: אנחנו הולכים למסעדה סינית. את רוצה לאכול _____?

רינה: בטח אני רוצה לאכול _____.

דן: ההורים שלי רוצים לפגוש _____.

רינה: ואני רוצה לפגוש _____.

דן: רינה, אני רוצה לדבר _____ על החברה שלך דינה.

רינה: אתה רוצה לדבר _____ על דינה?

דן: כן. החבר שלי דני רוצה ללכת _____ למסיבה בשבת.

רינה: מה הבעייה?

דן: האם היא רוצה ללכת _____?

רינה: למה לא? הוא בחור נחמד.

דן: את רואה _____ היום?

רינה: כן. היא בכיתה שלי לספרות.

דן: יופי! להתראות בערב.

רינה: איפה ומתי?

דן: במסעדה הסינית "גן השושנים" בשבע.

# LESSON 6 SUMMARY שיעור 6: סיכום

Communicative Skills Introduced in This Lesson

1. How to describe where you are coming from and where you are going
2. How to desribe what you like to do in the evening and where you are going to spend the evening

Grammatical Information Introduced in This Lesson

1. Directional verbs: "to go," "to travel," "to run" ללכת, לנסוע, לרוץ

הולך, הולכת, הולכים, הולכות

נוסע, נוסעת, נוסעים, נוסעות

רץ, רצה, רצים, רצות

2. The question word "to where?" לאן?
3. The preposition "to" + (definite/indefinite) nouns ל
4. The question word "from where?" מאין?

מאין אתם באים?

אנחנו באים מירושלים.

5. The preposition "from" + (definite/indefinite) nouns מ
6. The preposition "with" in conjugation עם

איתי, איתך, איתך, איתו, איתה, איתנו, איתכם, איתכן, איתם, איתן

7. Verb phrases with "to want" and "to like/love"

| | |
|---|---|
| לאהוב את | לרצות את |
| אני אוהבת את דן. | דן רוצה את הספר שלך. |
| לאהוב לרקוד | לרצות ללמוד |

8. The direct object particle אֶת

אותי, אותךְ, אותָך, אותו, אותה, אותנו, אתכם, אתכן, אותם, אותן

# WORD LIST FOR LESSON 6 אוצר מילים לשיעור 6

## Nouns שמות

| | רבים | יחיד/ה |
|---|---|---|
| bus | אוטובוסים | אוטובוס (ז) |
| food | | אוֹכֶל (ז) |
| Japanese food | | אוֹכֶל יַפָּנִי |
| Chinese food | | אוֹכֶל סִינִי |
| French food | | אוֹכֶל צָרְפָתִי |
| problem | בְּעָיוֹת | בְּעָיָה (נ) |
| store/shop | חֲנוּיוֹת | חָנוּת (נ) |
| television | טֶלֶוִיזְיוֹת | טֶלֶוִיזְיָה (נ) |
| everybody | | כּוּלָם |
| glass/cup | כּוֹסוֹת | כּוֹס (נ) |
| cup of coffee | | כּוֹס קָפֶה |
| cup of tea | | כּוֹס תֵּה |
| taxi | מוֹנִיּוֹת | מוֹנִית (נ) |
| music | | מוּסִיקָה (נ) |
| club | מוֹעֲדוֹנִים | מוֹעֲדוֹן (ז) |
| nightclub | | מוֹעֲדוֹן לַיְלָה |
| notebook | מַחְבָּרוֹת | מַחְבֶּרֶת (נ) |
| car | מְכוֹנִיּוֹת | מְכוֹנִית (נ) |
| party | מְסִיבּוֹת | מְסִיבָּה (נ) |
| restaurant | מִסְעָדוֹת | מִסְעָדָה (נ) |
| Chinese restaurant | | מִסְעָדָה סִינִית |
| stereo | | סְטֶרֵיאוֹ (ז) |
| movie | סְרָטִים | סֶרֶט (ז) |
| cake | עוּגוֹת | עוּגָה (נ) |
| moviehouse | | קוֹלְנוֹעַ (ז) |
| concert | קוֹנְצֶרְטִים | קוֹנְצֶרְט (ז) |
| radio | | רַדְיוֹ (ז) |
| plan/program | תּוֹכְנִיּוֹת | תָּכְנִית (נ) |

| | יחידה | יחיד |
|---|---|---|
| secretary | מַזְכִּירָה | מַזְכִּיר |
| neighbor | שְׁכֵנָה | שָׁכֵן |

## Adjectives — תארים

| | יחידה | יחיד |
|---|---|---|
| beloved | אֲהוּבָה | אָהוּב |
| tired | עֲיֵיפָה | עָיֵיף |
| romantic | רוֹמַנְטִית | רוֹמַנְטִי |

## Verbs — פעלים

| | | |
|---|---|---|
| to love | אוֹהֵב/אוֹהֶבֶת | לֶאֱהוֹב |
| to eat | אוֹכֵל/אוֹכֶלֶת | לֶאֱכוֹל |
| to go | הוֹלֵךְ/הוֹלֶכֶת | לָלֶכֶת |
| to travel | נוֹסֵעַ/נוֹסַעַת | לִנְסוֹעַ |
| to meet/to encounter | פּוֹגֵשׁ/פּוֹגֶשֶׁת | לִפְגּוֹשׁ |
| to see | רוֹאֶה/רוֹאָה | לִרְאוֹת |
| to dance | רוֹקֵד/רוֹקֶדֶת | לִרְקוֹד |
| to hear | שׁוֹמֵעַ/שׁוֹמַעַת | לִשְׁמוֹעַ |
| to drink | שׁוֹתֶה/שׁוֹתָה | לִשְׁתּוֹת |

## Particles, Prepositions, and Adverbs — מיליות ותארי פועל

| | |
|---|---|
| after | אַחֲרֵי |
| if | אִם |
| direct object particle | אֶת |
| already | כְּבָר |
| where to? | לְאָן? |
| from where? | מֵאַיִן? |
| from where? | מֵאֵיפֹה? |
| late | מְאוּחָר |
| early | מוּקְדָם |
| when? | מָתַי? |
| now | עַכְשָׁיו |
| only | רַק |

## Expressions and Phrases — ביטויים וצירופים

| | |
|---|---|
| on foot | בָּרֶגֶל |
| (to) home | הַבַּיְתָה |
| (to) town | הָעִירָה |
| bookstore | חֲנוּת סְפָרִים (נ) |
| great! | יוֹפִי! |

| | |
|---|---|
| כְּבָר מְאוּחָר! | It is already late! |
| כָּל הַזְּמַן | all the time |
| מוּסִיקָה קְלָאסִית (נ) | classical music |
| נְסִיעָה טוֹבָה! | Have a good trip! |
| עוֹד מוּקְדָם! | It is still early! |

# LESSON 7 — שיעור מספר 7

## PART A — חלק א׳

### DIALOGUE A: A FRIENDLY CONVERSATION — שיחון א׳: שיחת חברים

(אורלי וגיל בהפסקה.)

גיל: יֵש הרבה שכֵנים בַּבִּנייָן שֶׁלָּךְ?
אורלי: לא. אֵין הַרבֵּה שכנים.
גיל: יש הרבה קוֹמוֹת בַּבִּניין?
אורלי: כן. יש שמונֶה קומות.
גיל: יש מעלית?
אורלי: כן. יש מעלית.
גיל: יש בדירה שלך טלפון?
אורלי: בֶּטַח! יש טלפון, יש טלויזיה, יש רדיו – יש הַכֹּל.
גיל: בַּחדר שלי אין הרבה מקום. זה חדר קטן – אֵין טלפון ואֵין טלויזיה, אבל יש סטריאו.
אורלי: ויש הרבה רעש!
גיל: נכון! במעונות תמיד יש רַעַש.
אורלי: ואפשר ללמוד?
גיל: לא במעונות. אני הולך ללמוד בקפיטריה.
אורלי: בקפיטריה? יש שָׁם הרבה רעש ואִי אֶפשָׁר ללמוד. אני לומדת בַּבַּיִת. שָׁקֶט בבית, אין רעש ואפשר ללמוד.
גיל: אין שכנים עם ילדים קטנים?
אורלי: יש ילדים, אבל הם לא קטנים. הם עוֹשׂים קצת רעש, אבל זה לא נוֹרָא.
גיל: את רוצָה לבוא למסיבה בשבת?
אורלי: יש הרבה מסיבות במעונות?
גיל: כל הזמן! תמיד יש מסיבות.
אורלי: בסדר. איפה המסיבה?

**EXERCISE 1: Are There or Aren't There?** **תרגיל מספר 1: יש או אין?**

Dialogue 1 introduced you to a discussion of living conditions in the dorms and in an apartment. Use similar questions to query your friends about their living conditions.

הרבה קומות בבניין של אורלי? ___________

סטודנטים מחיפה במעונות? ___________

הרבה מסיבות במעונות? ___________

טלפון בחדר של גיל? ___________

מעלית בבניין של אורלי? ___________

רעש בספריה? ___________

---

**SPEECH PATTERNS** **תבניות לשון**

| | |
|---|---|
| What is there in your apartment? | מה יש בדירה שלך? |
| There are tables and chairs in my apartment. | בדירה שלי יש שולחנות וכיסאות. |
| There are no pictures and no plants in my apartment. | אין בדירה שלי תמונות ועציצים. |

---

## EXISTENTIAL STATEMENTS: "THERE IS/ARE" – "THERE IS/ARE NOT"

In Hebrew the positive and negative existential expressions are each expressed by one word: יש for "there is/are" and אין for "there is/are not."
There is no equivalent for "there," which introduces such expressions in English.

| | |
|---|---|
| *There is* a telephone in the house. | יש טלפון בבית. |
| *There are* students at the university. | יש סטודנטים באוניברסיטה. |
| *Is there* an elevator in the building? | יש מעלית בבניין? |
| *There is no* radio in my room. | אין רדיו בחדר שלי. |
| *There is no* new literature class. | אין כיתה חדשה לספרות. |
| *Is there no* party on Saturday night? | אין מסיבה בשבת בערב? |

In the past and future tenses, the verb להיות "to be" is used in such Hebrew expressions.

**EXERCISE 2**                                             תרגיל מספר 2

Combine items from the two columns with יש or אין to form sentences. Translations of new words can be found in the Word List for this lesson.

| | |
|---|---|
| מְקָרֵר | בדירה שלי |
| חַשְׁמָל | בדירה שלך |
| מַיִם | בדירה שלך |
| מַעֲלִית | בבניין שלנו |
| הַרְבֵּה שְׁכֵנִים | בבניין שלכם |
| הרבה חֲדָרִים | בבית שלו |
| מִרְפֶּסֶת | בבית שלה |
| שׁוּלְחָן | בחדר שלהם |
| כִּיסְאוֹת | בחדר שלהן |
| טֶלֶפוֹן | בחדר שלכן |
| טֶלֶוִיזְיָה קְטָנָה | בחדר שלי |
| טלויזיה גְדוֹלָה | בחדר האורחים |

**EXERCISE 3**                                             תרגיל מספר 3

Write sentences that describe your room in your house, apartment, or dormitory. Add adjectives when appropriate.

מה יש בחדר שלך?
מה אין בחדר שלך?
בחדר שלי יש/אין

| | |
|---|---|
| בחדר שלי יש רדיו חדש. | רָדְיוֹ (ז) |
| •_____ | שׁוּלְחָן (ז) שולחנות |
| •_____ | טלויזיה (נ) טלויזיות |
| •_____ | סטריאו (ז) |
| •_____ | טלפון (ז) |
| •_____ | כּוּרְסָה (נ) כּוּרְסָאוֹת |
| •_____ | סַפָּה (נ) סַפּוֹת |
| •_____ | כִּיסֵא (ז) כִּיסְאוֹת |
| •_____ | תְּמוּנָה (נ) תמונות |
| •_____ | שָׁטִיחַ (ז) |
| •_____ | עָצִיץ (ז) עֲצִיצִים |

**SPEECH PATTERNS** | **תבניות לשון**

| | |
|---|---|
| There are many chairs in the room. | יש הרבה כיסאות בחדר. |
| There are few pictures in the room. | יש מעט תמונות בחדר. |
| There is a lot of noise in the dormitories. | יש הרבה רעש במעונות. |
| There is some noise in the dormitories. | יש קצת רעש מעונות. |

## QUANTIFIERS: A LOT OR A LITTLE? MANY OR FEW?

Hebrew quantifiers do not have separate forms for measuring quantity versus number as with the English "much" (quantity) and "many" (number) or "little" (quantity) and "few" (number).

The adverb הַרְבֵּה "much/a lot of/many" precedes singular or plural nouns and indicates a large quantity or a large number.

יש הַרְבֵּה אנשים     יש הַרְבֵּה רעש

The adverbs מְעַט and קְצָת "a little/a few" can be used interchangeably to indicate a small quantity or a small number.

יש מְעַט אנשים     יש קְצָת רעש

It is quite common to use קצת with singular nouns and מעט with plural nouns.

יש קצת רעש – לא הרבה!
אין כאן הרבה אנשים – יש מעט.

**EXERCISE 4** | **תרגיל מספר 4**

Complete the passage with הרבה or מעט.

*איפה הסטודנטים גרים?*

__________ סטודנטים גרים במעונות החדשים. הם גרים בחדרים קטנים עם חברים. יש __________ מסיבות ויש __________ רעש. אבל נחמד!
__________ סטודנטים גרים בבתים פרטיים או בדירות בבניינים גדולים על יד האוניברסיטה. יש __________ דירות של סטודנטים בעיר. הדירות קטנות ויקרות.
יש גם __________ בתים קטנים וגדולים בעיר.
__________ סטודנטים אוהבים לגור ביחד בבית גדול בעיר.

## SPEECH PATTERNS תבניות לשון

*בָּעִיר*
אין הרבה מקומות יפים בָּעִיר.
יש הרבה רחובות גדולים בעיר.

*מִחוּץ לָעִיר*
יש הרבה מקומות יפים מִחוּץ לָעִיר.
יש מעט חנויות טובות מחוץ לעיר.

*בִּרְחוֹב הֶרְצֶל*
אין הרבה בתים גדולים בִּרחוב הֶרְצֶל.
אין הרבה חנויות טובות בִּרחוב הרצל.

*בְּיִשְׂרָאֵל*
יש הרבה ערים יפות בישראל.
אין הרבה ערים גדולות בישראל.

## NOUN-ADJECTIVE AGREEMENT

You will remember from Lesson 4 that nouns not referring to living beings can have one of either shape of the plural suffixes: ים- or ות-. However, the adjectives that modify them have prescribed suffixes.

An adjective that modifies a masculine plural noun always ends in ים-.

| יחיד | רבים: ‎-ים/-ות | תארים: ‎-ים | צירופים |
|---|---|---|---|
| בַּיִת | בָּתִּים | יָפִים | בתים יפים |
| רְחוֹב | רְחוֹבוֹת | גְּדוֹלִים | רחובות גדולים |

An adjective that modifies a feminine plural noun always ends in ות-.

| יחידה | רבות: ‎-ים/-ות | תארים: ‎-ות | צירופים |
|---|---|---|---|
| חָנוּת | חֲנוּיוֹת | ישנוֹת | חֲנוּיוֹת ישנוֹת |
| עִיר | עָרִים | קטנוֹת | עָרִים קטנוֹת |

## EXERCISE 5 תרגיל מספר 5

Add adjectives and adverbs of quantity.

יש ______ מקומות ______ בעיר.
אין ______ סטודנטים ______ בכיתה – יש ______ סטודנטים ______
יש ______ ערים ______ בישראל. יש ______ ערים ______
אין ______ מסיבות ______ במעונות.
יש ______ שיעורים! אין זמן!

## EXERCISE 6 תרגיל מספר 6

Add adjectives to the plural nouns and translate the phrases.

*שמות – זכר*

| | | |
|---|---|---|
| מָקוֹם/מְקוֹמוֹת | מקומות יפים | pretty places |
| רְחוֹב/רְחוֹבוֹת | ______ | ______ |
| כִּסֵּא/כִּיסְאוֹת | ______ | ______ |
| שׁוּלְחָן/שׁוּלְחָנוֹת | ______ | ______ |
| בִּנְיָן/בִּנְיָנִים | ______ | ______ |
| בַּיִת/בָּתִּים | ______ | ______ |
| עָצִיץ/עֲצִיצִים | ______ | ______ |

*שמות – נקבה*

| | | |
|---|---|---|
| עִיר/עָרִים | ______ | ______ |
| סַפָּה/סַפּוֹת | ______ | ______ |
| תְּמוּנָה/תְּמוּנוֹת | ______ | ______ |
| כּוּרְסָה/כּוּרְסָאוֹת | ______ | ______ |

## EXERCISE 7 תרגיל מספר 7

Complete the sentences:

בניו יורק יש הרבה רעש.
ברחוב הרצל יש ______.
בדירה של רינה יש ______.
בעיר יש ______.
בירושלים יש ______.

ברחוב אין __________________.
בחדרים במעונות אין __________________.
בדירה שלו אין __________________.
בעיר אין __________________.
בחדר שלי אין __________________.

## EXERCISE 8 תרגיל 8

Complete the sentences according to the example.

יש ברחוב הזה בית יפה.
אני גר בבית היפה. הבית שלי יפה.

יש בעיר בניינים גדולים.
אנשים גרים ב__________. הבניינים שלהם __________.
יש בעיר ספריה חדשה.
יש ספרים טובים ב__________. הספריה שלנו __________.
יש בתי קפה יפים בעיר.
אנחנו רוצים ללכת ל__________.
יש בנק חדש ברחוב הרצל.
דן עובד ב__________. הבנק שלו __________.
יש אוניברסיטה טובה בתל אביב.
הרבה סטודנטים מאמריקה לומדים ב__________.
יש מעונות חדשים באוניברסיטה.
הסטודנטים רוצים לגור ב__________.
יש דירות יפות בבית שלנו.
כל השכנים שלנו גרים ב__________.
יש פקידות נחמדות בבנק.
דן עובד עם __________.
יש בתי קפה קטנים על יד האוניברסיטה.
הרבה אנשים שותים קפה ב__________.
יש בתי חולים טובים בעיר.
הרבה רופאים עובדים ב__________.
יש חנויות ספרים טובות ברחוב שלנו.
הרבה אנשים באים ל__________.
יש תלמידות טובות בכיתה של ד"ר שכטר.
אני רוצה ללמוד עם __________.

# חלק ב'

**PART B**

**DIALOGUE B: AN AVAILABLE APARTMENT**

שיחון ב': דירה פנוייה

**יש דירה קטנה בקומת הגג – ממש "פנטהאוז"!**

דוד:     יש דירות פנויות בבניין?

גב' כהן:  כן. אתה רוצה דירה גדולה או קטנה?

דוד:     דירה קטנה.

גב' כהן:  זה בניין של ארבע קומות. יש דירה קטנה בקומת הגג.

דוד:     כמה חדרים יש בדירה?

גב' כהן:  שלושה חדרים: יש מטבח, סטודיו וחדר אמבטיה.

דוד:     יש מעלית?

גב' כהן:  אין מעלית.

דוד:     יש אוטובוס העירה על יד הבית?

גב' כהן:  כן. יש שני אוטובוסים על יד הבית: אחד נוסע העירה ואחד נוסע לתחנה המרכזית.

דוד:     זאת דירה יפה?

גב' כהן:  זאת דירה יפהפיה – ממש "פנטהאוז"!
         (בדירה)

דוד:     שלושה חדרים? זה חדר אחד.

גב' כהן:  זה גם מטבח, גם סטודיו וגם חדר אמבטיה!

**אין דירות בשביל סטודנטים**

דוד:      אדון לוי?

אדון לוי:  כן.

דוד:      אני רוצה לשכור דירה. יש דירות פנויות?

אדון כהן:  זה תלוי!

דוד:      שמי דוד. אני סטודנט.

אדון כהן:  סטודנט?? יש דירות אבל לא בשביל סטודנטים.

דוד:      לא בשביל סטודנטים?

אדון כהן:  סטודנטים תמיד עושים רעש. תמיד יש הרבה אורחים. תמיד יש הרבה מסיבות. תמיד יש מוסיקה.

דוד:      אני לא עושה מסיבות. אני רק לומד.

אדון כהן:  אין דירות לסטודנטים! הבניין הזה למשפחות ואנשים עובדים.

דוד:      חבל!

| | | |
|---|---|---|
| *Rooms in a House* | | *חדר (ז) חדרים בדירה* |
| guest room | חַדְרֵי אוֹרְחִים | חֲדַר אוֹרְחִים (ז) |
| bedroom | חַדְרֵי שֵׁינָה | חֲדַר שֵׁינָה (ז) |
| dining room | חַדְרֵי אוֹכֶל | חֲדַר אוֹכֶל (ז) |
| work room/study | חַדְרֵי עֲבוֹדָה | חֲדַר עֲבוֹדָה (ז) |
| living room | | סָלוֹן (ז) |
| kitchen | מִטְבָּחִים | מִטְבָּח (ז) |
| bathroom | שֵׁירוּתִים (ז.ר) | |
| balcony | מִרְפָּסוֹת | מִרְפֶּסֶת (נ) |

## NOUN + NOUN PHRASES — צירופי סמיכות

| | |
|---|---|
| an apartment building | בִּנְיַין דירות |
| a dining room | חֲדַר אוכל |
| a student apartment | דִירַת סטודנטים |
| a coffeehouse | בֵּית קפה |

In the noun + noun phrase, noun 2 adds information or description to noun 1, as in the following sentences.

| | |
|---|---|
| What kind of apartment? | איזו דירה? |
| A student apartment. | דִירַת סטודנטים |

### Word Order

| | |
|---|---|
| a student apartment | דִירַת סטודנטים |

In Hebrew **דירת** "apartment (of)" precedes **סטודנטים** "student(s)," while in English the reverse is true.

The *shape of the first noun* in Hebrew may undergo change in one of three ways.

1. The vowel of the noun can change.

| | | |
|---|---|---|
| house | /bayit/ | בַּיִת |
| school | /beyt/ | בֵּית ספר |

2. The **ה-** ending of singular feminine nouns always changes to **ת-**.

| | |
|---|---|
| apartment | דִירָה |
| student apartment | דִירַת סטודנטים |

3. The ים- ending of plural nouns always changes to י-.

| | |
|---|---|
| rooms | חֲדָרִים |
| bedrooms | חַדְרֵי שינה |

4. The ות- ending of plural nouns remains the same in both forms.

| | |
|---|---|
| דִירוֹת | דִירוֹת סטודנטים |

Remember that when a definite article is added to these noun + noun combinations, it precedes the second noun.

| | |
|---|---|
| בית קפה | בית הַקפה |
| בניין דירות | בניין הַדירות |
| עוגת שוקולד | עוגת הַשוקולד |

These phrases are known as **סמיכות** or "construct" phrases.

---

## SPEECH PATTERNS — תבניות לשון

| | |
|---|---|
| What do you have in your room? | מה יש בחדר שלך? |
| There are four chairs and a table in my room. | בחדר שלי יש ארבעה כיסאות ושולחן אחד. |
| How many pictures are in your room? | כמה תמונות יש בחדר שלך? |
| There are five pretty pictures in my room. | בחדר שלי יש חמש תמונות יפות. |

---

## NUMBER NOUNS — צירופי שמות ומספרים

Number nouns in Hebrew are divided into masculine and feminine.

| | *זכר* | *נקבה* |
|---|---|---|
| 1 | אֶחָד | אַחַת |
| 2 | שְׁנַיִים | שְׁתַּיִים |
| 3 | שְׁלוֹשָׁה | שָׁלוֹשׁ |
| 4 | אַרְבָּעָה | אַרְבַּע |
| 5 | חֲמִישָׁה | חָמֵשׁ |
| 6 | שִׁישָּׁה | שֵׁשׁ |
| 7 | שִׁבְעָה | שֶׁבַע |
| 8 | שְׁמוֹנָה | שְׁמוֹנֶה |
| 9 | תִּשְׁעָה | תֵּשַׁע |
| 10 | עֲשָׂרָה | עֶשֶׂר |

The feminine set of nouns is used for counting.

Both masculine and feminine number nouns are used in numerical phrases.

## Numerical Phrases

When numbers are used to count objects or persons, they must have the same gender as the objects or persons they count:

שָׁלוֹשׁ סטודנטיות (נ.ר.)    אבל    שְׁלוֹשָׁה סטודנטים (ז.ר.)

The numbers precede the count nouns, with the exception of the number *one*, which appears *after* the count noun:

סטודנטית אַחַת
סטודנט אֶחָד

The number *two* loses its final consonant when it combines with a noun.

שְׁנַיִים, אבל שְׁנֵי סטודנטים
שְׁתַּיִים, אבל שְׁתֵּי סטודנטיות

## THE QUESTION WORD ‏כמה?‏ "HOW MUCH?/HOW MANY?"

The question word ‏כַּמָּה?‏ initiates questions about quantity. It can introduce a noun in the singular or in the plural.

*How much money* do you have?          ‏כַּמָּה כסף יש לך?‏
‏יש לי רק דולר אחד.‏
*How many people* work in the office?          ‏כמה אנשים עובדים במשרד?‏
‏שלושה אנשים עובדים במשרד.‏

**EXERCISE 9: Numerical Phrases: Masculine Numbers 1–10 + Nouns**     תרגיל מספר 9

Following the pattern of the sentences in column 1, complete column 2.

| 2 | 1 |
|---|---|
| דוד, כמה חברים יש לך?  דוד, כמה גברים יש במשרד שלכם? | |
| יש לי רק חבר אחד. | יש רק גבר אחד במשרד. |
| _____ | יש שני גברים במשרד. |
| _____ | יש שלושה גברים במשרד. |
| _____ | יש ארבעה גברים במשרד. |
| _____ | יש חמישה גברים במשרד. |
| _____ | יש שישה גברים במשרד. |
| _____ | יש שבעה גברים במשרד. |
| _____ | יש שמונה גברים במשרד. |
| _____ | יש תשעה גברים במשרד. |
| _____ | יש עשרה גברים במשרד. |

## EXERCISE 10 — תרגיל מספר 10

Add numbers to the plural nouns and then translate the phrases.

| שמות – זכר | | | |
|---|---|---|---|
| חדר/חדרים | בדירה שלי יש | 5 | ______ |
| כיסא/כיסאות | בדירה שלי יש | 8 | ______ |
| שולחן/שולחנות | בדירה שלי יש | 3 | ______ |
| עציץ/עציצים | בדירה שלי יש | 7 | ______ |
| סטודנט/סטודנטים | בדירה שלי גרים | 4 | ______ |
| טלפון/טלפונים | בדירה שלי יש | 2 | ______ |
| שכן/שכנים | בבניין שלנו יש | 10 | ______ |
| שטיח/שטיחים | בדירה שלי יש | 6 | ______ |
| ספר/ספרים | בחדר שלי יש | 9 | ______ |

## EXERCISE 11: Numerical Phrases: Feminine Numbers 1–10 + Nouns — תרגיל מספר 11

Following the pattern of the sentences in column 1, complete column 2.

| 1 | 2 |
|---|---|
| כמה נשים יש במשרד שלכם? | כמה תלמידות יש בכיתה? |
| יש רק אשה אחת במשרד. | *יש רק תלמידה אחת בכיתה.* |
| יש שתי נשים במשרד. | ______ |
| יש שלוש נשים במשרד. | ______ |
| יש ארבע נשים במשרד. | ______ |
| יש חמש נשים במשרד. | ______ |
| יש שש נשים במשרד. | ______ |
| יש שבע נשים במשרד. | ______ |
| יש שמונה נשים במשרד. | ______ |
| יש תשע נשים במשרד. | ______ |
| יש עשר נשים במשרד. | ______ |

## EXERCISE 12 — תרגיל מספר 12

Add numbers to the plural nouns and then translate the phrases.

*שמות – נקבה*

| | | | |
|---|---|---|---|
| ספה/ספות | בדירה שלי יש | 3 | ________ |
| תמונה/תמונות | בדירה שלי יש | 10 | ________ |
| כורסה/כורסות | בדירה שלי יש | 2 | ________ |
| תמונה/תמונות | בדירה שלי יש | 6 | ________ |
| מעלית/מעליות | בבניין שלנו יש | 4 | ________ |
| קומה/קומות | בבניין שלנו יש | 7 | ________ |
| דירה/דירות | בבניין שלנו יש | 8 | ________ |
| טלויזיה/טלויזיות | בדירה שלי יש | 5 | ________ |
| אורחת/אורחות | בדירה שלי יש | 9 | ________ |

## EXERCISE 13 — תרגיל מספר 13

Answer the following questions.

כמה אנשים במשפחה שלך?
כמה אחים יש לך?
כמה אחיות יש לך?
כמה חברים/חברות טובים/טובות יש לך?
כמה מורות לעברית יש באוניברסיטה?
כמה מקצועות אתה לומד/את לומדת באוניברסיטה/בבית הספר?
כמה ארוחות אתה אוכל/את אוכלת ביום?
כמה כוסות מים אתה שותה/את שותה ביום?
כמה שנים אתה לומד/את לומדת עברית?
כמה חדרים יש בבית/בדירה שלך?
כמה מרפסות יש בדירה/בבית שלך?
כמה כיסאות ושולחנות יש בחדר שלך?
כמה תמונות יש בחדר שלך?
כמה טלויזיות יש לכם בבית?
כמה טלפונים יש בבית שלכם?
כמה שכנים יש לך?

## שיחון ג': מישהו בא! DIALOGUE C: SOMEBODY IS COMING!

(הדירה של אורלי – ערב. אמנון, השכן של זהבה ואורלי, בא ודופק בדלת.)
(Orli's apartment – evening. Amnon, Zehava and Orli's neighbor, comes and knocks at the door.)

אמנון: הלו!!! מישהו בבית?
(אף אחד לא בא. אמנון מצלצל.) (Nobody comes. Amnon rings the doorbell.)
אמנון: מה זה? אף אחד לא בבית?
זהבה: כולם בבית. רק רגע!
מי זה?
אמנון: מישהו!
זהבה: אורלי, מישהו בא.
אורלי: מי זה "מישהו"?
אמנון: זה אני, אמנון!
(אורלי פותחת את הדלת.) (Orli opens the door.)
אמנון: ערב טוב. באתי לכוס קפה.
אורלי: תיכנס בבקשה.
אמנון: את לא עסוקה?
אורלי: לא. יש לי זמן. זאת החברה שלי זהבה.
אמנון: נעים מאוד. שמי אמנון. אני השכן שלכן.
זהבה: אה . . . שכן!
אורלי: מי רוצה קפה?
אמנון: אני!
אורלי: עוד מישהו?
זהבה: גם אני.
(אורלי, אמנון וזהבה יושבים ושותים קפה.) (Orli, Amnon, and Zehava sit and drink coffee.)
אמנון: אתן רוצות לצאת למועדון לילה לשמוע קצת מוסיקה?
זהבה: כבר מאוחר. אני הולכת לישון מוקדם בימי השבוע, כי אני יוצאת לעבודה מוקדם בבוקר.
אורלי: עוד מוקדם. אני באמת רוצה קצת לצאת הערב.
זהבה: לילה טוב! אני הולכת לישון!
אורלי: לילה טוב. אנחנו הולכים.
אמנון: להתראות.

---

## תבניות לשון SPEECH PATTERNS

מישהו הולך איתכם לשיעור?
כן. דוד ודליה הולכים איתנו לשיעור.
כולם באים לשיעור?
לא כולם. דני ועוזי לא באים.
מה? אף אחד לא הולך ללמוד בספריה?
כולם הולכים לקונצרט.

---

## IMPERSONAL PRONOUNS

| | |
|---|---|
| somebody | מִישֶׁהוּ |
| everybody/all | כּוּלָם |
| nobody | אַף אֶחָד (לֹא) |

The impersonal pronoun מישהו is singular.

| | |
|---|---|
| Is somebody studying Hebrew? | מישהו לומד עברית? |

The impersonal pronoun כולם is plural.

| | |
|---|---|
| Everybody is studying Hebrew. | כולם לומדים עברית. |

To negate מישהו "somebody," the expression אַף אֶחָד is used followed by a negative particle.

| | |
|---|---|
| *Somebody* is knocking at the door. | מישהו דופק בדלת. |
| *Nobody* is knocking at the door. | אף אחד לא דופק בדלת. |

Here is a complete list of the Hebrew subject pronouns.

| | |
|---|---|
| Personal: | אני, אתה, את, הוא, היא<br>אנחנו, אתם, אתן, הם, הן |
| Impersonal: | מישהו, אף אחד (לא), כולם |

### EXERCISE 14 — תרגיל מספר 14

Fill in the appropriate verb forms. Choose verbs used in the lesson.

| | | |
|---|---|---|
| מישהו בא. | אף אחד לא בא. | כולם באים. |
| מישהו ______ הביתה. | אף אחד ______ הביתה. | כולם ______ על אופניים. |
| מישהו ______ לדירה. | אף אחד ______ לכיתה. | כולם ______ עוגה. |
| מישהו ______ כוס קפה. | אף אחד ______ כוס תה. | כולם ______ כוס בירה. |
| מישהו ______ עברית? | אף אחד ______ עברית? | כולם ______ עברית! |
| מישהו ______ ברגל? | אף אחד ______ לרקוד? | כולם ______ לשמוע מוסיקה. |

## EXERCISE 15 — תרגיל מספר 15

Fill in the correct impersonal pronoun: מישהו, אף אחד, כולם.

מישהו דופק בדלת.
________ לומדים בערב.
________ תלמידים.
________ הולך לבית קפה.
________ לא רוצה עוגה?
________ שותים קוקה קולה.

________ לא יושב בבית.
________ לא מורה לעברית.
________ רצים לשיעור.
________ בא איתנו לשיעור?
________ בא.
________ באים מאוחר.

Rewrite the sentences using "everybody/all" (כולם).

אני הולך לבית קפה.
את באה איתנו לשיעור?
את לא רוצה עוגה?
היא רצה לשיעור?
הוא שותה קוקה קולה.
אני לא באה לשיעור.
הוא דופק בדלת.
היא רוכבת על אופניים.

---

## SPEECH PATTERNS — תבניות לשון

| | |
|---|---|
| Dalia, what are you doing this evening? | דליה, מה את עושה הערב? |
| Are you busy? | את עסוקה? |
| No. I am not busy. What do you want to do? | לא. אני לא עסוקה. מה אתה רוצה לעשות? |

---

## NEW ADJECTIVES

| | | | | |
|---|---|---|---|---|
| busy | עֲסוּקוֹת | עֲסוּקִים | עֲסוּקָה | עָסוּק |
| free, available | פְּנוּיוֹת | פְּנוּיִים | פְּנוּיָה | פָּנוּי |

**EXERCISE 16**                                                     תרגיל מספר 16

Complete with an appropriate adjective: פנוי או עסוק.

דן ודינה, אתם _____ הערב?

דן ודינה ילדים _____.

דינה לא _____ – היא יושבת בבית.

דינה ודליה בחורות _____ – הן לומדות.

ההורים של גיל אנשים _____.

הן _____ הערב – הן לא בבית.

## USEFUL EXPRESSIONS: "COME IN, PLEASE!"

The future or the imperative forms of the verb לְהִיכָּנֵס "to enter" are used for this request. Here are the future forms.

| | |
|---|---|
| Addressing a man: | דוד, תִּיכָּנֵס בבקשה! |
| Addressing a woman: | דליה, תִּיכָּנְסִי בבקשה! |
| Addressing a group: | דוד ודליה, תִּיכָּנְסוּ בבקשה! |

It is also possible to invite people to come in using the infinitive form of the verb להיכנס. When the infinitive is used there is no difference in form, no matter who is being addressed.

$$\left.\begin{array}{r}\text{דוד,}\\ \text{דליה,}\\ \text{דוד ודליה,}\end{array}\right\}\ \text{בבקשה להיכנס!}$$

## ADVERBS OF TIME

### "Still/Yet" and "Not Yet"                    עוד ועוד לא

The adverbs עוד "still" and עוד לא are used as time adverbs. See the following examples.

| | |
|---|---|
| Are you *still* sitting here? | אתם עוד יושבים פה? |
| It is *still* early. | עוד מוקדם. |
| There is *still nobody* in class. | עוד אין אף אחד בכיתה. |
| *Nobody* has come *yet*. | אף אחד עוד לא בא. |

## עוד וכבר
## "Still/Yet" and "Already"

<u>עוד מוקדם</u> – יש זמן לשתות קפה.
<u>כבר מאוחר</u> – אני הולך הביתה.

It is *still early* – there is time to drink coffee.
It is *already late* – I am going home.

Here are some frequently used time expressions

| | |
|---|---|
| מוּקְדָם! | It is early! |
| עוֹד מוּקְדָם! | It is still early! |
| מְאוּחָר! | It is late! |
| כְּבָר מְאוּחָר | It is already late! |
| כְּבָר? | Already? |
| עוֹד לֹא! | Not yet! |

### תרגיל מספר 17 EXERCISE 17

Complete the sentences with the appropriate words from the following list.

**כבר, עוד, עוד לא**

רינה ורון הולכים למסיבה. רינה רוצה __________ ללכת. רון __________ רוצה ללכת.

רון: רינה, __________ רגע! אני __________ בא!
רינה: אין לי זמן לשבת כאן. אני רוצה __________ ללכת.
רון: יש __________ הרבה זמן.
רינה: לא נכון. אין __________ הרבה זמן. __________ מאוחר!
רון: __________ מאוחר? לא. __________ מוקדם.
רינה: כולם באים בזמן. רק אתה לא!
רון: מי __________ בא למסיבה?
רינה: יוסי בא, דליה באה ו__________ אנשים באים.
רון: יוסי תמיד בא מאוחר וגם דליה תמיד באה מאוחר.
אז יש __________ הרבה זמן.

### תרגיל מספר 18 EXERCISE 18

Complete the sentences with the appropriate words from the following list.

**תיכנס, תיכנסי, עוד, עוד לא, מאוחר, מוקדם, מישהו, כולם, כבר, אף אחד**

דליה, __________ בבקשה!
עוד __________.

דני, אני הולכת הביתה. כבר ________!
אני ________ ________ רוצה לבוא, כי ________ מוקדם.
לא. ________ מאוחר מאוד!

הלו! ________ נמצא בבית?
כן. ________ נמצאים בבית.
אתם ________ אוכלים ארוחת ערב?
לא. ________ לא.

דן בבית?
לא. הוא ________ ________ נמצא בבית.
מתי הוא בא הביתה?
________! בעשר בלילה.

אתם ________ עובדים?
כן. יש לנו הרבה עבודה.

דליה ________ ________ באה הביתה?
לא. היא ________ ________ באה הביתה. היא בדרך.

מישהו ________ בא?
לא. ________ אין ________ כאן.

אתם ________ גרים ברחוב הרצל?
כן.
כמה זמן אתם ________ גרים שם?
הרבה זמן!

## ADVERBS OF QUANTITY

"One More/Another One" — עוד + שם יחיד

| | |
|---|---|
| one more minute | עוד רגע |
| one more person/another one | עוד מישהו |
| some more time | עוד זמן |
| one more hour/in an hour | עוד שעה |

"More/Additional" — עוד + שם (רבים)

| | |
|---|---|
| more/additional people | עוד אנשים |
| more/additional books | עוד ספרים |

## EXERCISE 19: What Does One Say?          תרגיל מספר 19: מה אומרים?

After answering the question for each situation, add two more lines of dialogue.

Amnon and Gila come and knock on your door. What do you say to them?

David calls you up. You don't recognize his voice. What do you say to him?

Rina calls you up and asks you to come over. It is very late. What do you say to her?

Your friend Dan leaves. It is not very late. What do you say to him?

Everybody seems busy. You want someone to come to Dalia's with you. What do you say?

You don't want to be late for class. You remind your roommate that it is late and ask if he/she is coming. What do you say?

You hear somebody knocking at the door. You want your mother to answer. Tell her that somebody is knocking at the door.

You are busy cooking. You are expecting guests for dinner. They knock at the door. You cannot come to the door but it is open. What do you say?

You are making plans to go to the movies. You ask friends to come along with you. They are busy. What do you say?

Uzi comes in late. You want to know where he is coming from. What do you ask him?

# LESSON 7 SUMMARY

# שיעור 7: סיכום

Communicative Skills Introduced in This Lesson

1. How to describe your place of residence
2. How to count people and objects

Grammatical Information Introduced in This Lesson

1. Existential statements — יש, אין
2. Noun-adjective agreement: plural endings
   - Masculine: יש שכנים נחמדים בבנין שלנו. — יש מקומות יפים בעיר.
   - Feminine: יש שכנות נחמדות בבנין שלנו. — יש ערים יפות בארץ.
3. Noun phrases: noun + noun — צירופי סמיכות.

   בית ספר, חדר שינה, בניין דירות, דירות סטודנטים
4. Numerical Phrases: 1-10 with masculine and feminine nouns

   צירופי שמות ומספרים: בזכר ובנקבה.

| *זכר* | *נקבה* |
|---|---|
| בַּיִת אֶחָד | דִּירָה אַחַת |
| שְׁנֵי בָּתִּים | שְׁתֵּי דִירוֹת |
| שְׁלוֹשָׁה בָּתִּים | שָׁלוֹשׁ דִירוֹת |
| אַרְבָּעָה בָּתִּים | אַרְבַּע דִירוֹת |
| חֲמִישָׁה בָּתִּים | חָמֵשׁ דִירוֹת |
| שִׁשָּׁה בָּתִּים | שֵׁשׁ דִירוֹת |
| שִׁבְעָה בָּתִּים | שֶׁבַע דִירוֹת |
| שְׁמוֹנָה בָּתִּים | שְׁמוֹנֶה דִירוֹת |
| תִּשְׁעָה בָּתִּים | תֵּשַׁע דִירוֹת |
| עֲשָׂרָה בָּתִּים | עֶשֶׂר דִירוֹת |

5. The question word "how much?/how many?" — כַּמָּה?

   כמה כסף? כמה אנשים?
6. Impersonal pronouns — מישהו, אף אחד, כולם

   מישהו דופק בדלת?

   לא. אף אחד לא דופק בדלת.

   מישהו הולך לשיעור?

   כולם הולכים לשיעור.
7. Time expressions: "still/not yet/already" — עוד/עוד לא/כבר

   עוד מוקדם/עוד לא מאוחר/כבר מאוחר
8. Adverbs of quantity: "more/additional/one more" — עוד אחד/עוד ספרים

# WORD LIST FOR LESSON 7 | אוצר מילים לשיעור 7

## Nouns | שמות

| | רבים | יחיד/ה |
|---|---|---|
| hospital | בָּתֵּי חוֹלִים | בֵּית חוֹלִים (ז) |
| roof | גַּגּוֹת | גַּג (ז) |
| apartment | דִּירוֹת | דִּירָה (נ) |
| door | דְּלָתוֹת | דֶּלֶת (נ) |
| room | חֲדָרִים | חֶדֶר (ז) |
| dining room | חַדְרֵי אוֹכֶל | חֲדַר אוֹכֶל |
| living/guest room | חַדְרֵי אוֹרְחִים | חֲדַר אוֹרחִים |
| bathroom | חַדְרֵי אַמְבַּטְיָה | חֲדַר אַמְבַּטְיָה |
| study/workroom | חַדְרֵי עֲבוֹדָה | חֲדַר עֲבוֹדָה |
| bedroom | חַדְרֵי שֵׁינָה | חֲדַר שֵׁינָה |
| electricity | | חַשְׁמָל (ז) |
| armchair | כּוּרסוֹת | כּוּרסָה (נ) |
| chair | כִּיסְאוֹת | כִּיסֵא (ז) |
| money | | כֶּסֶף (ז) |
| kitchen | מִטְבָּחִים | מִטְבָּח (ז) |
| water | מַיִם (ז.ר.) | |
| party | מְסִיבּוֹת | מְסִיבָּה (נ) |
| elevator | מַעֲלִיּוֹת | מַעֲלִית (נ) |
| refrigerator | מְקָרְרִים | מְקָרֵר (ז) |
| balcony | מִרְפָּסוֹת | מִרְפֶּסֶת (נ) |
| studio | | סטוּדִיוֹ (ז) |
| salon/living room | | סָלוֹן (ז) |
| sofa | סַפּוֹת | סַפָּה (נ) |
| potted plant | עֲצִיצִים | עָצִיץ (ז) |
| floor/story | קוֹמוֹת | קוֹמָה (נ) |
| the roof floor (penthouse) | | קוֹמַת גַּג |
| moment/minute | רְגָעִים | רֶגַע (ז) |
| noise | | רַעַשׁ (ז) |
| shabbat | שַׁבָּתוֹת | שַׁבָּת (ז) |
| table/desk | שׁוּלְחָנוֹת | שׁוּלְחָן (ז) |
| rug | שְׁטִיחִים | שָׁטִיחַ (ז) |
| conversation | שִׂיחוֹת | שִׂיחָה (נ) |
| bathroom | שֵׁירוּתִים (ז.ר.) | |
| quiet | | שֶׁקֶט (ז) |
| picture | תְּמוּנוֹת | תְּמוּנָה (נ) |

## Adjectives — תארים

| | יחידה | יחיד |
|---|---|---|
| pretty/beautiful | יָפָה | יָפֶה |
| very beautiful/ravishing | יְפֵהפִיָּה | יְפֵהפֶה |
| free/unoccupied/available | פְּנוּיָיה | פָּנוּי |
| busy | עֲסוּקָה | עָסוּק |

## Verbs — פעלים

| | יחידה | יחיד |
|---|---|---|
| to knock (at) | דוֹפֵק/דוֹפֶקֶת | לִדְפּוֹק |
| to sleep | יָשֵׁן/יְשֵׁנָה | לִישׁוֹן |
| to open | פּוֹתֵחַ/פּוֹתַחַת | לִפְתּוֹחַ |
| to go out | יוֹצֵא/יוֹצֵאת | לָצֵאת |
| to ring (the doorbell) | מְצַלְצֵל/מְצַלְצֶלֶת | לְצַלְצֵל |
| to rent | שׂוֹכֵר/שׂוֹכֶרֶת | לִשְׂכּוֹר |
| *Infinitive and Future Forms* | | |
| to enter | תִּיכָּנֵס/תִּיכָּנְסִי/תִּיכָּנְסוּ | לְהִכָּנֵס |

## Particles, Prepositions, and Adverbs — מיליות ותארי פועל

| | |
|---|---|
| there is not/are not | אֵין |
| nobody | אַף אֶחָד |
| for | בִּשְׁבִיל |
| much/many | הַרְבֵּה |
| there is/there are | יֵשׁ |
| already | כְּבָר |
| how much?/how many? | כַּמָּה? |
| somebody | מִישֶׁהוּ |
| truly | מַמָּשׁ |
| when? | מָתַי? |
| a little/few | מְעַט |
| still | עוֹד |
| not yet | עוֹד לֹא |
| one more | עוֹד אֶחָד |
| a little/few | קְצָת |
| always | תָּמִיד |

## ביטויים וצירופים / Expressions and Phrases

| | |
|---|---|
| אֶפְשָׁר | it is possible |
| בֶּאֱמֶת | really |
| בֶּטַח! | Certainly! |
| חֲנוּת סְפָרִים (נ) חֲנוּיוֹת סְפָרִים | bookstore |
| יְמֵי הַשָּׁבוּעַ (ז.ר.) | week days |
| יֵשׁ לִי זְמַן | I have time |
| כְּבָר מאוּחָר. | It is late already. |
| לֹא נוֹרָא! | It is all right/not terrible! |
| לָלֶכֶת לִישׁוֹן | to go to sleep |
| מָה אוֹמְרִים? | What does one say? |
| עוד מוּקְדָם. | It is still early. |
| רֶגַע! רַק רֶגַע! | Just a minute! |
| הַתַּחֲנָה הַמֶּרְכָּזִית | the central bus station |
| שֶׁקֶט | It is quiet. |

# LESSON 8 שיעור מספר 8

## PART A חלק א'

### DIALOGUE A: A NEW RESTAURANT – HOW MANY STARS?

### שיחון א': מסעדה חדשה – כמה כוכבים?

"נעים וטעים" מסעדה צמחונית
הזמן: 1:00 בצהריים.
המשתתפים: גיל ורונית.
יונה: מלצרית חדשה.

**מה יש? מה אין?**

גיל: מלצרית! יש לכם תפריט?
יונה: אין לנו תפריט.
גיל: יש בעייה! אז מה עושים?
יונה: אין בעייה. יש לנו הכל במסעדה שלנו.
גיל: מה זה הכל? מה יש לכם לארוחת צהריים?
יונה: מה אתה רוצה?
גיל: יש לכם בשר?
יונה: אין לנו בשר!
גיל: יש לכם דגים?
יונה: אין לנו דגים!
גיל: יש לכם עוף?
יונה: אין לנו עוף!
גיל: אין לכם בשר, אין לכם דגים, אין לכם עוף – אז מה יש לכם?
יונה: אדוני, זאת מסעדה צמחונית. יש לנו רק ירקות וסלטים.
גיל: טוב, מרק ירקות, חומוס, סלט, והרבה פיתות.
יונה: מה אתם רוצים לשתות?
גיל: אני רוצה לימונדה קרה. מה את רוצה, רונית?
רונית: רק מים.
גיל: וכוס מים קרים עם הרבה קרח.
(אחרי שעה.)
גיל: מלצרית, איפה האוכל?
יונה: עוד רגע!

(המלצרית באה עם האוכל.)

רונית: גיל, יש זבוב במרק שלי.

גיל: מלצרית! יש זבוב במרק שלה.

יונה: זה לא נורא! אתם רוצים קפה?

רונית: עם זבובים או בלי זבובים?

**אחרי הארוחה: חשבון בבקשה!**

גיל: מלצרית! חשבון בבקשה!

יונה: רק רגע!

גיל: אין לכם תפריט! אין לכם חשבון! ואין לכם זמן! אני הולך.

יונה: רגע, רגע! הינה החשבּון.

גיל: מה זה? כל כך יקר? אין לי מספיק כסף.

רונית: אין שירות טוב, יש זבובים במרק והארוחות יקרות.

יונה: אין לך מספיק כסף? יש לך בעייה, אדוני!

גיל: יש לי כּרטיס "ויזה".

יונה: זה בסדר.

גיל: למה האוכל במסעדה שלכם יקר?

יונה: אדוני – יש אינפלאציה!

**תרגיל מספר 1: כמה כוכבים?**

**EXERCISE 1: Restaurant Evaluation**

Rate the restaurant:

★ כּוֹכָב אחד ____

★★ שני כּוֹכָבִים ____

★★★ שלושה כּוֹכָבִים ____

★★★★ ארבעה כּוֹכָבִים ____

| | | | |
|---|---|---|---|
| השֵירוּת: | ____________ | כוכבים | service |
| האוכל: | ____________ | כוכבים | |
| הַמַשקָאוֹת: | ____________ | כוכבים | |
| הָאֲוִוירָה: | ____________ | כוכבים | ambience |

המסעדה:

★ = בסדר

★★ = טובה

★★★ = טובה מאוד

★★★★ = מצוּיֶינֶת

Now describe and rate a restaurant you are familiar with.

## EXERCISE 2 — תרגיל מספר 2

Complete the passage, choosing from the following words.

חֶשבּוֹן, "עוֹלַם הסלטים," יקָרָה, צִמחוֹנִית, מספּיק כֶּסֶף, בָּשָׂר, לֶאֱכוֹל, דגים, ירָקוֹת, לא באה, כרטיס אשרַאי, אִינפלַציָה, עוֹף, סלטים.

*יש* ________! *הכל יקר!*

גיל הולך ________ במסעדה חדשה. שם המסעדה ________. זאת מסעדה ________. אין להם ________, אין להם ________, ואין להם ________. יש להם רק ________ ו________.

אחרי הארוחה גיל רוצה את ________, אבל המלצרית יונה ________. הארוחה ________. אין לגיל ________, אבל יש לו ________.

---

## SPEECH PATTERNS — תבניות לשון

| | |
|---|---|
| *אין לי זמן לכוס קפה.* | *I don't have time for a cup of coffee.* |
| דינה, יש לך זמן לכוס קפה? | אין לדינה זמן לכוס קפה. |
| לא. אין לי זמן לשבת בבית קפה. | אין לה זמן לשבת בבית קפה. |
| *לדן אין מחשב בבית. יש לך?* | *Dan has no computer at home. Do you?* |
| דן, יש לך מחשב בבית? | אין לדן מחשב בבית. |
| לא. אין לי מחשב בבית. | אין לו מחשב בבית. |
| *לילדים שלנו יש מספיק כסף.* | *Our children have enough money.* |
| ילדים, יש לכם מספיק כסף? | יש לילדים מספיק כסף. |
| כן. יש לנו מספיק כסף. | יש להם מספיק כסף. |

---

## EXPRESSING POSSESSION

There is no verb "to have" in Hebrew. Possession is expressed by linking nouns with the preposition -ל. This preposition precedes the "possessor" noun or pronoun. The preposition plus possessor noun is not the grammatical subject of the sentence, but it can be considered the logical subject of the sentence. The "possessed" noun is the grammatical subject of the sentence.

| *"Possessor" Noun/Pronoun and Preposition* | *"Possessed" Noun* |
|---|---|
| לדוד | כסף |
| לו | כסף |

The expressions יֵש and אֵין are added in the present tense to form the actual expressions of possession.

In the following examples, -ל is combined with a "possessor" noun.

| | |
|---|---|
| David has money | יֵש לְדוד כסף |
| David does not have money | אֵין לְדוד כסף |

In the following examples, -ל is combined with a "possessor" pronoun.

| | |
|---|---|
| He has money | יש לו כסף |
| He does not have money | אין לו כסף |

There are two options of word order when the "possessor" is a noun. They are both acceptable and there is no preference.

יש לדוד כסף/לדוד יש כסף
אין לדוד כסף/לדוד אין כסף

There is only one acceptable word order when the "possessor" is a pronoun.

יש לו כסף
אין לו כסף

## Positive and Negative Expressions of Possession

Positive and negative expressions of possession are conjugated by combining the preposition -ל with different pronoun endings in combination with יש or אין (or in past and future tenses with the verb להיות "to be"). Only present tense expressions are presented here.

| | רבים | | יחיד |
|---|---|---|---|
| we have | יֵש לָנוּ | I have | יֵש לִי |
| you (mas.) have | יֵש לָכֶם | you (mas.) have | יֵש לְךָ |
| you (fem.) have | יֵש לָכֶן | you (fem.) have | יֵש לָךְ |
| they (mas.) have | יֵש לָהֶם | he has | יֵש לוֹ |
| they (fem.) have | יֵש לָהֶן | she has | יֵש לָהּ |
| we don't have | אֵין לָנוּ | I don't have | אֵין לִי |
| you (mas.) don't have | אֵין לָכֶם | you (mas.) don't have | אֵין לְךָ |
| you (fem.) don't have | אֵין לָכֶן | you (fem.) don't have | אֵין לָךְ |
| they (mas.) don't have | אֵין לָהֶם | he doesn't have | אֵין לוֹ |
| they (fem.) don't have | אֵין לָהֶן | she doesn't have | אֵין לָהּ |

There is no infinitive for these expressions of possession.

## EXERCISE 3 — תרגיל מספר 3

Work with a partner. Ask each other whether you have the following items; then answer the questions.

יש לך או אין לך?

מַחְשֵׁב, טלפון, טלויזיה, רְהִיטִים, כְּלָבִים, פְּרָחִים, רַדְיוֹ

## EXERCISE 4 — תרגיל מספר 4

Form possessive statements, adding the expressions אין ל- or יש ל- followed by a noun or pronoun ("the possessor"). Follow the example. Try to use different possessors in each sentence. Give a positive sentiment first and then a negative one.

*יש לאבא שלי חנות גדולה.*

*אין לאבא שלי חנות גדולה.*

דירה יפה

הרבה בעיות

מכונית ספורט

מורים חדשים?

ספרים טובים?

קצת זמן?

הרבה כסף?

מחשב חדש.

בירה בבית?

אורחים בשבת?

משפחה בישראל?

שיעורים?

מספיק כסף.

קורסים טובים.

זמן ללכת לתיאטרון.

Notice how the quantifiers קְצָת "a little/few," מַסְפִּיק "enough," and הַרְבֵּה "a lot/many" are used in the following sentences that express possession.

---

### SPEECH PATTERNS — תבניות לשון

| | |
|---|---|
| Do you have any time? | יש לך זמן? |
| I have a little bit of time. | יש לי קצת זמן. |
| I don't have a lot of time. | אין לי הרבה זמן. |
| I have enough time for a cup of coffee. | יש לי מספיק זמן לכוס קפה. |

---

**EXERCISE 5**                                                תרגיל מספר 5

Combine items from the two columns with the preposition ל- and יש or אין to form
sentences. Follow the example.

כסף                                                    החברים של דוד

יש לחברים של דוד הרבה כסף. יש להם הרבה כסף?

אין לחברים של דוד מספיק כסף. יש להם קצת כסף.

| | |
|---|---|
| קצת כסף | המזכירה בבנק |
| הרבה חברים | דן |
| מספיק ספרים | גברת לביא |
| מספיק זמן | אנחנו |
| הרבה זמן | הם |
| קצת זמן | אתם |
| הרבה תלמידים | המורה של דן |
| הרבה ספרים | דליה |
| הרבה בעיות | הילדים שלנו |

**EXERCISE 6**                                                תרגיל מספר 6

Write eight sentences expressing possession. Include the following abstract nouns.

| | |
|---|---|
| time | זְמָן |
| plans | תוֹכְנִיּוֹת |
| problem | בְּעָיָיה |
| problems | בְּעָיוֹת |

## VERBS: "TO EAT" AND "TO DRINK"

Here are the present tense forms of the verb לֶאֱכוֹל "to eat."

בסיס: אוכל-   שורש: א.כ.ל.   גזרה: שלמים

| יחידה | | יחיד | |
|---|---|---|---|
| | אני | | אני |
| אוֹכֶלֶת | את | אוֹכֵל | אתה |
| | היא | | הוא |
| רבות | | רבים | |
| | אנחנו | | אנחנו |
| אוֹכְלוֹת | אתן | אוֹכְלִים | אתם |
| | הן | | הם |

Related nouns are (ז) אוֹכֶל "food" and (ז.ר.) מַאֲכָלִים "kinds of food/dishes."

## EXERCISE 7 תרגיל מספר 7

Rewrite the sentences using masculine subjects.

אנחנו אוכלות בבית של דליה.
אני אוכלת עם ההורים שלי.
הן אוכלות בקפיטריה.
מה אתן אוכלות?
את אוכלת המבורגר?
אתן רוצות לאכול עוגה טובה?
הן אוכלות פיצה טובה.
מה היא אוכלת? ספגטי?

## EXERCISE 8 תרגיל מספר 8

Read Dialogue A and write down the lunch menu.

Here are the present tense forms of the verb לִשְׁתּוֹת "to drink."

בסיס: שות(ה)- שורש: ש.ת.ה. גזרה: ל"ה

| | | | |
|---|---|---|---|
| *יחיד* | | *יחידה* | |
| אני | | אני | |
| אתה | שׁוֹתֶה | את | שׁוֹתָה |
| הוא | | היא | |
| *רבים* | | *רבות* | |
| אנחנו | | אנחנו | |
| אתם | שׁוֹתִים | אתן | שׁוֹתוֹת |
| הם | | הן | |

| Beverages | משקאות |
|---|---|
| water | מַיִם (ז.ר.) |
| milk | חָלָב (ז) |
| soda | סוֹדָה (נ) |
| juice | מִיץ (ז) |
| wine | יַיִן (ז) |
| beer | בִּירָה (נ) |

**EXERCISE 9** **תרגיל מספר 9**

Rewrite the sentences using plural subjects.

אני שותה כוס קפה.
אתה שותה בירה?
הוא שותה תה.
מה אתה שותה?
את שותה יין?
את רוצה לשתות קפה?
היא שותה מים!

**EXERCISE 10** **תרגיל מספר 10**

*Group activities:* Find a partner. Question each other about where you eat lunch, where there are good restaurants in town, with whom you eat lunch, what you eat for lunch. Recommend restaurants to each other.

**SPEECH PATTERNS** **תבניות לשון**

Expressing a wish to do something:

אני רוצה לשתות בירה.
אני רוצה לרקוד.
אני רוצה לראות סרט טוב.
אני רוצה לשבת בפארק.
אני רוצה לשמוע מוסיקה.
אני רוצה לאכול פיצה.

Expressing what you are going to do:

אני הולך לשתות בירה.
אני הולכת לרקוד.
אני הולך לראות סרט טוב.
אני הולכת לשבת בפארק.
אני הולך לשמוע מוסיקה.
אני הולכת לאכול פיצה.

## EXPRESSING WISHES AND INTENTIONS

The verbs **רוצה** "want" and **הולך** "intend" can be combined with infinitive verbs to express a wish to do something or an intention to do something.

## PLACES OF AND PLANS FOR ENTERTAINMENT

| Places of Entertainment and Culture | מקומות בידור ותרבות |
|---|---|
| movie house | קולנוֹעַ (ז) בָּתֵּי קולנוֹעַ |
| museum | מוּזֵיאוֹן (ז) מוּזֵיאוֹנִים |
| hall | אוּלָם (ז) אוּלָמוֹת |
| theater hall | אוּלַם תֵּיאַטרוֹן |
| opera hall | אוּלַם אוֹפֶּרָה (ז) |
| concert hall | אוּלַם קונצֶרטִים (ז) |
| lecture hall | אוּלַם הַרצָאוֹת (ז) |
| coffeehouse | בֵּית קָפֶה (ז) בָּתֵּי קָפֶה |
| club | מוֹעֲדוֹן (ז) מועדונים |
| nightclub | מוֹעֲדוֹן לַילָה (ז) |
| students' club | מוֹעֲדוֹן סטוּדֶנטִים (ז) |
| bar | בָּאר (ז) בָּארִים |
| pub | פָּאב (ז) פָּאבִּים |

Plans — תוכנית (נ) תוכניות

| *לאן את רוצה ללכת?* | *מה אתה רוצה לעשות?* | *איפה?* |
|---|---|---|
| ללכת לקולנוע | לִראוֹת סֶרֶט | בקולנוע |
| ללכת לתיאטרון | לִראוֹת הַצָּגָה | בתיאטרון |
| ללכת למוזיאון | לראות תַּעֲרוּכָה | במוזיאון |
| ללכת לאופרה | לִשמוֹעַ אוֹפֶּרָה | באולם האופרה |
| ללכת לקונצרט | לשמוע מוּסִיקה | באולם הקונצרטים |
| ללכת לבאר/פאב | לִשתּוֹת בִּירָה | בבאר/בפאב |
| ללכת לבאר/פאב | לִרקוֹד | בבאר/בפאב |
| ללכת לבית קפה | לִשתּוֹת קָפֶה | בבית קפה |
| ללכת לקפיטריה | לֶאֱכוֹל | בקפיטריה |
| ללכת לִמסִיבָּה | לִרקוֹד | בבית של חברים |

### EXERCISE 11 — תרגיל מספר 11

*Group activities:* Choose activities from the preceding lists and describe your plans for the evening. With a partner, make plans for your evening activities.

## EXERCISE 12 — תרגיל מספר 12

The verbs of different activities are given here in the infinitive. Add the location.

| *Location* | | |
|---|---|---|
| | | *ללכת* |
| במועדון הסטודנטים | to go to a party | ללכת למסיבה |
| בדירה של חברים | to go to friends' | ללכת לחברים |
| | | *לראות* |
| ________ | to see a show | לראות הצגה |
| ________ | to see an exhibit | לראות תערוכה |
| ________ | to see a movie | לראות סרט |
| ________ | to see a ballet | לראות באלט |
| | | *לשמוע* |
| ________ | to hear music | לשמוע מוסיקה |
| ________ | to hear a concert | לשמוע קונצרט |
| ________ | to hear a lecture | לשמוע הרצאה |
| ________ | to hear an opera | לשמוע אופרה |
| | | *לָשֶׁבֶת* |
| ________ | to sit drinking coffee | לָשֶׁבֶת לִשְׁתּוֹת קָפֶה |
| ________ | to sit outside | לָשֶׁבֶת בַּחוּץ |
| | | *לִשְׁתּוֹת* |
| ________ | to drink coffee | לשתות קפה |
| ________ | to drink beer | לשתות בירה |
| ________ | to dance | *לִרְקוֹד* |
| ________ | to eat | *לֶאֱכוֹל* |

## EXERCISE 13: Toward Free Expression — תרגיל מספר 13

Answer the questions.

לאן את/ה רוצה ללכת הערב?

________________________________

________________________________

________________________________

________________________________

עם מי את/ה הולך/כת?

________________________________

מה את/ה הולך/כת לעשות הערב?

 

_____

_____

_____

_____

## PART B

## חלק ב׳

DIALOGUE B: THIS IS NOT WORK –
IT'S TRULY ENTERTAINMENT!

שיחון ב׳: זאת לא עבודה –
זה ממש בידור!

**Talent Agency "Entertainment World," Golan Inc.**

| | |
|---|---|
| Place: | office of the agency |
| Time: | four in the afternoon |
| Participants: | Golan, talent agent |
| | Golan's secretary |
| | Zalman, magician |
| | Mrs. Mizrachi, singer |
| | members of the "Scandal" band |

**סוכנות "עולם הבידור," גולן ושות׳.**

| | |
|---|---|
| המקום: | המשרד של הסוכנות |
| הזמן: | ארבע אחרי הצהריים |
| המשתתפים: | גולן, הסוכן |
| | המזכירה של גולן |
| | זלמן, קוסם |
| | גברת מזרחי, זמרת |
| | חברי להקת "סקנדל" |

(In the office.)

(במשרד.)

גולן: מי עכשיו?

מזכירה: זלמן שֵמטוֹב מ"גן יעקוב".

גולן: מה הוא עושה?

מזכירה: הוא קוסם.

גולן: קוסם?

מזכירה: כן. הוא אומר שהוא קוסם.

גולן: יש לו ניסיון?

מזכירה: ניסיון . . . כן! במסיבות של ילדים.

(Zalman goes into the office.)

(זלמן נכנס למשרד.)

גולן: שב! בבקשה לשבת!

זלמן: תודה.

גולן: אתה קוסם?

זלמן: כן.

גולן: מה אתה עושה?

זלמן: אתה רוצה לראות? . . .

(Zalman leaves Golan's office.)

(זלמן יוצא מהמשרד של גולן.)

גולן: זה לא קוסם ולא היה אף פעם קוסם.
אין לו ניסיון ואין לו כישרון.

גולן: מי עכשיו?

גברת מזרחי: אני בַּתּוֹר.

מזכירה: בסדר. אדון גולן. גברת מזרחי פה.

מזכירה: זאת גברת מזרחי.

גולן: תִּיכָּנְסִי בבקשה, גברת... מזרחי.

(to the secretary)

(למזכירה) מה היא עושה?

מזכירה: היא זַמֶּרֶת אוֹפֶּרָה.

גולן: עוד זמרת אופרה!

(במשרד של אדון גולן.) — (In Mr. Golan's office.)

גולן: יש לך ניסיון? שרת באופרה?

גברת מזרחי: לא שרתי באופרה אבל שרתי בַּמַּקְהֵלָה של בית הספר.

גולן: טוב – בבקשה לשיר!

גברת מזרחי: טוֹסְקָה? כַּרְמֶן? או לָה בּוֹהֶם?

גולן: מה שאת רוצה, אבל לא יותר מדי בְּקוֹל!

(גברת מזרחי שרה.) — (Mrs. Mizrachi sings.)

(לעצמו: אין לי מזל היום – שלוש זמרות אופרה!)

(אמנון, אורי, גיל, ודן באים.) — (Amnon, Ori, Gil, and Dan come.)

מזכירה: מי אתם?

אמנון: מי אנחנו? אנחנו לַהֲקַת "סקנדל".

מזכירה: מה אתם עושים?

אמנון: אנחנו להקת רוק.

מזכירה: סקנדל? יש לכם הַמְלָצוֹת?

אמנון: אין לנו המלצות, אבל יש לנו נסיון.

מזכירה: אבל אֵין לכם תור. אני לא רואה את השם שלכם ברשימה שלי.

אמנון: בָּאנו בלי תור.

מזכירה: יש לכם מַזָּל, כי לאדון גולן יש זמן היום.

(הם שומעים את גברת מזרחי שרה.) — (They listen to Mrs. Mizrachi sing.)

דן: מי זאת?

מזכירה: זאת זמרת אופרה.

אורי: זאת זמרת אופרה?
אולי היא היתה פעם זמרת אופרה.

גיל: מה היא שרה?

מזכירה: טוסקה.

אמנון: מה שם הזמרת?

מזכירה: גברת מזרחי.

אמנון: עליזה מזרחי?

מזכירה: כן. עליזה מזרחי.

אמנון: אוי! זאת אמא שלי.

אורי: אבל אמא שלך עֲקֶרֶת בַּיִת.

אמנון: כן. היא עקרת בית וגם מוֹרָה למוסיקה. היא חושבת שהיא גם זמרת אופרה.
ס-ק-נ-ד-ל!

In expressions of possession, the possessed item can be concrete (like a book) or abstract (like an idea).

*Concrete*

| | | |
|---|---|---|
| I have/don't have an office | אין לי משרד. | יש לי משרד. |
| I have/don't have a radio | אין לי רדיו. | יש לי רדיו. |

*Abstract*

| | | |
|---|---|---|
| I have/don't have an appointment | אין לי תור. | יש לי תור. |
| I have/don't have experience | אין לי ניסיון. | יש לי ניסיון. |
| I have/don't have time | אין לי זמן. | יש לי זמן. |

Some expressions of possession are translated into English as adjectives.

| | | |
|---|---|---|
| I am/am not *lucky* (have/don't have luck). | אין לי מזל. | יש לי מזל. |
| I am/am not *talented* (have/don't have talent). | אין לי כישרון. | יש לי כישרון. |

## THE VERB SYSTEM: PAST TENSE זמן עבר

The past tense expresses a completed action or event, or a state that existed in the past. There is only one past tense in Hebrew. It describes both continuous and habitual actions. It also expresses both close and distant past states.

We sang.
We were singing.
We have sung.
We had sung.
We have/had been singing.
} שַׁרְנוּ

### First- and Second-person Verb Forms in the Past Tense

First- and second-person past tense verb forms consist of two parts that constitute one word: the verb and the subject suffix. The verb part is referred to as the past tense verb stem.

| | *Verb Form* | = | *Subject + Verb Stem* |
|---|---|---|---|
| I sang | שרתי | = | תִּי + שַׁר |
| You sang | שרת | = | תָּ + שַׁר |
| We sang | שרנו | = | נוּ + שַׁר |

The subject pronouns of the first and second person are separate, independent words in present tense. The same subjects are not separate words in the past tense. They are suffixed to the verb stem.

| *Present Tense זמן הווה* | *Past Tense זמן עבר* |
|---|---|
| אני שר | שרתי |
| אנחנו שרים | שרנו |

## Third Person Verb Forms in the Past Tense

Third-person past tense verb forms, unlike first- and second-person forms, *do not include* subject pronouns. The subject has to be added as a separate word, either a pronoun or a noun. Third-person past tense verb forms include endings (ה- and ו-) that indicate feminine and plural features, respectively.

דוד שר שירים יפים.
דוד ורינה שרו במסיבה.
הם שרו שירים יפים.

| *זמן הווה* | *זמן עבר* |
|---|---|
| הוא שָׁר | הוא שָׁר |
| היא שָׁרָה | היא שָׁרָה |
| הם שָׁרִים | הם שָׁרוּ |
| הן שָׁרוֹת | הן שָׁרוּ |

To summarize: in past tense verbs, subject markers can be either pronoun suffixes (first and second person) or independent subject pronouns (third person).

*Third Person: Independent Pronouns*

| | *Subject* |
|---|---|
| הוא | ______ |
| היא | ______ ָה |
| הם | ______וּ |
| הן | ______וּ |

*First and Second Person: Pronoun Suffixes*

| | *Subject* |
|---|---|
| (אני) | ______תִי |
| (אתה) | ______תָ |
| (את) | ______תְ |
| (אנחנו) | ______ נוּ |
| (אתם) | ______תֶם |
| (אתן) | ______תֶן |

The past tense suffixes are shared by all verbs. The stems of the different conjugations and root groups differ, but not the form of the subject.

In verb forms which already include first and second person, such as באתי "I came" or באת "you came" it is also possible to add the independent subject pronouns, as in אני באתי "I came" or אתה באת "you came."

Idependent subject pronouns, in addition to suffixed ones, are often used for emphasis.

| | |
|---|---|
| My friends came to visit the kibbutz and *I also* came there. | החברים שלי באו לבקר בקיבוץ וגם אני באתי לשם. |

If such emphasis is not needed, the correct use is that of verb + subject suffix.

I came to the kibbutz. — באתי לקיבוץ.

In informal speech, however, many native speakers add the independent subject pronoun, even though it is redundant.

I came to the kibbutz. — אני באתי לקיבוץ.

## EXERCISE 14 — תרגיל מספר 14

Fill in the past tense verb forms of לשיר "to sing." The past tense stem is -שר.

| | *Subject* | | *Subject* |
|---|---|---|---|
| (אני) | ______תִי | | |
| (אתה) | ______תָ | הוא | ______ |
| (את) | ______תְ | היא | ______אָה |
| (אנחנו) | ______נוּ | | |
| (אתם) | ______תֶם | הם | ______וּ |
| (אתן) | ______תֶן | הן | ______וּ |

Fill in the past tense verb forms of לבוא "to come." The past tense stem is -בא.

| | *Subject* | | *Subject* |
|---|---|---|---|
| (אני) | ______תִי | | |
| (אתה) | ______תָ | הוא | ______ |
| (את) | ______תְ | היא | ______אָה |
| (אנחנו) | ______נוּ | | |
| (אתם) | ______תֶם | הם | ______וּ |
| (אתן) | ______תֶן | הן | ______וּ |

Rewrite the sentences in the past tense.

אנחנו שרים שירים חדשים.
אני באה לשיעור לעברית.
דליה ואיריס באות למסיבה.
הן לא שרות.
מי שר בקונצרט?

READING PASSAGE: ABOUT FRIENDS      קטע קריאה: על חברים וחברות

גיל מספר:

יש לי חבר טוב. שמו נחום גולדמן. הוא ואני חברים כבר הרבה זמן. הוא כבר לא
איש צעיר, אבל הוא גם לא זָקֵן. יש לו חנות קטנה ברחוב שלנו. הוא לא למד
באוניברסיטה והוא לא פרופסור לפילוסופיה, אבל הוא איש נחמד מאוד ויודע הרבה
על הכל. אנחנו אוהבים לשבת ולדבר על העבודה, על הלימודים, על פוליטיקה, על
ספורט ועל אנשים. תמיד יש לו משהו מעניין לספר.
אתמול באתי לחנות שלו לדבר איתו. הוא לא היה בחנות. הלכתי לבית שלו לדבר
איתו. הוא לא היה בבית. יש לי בעייה רצינית ואני רוצה לדבר איתו. אבל איפה הוא?

גילה מספרת:

יש לי חברה טובה. למדנו יחד בבית ספר תיכון. היינו חברות הרבה שנים. היא
למדה בבית ספר למשפטים ועכשיו היא עובדת במשרד של עורך דין. היא לא נשואה.
היא רווקה. אני נשואה. יש לי בעל ויש לי ילדים: ילד גדול ותינוקת קטנה. אני לא
למדתי באוניברסיטה וגם אין לי זמן ללמוד עכשיו. אני עסוקה עם הילדים ועם הבית
ועם הבעל. אני והחברה שלי אוהבות ללכת ביחד לבית קפה ולשבת ולדבר על
העבודה שלנו. היא מדברת על האנשים במשרד שלה ואני מדברת על הבית, על הבעל
ועל הילדים שלי. היא אוהבת את העבודה שלה אבל היא רוצה גם בעל וילדים. אני
אוהבת את המשפחה שלי אבל אני רוצה גם ללמוד ולעבוד.

Vocabulary Enrichment

| | | |
|---|---|---|
| to talk/speak | | לְדַבֵּר |
| to tell/narrate | | לְסַפֵּר |
| marital status | | מצב משפחתי |
| single | רַוָּקִים רַוָּקוֹת | רַוָּק רַוָּקָה |
| married | נְשׂוּאִים נְשׂוּאוֹת | נָשׂוּי נְשׂוּאָה |
| a married couple | | זוּג נָשׂוּי |
| husband/wife | אִשָּׁה (נ) נָשִׁים | בַּעַל (ז) בְּעָלִים |

VERBS IN PAST TENSE: "TO STUDY"      שני פעלים בעבר: ללמוד להיות
AND "TO BE"

Here are the past tense forms of the verb ללמוד "to study." The subjects (both suffix
pronouns and independent pronouns) are underlined.

בסיס: למד- שורש: ל.מ.ד. גזרת: שלמים

| Third Person | First and Second Person | |
|---|---|---|
| | לָמַדְתִּי | (אני) |
| הוא לָמַד | לָמַדְתָּ | (אתה) |
| היא לָמְדָה | לָמַדְתְּ | (את) |
| | לָמַדְנוּ | (אנחנו) |
| הם לָמְדוּ | לְמַדְתֶּם | (אתם) |
| הן לָמְדוּ | לְמַדְתֶּן | (אתן) |

**EXERCISE 15: Now and Before** **תרגיל מספר 15: עכשיו וקודם**

Complete the sentences with past tense forms of ללמוד.

| | *הווה* | *עבר* |
|---|---|---|
| יחיד: | איפה אתה לומד, דן? | ואיפה ________ קודם? |
| | אני לומד בתל אביב. | ________ בירושלים. |
| | דן לומד בתל אביב | קודם הוא ________ בירושלים. |
| יחידה: | איפה את לומדת תמי? | ואיפה ________ קודם? |
| | אני לומדת בטכניון. | ________ בבית ספר תיכון. |
| | תמי ________ בטכניון. | קודם היא ________ בבית ספר תיכון. |
| רבים: | מה אתם לומדים? | ומה ________ קודם? |
| | אנחנו לומדים מנהל עסקים. | ________ מדעים. |
| | הם ________ מנהל עסקים. | קודם הם ________ מדעים. |
| רבות: | מה אתן לומדות? | ומה ________ קודם? |
| | אנחנו לומדות תיאטרון. | ________ ספרות. |
| | הן ________ תיאטרון. | קודם הן ________ ספרות. |

The verb **להיות** "to be" has no present tense, but it does have both past and future tense conjugations. Here are the past tense forms of **להיות**.

בסיס: היי- שורש: ה.י.ה גזרה: ל"ה

| Third Person | First and Second Person | |
|---|---|---|
| | הָיִיתִי | (אני) |
| הוא הָיָה | הָיִיתָ | (אתה) |
| היא הָיְתָה | הָיִית | (את) |
| | הָיִינוּ | (אנחנו) |
| הם הָיוּ | הֱיִיתֶם | (אתם) |
| הן הָיוּ | הֱיִיתֶן | (אתן) |

הווה: אני תלמיד של דוקטור שכטר. — I am a student of Dr. Shechter.

עבר: הָיִיתִי תלמיד של דוקטור שכטר. — I was a student of Dr. Shechter.

## EXERCISE 16: Today and Yesterday — תרגיל מספר 16: היום ואתמול

Complete the sentences with past tense forms of להיות.

| | הווה | עבר |
|---|---|---|
| יחיד: | איפה דן? | ואיפה הוא ________ אתמול? |
| | הוא בתל אביב. | הוא ________ בירושלים. |
| | איפה ירדנה? | ואיפה היא ________ אתמול? |
| | ירדנה בבית. | היא ________ באילת. |
| יחידה: | איפה את עכשיו תמי? | ואיפה ________ קודם? |
| | אני בספריה. | ________ בבית קפה. |
| | תמי ________ בספריה. | קודם היא ________ בבית קפה. |
| רבים: | אתם תלמידים באוניברסיטה? | ________ תלמידים באוניברסיטה? |
| | כן. אנחנו תלמידים. | כן. ________ תלמידים באוניברסיטה. |
| | הם תלמידים. | קודם הם ________ תלמידים באוניברסיטה. |
| רבות: | אתן שכנות של עוזי? | ________ שכנות של עוזי? |
| | לא. אנחנו לא שכנות של עוזי. | כן. ________ שכנות שלו. |
| | עכשיו הן כבר לא שכנות של עוזי. | הן ________ שכנות שלו. |

## VOCABULARY ENRICHMENT: YOUNG AND OLD צעירים וזקנים

The same forms are used for nouns and adjectives. Thus, צעיר can mean "a young man", or can be the adjective "young."

| | רבות | רבים | יחידה | יחיד |
|---|---|---|---|---|
| young | צְעִירוֹת | צְעִירִים | צְעִירָה | צָעִיר |
| mature/adult | מְבוּגָרוֹת | מְבוּגָרִים | מְבוּגֶרֶת | מְבוּגָר |
| old | זְקֵנוֹת | זְקֵנִים | זְקֵנָה | זָקֵן |

| | |
|---|---|
| Adults and children are coming to the concert. | מבוגרים וילדים באים לקונצרט. |
| Mrs. Mizrachi is an older woman. | גב' מזרחי אשה מבוגרת. |
| There are many young people here. | יש הרבה צעירים כאן. |
| He is a very young man. | הוא בחור צעיר מאוד. |

## MORE ABOUT TIME ADVERBIAL EXPRESSIONS

The following adverbial expressions refer to the completion or noncompletion of a state or action. They precede the parts of speech they modify.

| | |
|---|---|
| still | עוד/עֲדַיִין |
| not yet | עוֹד לֹא/עֲדַיִין לֹא |
| already | כְּבָר |
| no longer | כְּבָר לֹא |

| | |
|---|---|
| She is *still* young. | היא עוֹד צְעִירָה. |
| She is *not yet* old. | היא עוֹד לֹא זְקֵנָה. |
| She is *no longer* a child. | היא כְּבָר לֹא ילדה. |
| She is *already* a young woman. | היא כְּבָר בחוּרה. |
| He is *no longer* young. | הוא כְּבָר לֹא צעיר. |
| He is *already* old. | הוא כְּבָר זקן. |

### Verbs of Action + Adverbial Expressions

| | |
|---|---|
| I *have not yet done* my homework. | עוֹד לֹא עָשִׂיתִי את השיעורים. |
| I am *still doing* homework. | אני עוֹד עוֹשֶׂה שיעורים. |
| I *have already done* my homework. | כְּבָר עָשִׂיתִי את השיעורים. |

### Noun Phrases + Adverbial Expressions

| | |
|---|---|
| I am *no longer a baby.* | אני כבר לא תינוק. |
| I am *a big boy already.* | אני כבר ילד גדול. |
| I am *not yet old.* | אני עוד לא זקן. |
| I am *still young.* | אני עוד צעיר. |
| I am *not married yet.* | אני עוד לא נשואה. |
| I am *still free/available.* | אני עדיין פנוייה. |

**EXERCISE 17**

תרגיל מספר 17

Complete the sentences with adverbs or adjectives.

דני, אתה _____ לא תינוק!

אתה _____ ילד גדול!

אתה _____ לא איש מבוגר.

אתה _____ ילד.

דינה, את _____ לא ילדה קטנה!

את _____ בחורה צעירה!

את _____ לא מורה.

את _____ סטודנטית.

דינה לא נשואה.

היא _____.

אבל היא לא רווקה זקנה.

היא בחורה _____.

דן _____ רווק.

הוא _____ נשוי.

הוא _____ לא צעיר.

הוא איש _____.

הם _____ לא תינוקות.

הם _____ לא ילדים גדולים.

אמא שלהם לא אשה _____.

היא _____ אשה _____.

הן נשים לא צעירות.

הן נשים _____.

יש להם הרבה חוכמת חיים.

הן נשים _____.

**EXERCISE 18: Toward Free Expression**

תרגיל מספר 18

1. Write your own scenario for an employment office, using new as well as old vocabulary.
2. Fill out the following questionnaire from an employment office.

שם משפחה: ______________ שם פרטי: ______________

כתובת: ______________ מספר טלפון: ______________

מצב משפחתי: נשוי: ______________ נשואה: ______________

רווק: ______________ רווקה: ______________

לימודים: ממתי עד מתי? ______________

______________

ניסיון בעבודה: איפה? ______________

## VERBS: "TO SPEAK," "TO TELL," AND "TO SAY" — פעלים: לדבר על/עם, לספר על/ש..., לומר ש...

Here are the present tense forms of the verb **לְדַבֵּר** "to speak/talk." The verb **לדבר** can stand alone or be followed by the prepositions **על/עם**:

| | |
|---|---|
| to speak/talk with | לדבר עם |
| to speak/talk about | לדבר על |

בסיס: מדבר- שורש: ד.ב.ר. גזרה: שלמים בניין: פיעל

| יחיד | | יחידה | |
|---|---|---|---|
| אני / אתה / הוא | מְדַבֵּר | אני / את / היא | מְדַבֶּרֶת |
| **רבים** | | **רבות** | |
| אנחנו / אתם / הם | מְדַבְּרִים | אנחנו / אתן / הן | מְדַבְּרוֹת |

Here are the present tense forms of the verb **לְסַפֵּר** "to tell." The verb **לספר** can be followed by the preposition **על** or by the particle **ש...**:

| | |
|---|---|
| to tell about | לספר על |
| to tell that | לספר ש... |
| to tell someone | לְסַפֵּר ל... |

בסיס: מספר- שורש: ס.פ.ר. גזרה: שלמים בניין: פיעל

| יחיד | | יחידה | |
|---|---|---|---|
| אני / אתה / הוא | מְסַפֵּר | אני / את / היא | מְסַפֶּרֶת |
| **רבים** | | **רבות** | |
| אנחנו / אתם / הם | מְסַפְּרִים | אנחנו / אתן / הן | מְסַפְּרוֹת |

Here are the present tense forms of the verb **לוֹמַר** "to say." The verb **לומר** can stand alone or be followed by the particle **...ש**:

| | |
|---|---|
| to say that | לומר ש... |
| to say to | לוֹמַר ל... |

בסיס: אומר- שורש: א.מ.ר גזרה: שלמים בניין: פיעל

| | | | |
|---|---|---|---|
| *יחיד* | | *יחידה* | |
| אני<br>אתה<br>הוא | אוֹמֵר | אני<br>את<br>היא | אוֹמֶרֶת |
| *רבים* | | *רבות* | |
| אנחנו<br>אתם<br>הם | אוֹמְרִים | אנחנו<br>אתן<br>הן | אוֹמְרוֹת |

The use of Hebrew equivalents for the verb "to tell" in English is often a source of confusion for learners of Hebrew.

| | | |
|---|---|---|
| To tell about, to tell a story | = | לספר |
| To say to/to tell somebody to do something | = | לומר ל... |

## EXERCISE 19 — תרגיל מספר 19

Complete the sentences with the verbs of speaking, telling, and saying:

1. דן ______ שיש לו שני כרטיסים לסרט. את רוצה ללכת איתו לסרט?
2. אחותי אוהבת ______ בטלפון. מזל שיש לה טלפון פרטי.
3. דן ודינה נשואים כבר שש שנים. הם עובדים והם עסוקים ואין להם זמן ______.
4. אנחנו ______ עם החברים שלנו על הכל. אנחנו ______ להם מה אנחנו עושים במשך השבוע. והם ______ לנו מה הם עושים.
5. אני ______ עכשיו עם אורי. הוא רוצה ______ לי על האנשים המעניינים שהוא פגש בסוכנות הבידור.
6. דן לא חושב שיש לו מספיק זמן לעשות מה שהוא רוצה. הוא ______ לדינה שהוא לא רוצה לעבוד במסעדה.
7. דינה ______ לדן שהמצב קשה. אין הרבה עבודה והיא לא חושבת שזה רעיון לא טוב לעבוד במסעדה.
8. דן בא ______ איתנו על הבעיות שלו: הוא כבר לא צעיר והוא נשוי ויש לו שני ילדים, אבל הוא לא אוהב את העבודה שלו. הוא רוצה לדעת מה אנחנו חושבים.
9. אנחנו ______ לדן מה שאנחנו חושבים. ההמלצה שלנו: ללמוד מקצוע חדש.
10. אנחנו ______ על המצב עם דינה. אנחנו ______ לה: "הבעייה של דן היא בעייה רצינית. הוא לא אוהב את העבודה שלו." דינה ______ לנו שדן כבר לא עובד במסעדה. הוא עכשיו סטודנט בבית ספר לעבודה סוציאלית.

# LESSON 8 SUMMARY — שיעור 8: סיכום

Communicative Skills Introduced in This Lesson

1. How to order food in a restaurant

Grammatical Information Introduced in This Lesson

1. Expressing possession

יש <u>לרותי</u> ספר
אין <u>לרותי</u> ספר
יש לי, יש לך, יש לך, יש לו, יש לה
יש לנו, יש לכם, יש לכן, יש להם, יש להן

אין לי, אין לך, אין לך, אין לו, אין לה
אין לנו, אין לכם, אין לכן, אין להם, אין להן

2. Verbs: "to eat" and "to drink": present tense

לאכול (א.כ.ל.): אוֹכֵל, אוֹכֶלֶת, אוֹכְלִים, אוֹכלוֹת
לשתות (ש.ת.ה.): שׁוֹתֶה, שׁוֹתָה, שׁוֹתִים, שׁוֹתוֹת

3. Expressing wishes and intentions
4. Places of and plans for entertainment

קולנוע, מוזיאון, תיאטרון, אולם קונצרטים, בית קפה, מועדון לילה,
מועדון סטודנטים

5. Past tense: the suffix tense

לגור: גַּרְתִּי, גַּרְתָּ, גַּרְתְּ, הוא גָּר, היא גָּרָה
גַּרְנוּ, גַּרְתֶּם, גַּרְתֶּן, הם גָּרוּ, הן גָּרוּ
ללמוד: לָמַדְתִּי, לָמַדְתָּ, לָמַדְתְּ, הוא לָמַד, היא לָמְדָה
לָמַדְנוּ, לְמַדְתֶּם, לְמַדְתֶּן, הם לָמְדוּ, הן לָמְדוּ
להיות: הָיִיתִי, הָיִיתָ, הָיִית, הוא הָיָה, היא הָיְתָה
הָיִינוּ, הֱיִיתֶם, הֱיִיתֶן, הם הָיוּ, הן הָיוּ

6. Nouns/adjectives of marital status

| | | | | | |
|---|---|---|---|---|---|
| married | נְשׂוּאוֹת | נְשׂוּאִים | נְשׂוּאָה | נָשׂוּי |
| single | רַוָּקוֹת | רַוָּקִים | רַוָּקָה | רַוּוק |

7. Vocabulary enrichment: young and old

גברים ונשים; תינוקות, ילדים ובחורים, צעירים, מבוגרים וזקנים

8. Time adverbs: "still," "not yet," "already," "no longer"

עוד, עוד לא, כבר, כבר לא

9. Verbs: "to speak," "to tell," and "to say"

לדבר על/עם, לספר על/ש . . . , לומר ש...

## WORD LIST FOR LESSON 8 — אוצר מילים לשיעור 8

### Nouns — שמות

| | רבים | יחיד/ה |
|---|---|---|
| atmosphere | | אֲווירָה |
| food | | אוֹכֶל (ז) |
| hall/auditorium | אוּלָמוֹת | אוּלָם (ז) |
| opera hall | | אוּלַם אוֹפֶּרָה |
| lecture hall | | אוּלַם הַרְצָאוֹת |
| concert hall | | אוּלַם קוֹנצֶרְטִים |
| opera | | אוֹפֶּרָה (נ) |
| inflation | | אִינְפְלַצְיָה (נ) |
| meal | ארוחות | אֲרוּחָה (נ) |
| breakfast | | אֲרוּחַת בּוֹקֶר |
| lunch | | אֲרוּחַת צָהֳרַיִים |
| dinner | | אֲרוּחַת עֶרֶב |
| ballet | | בָּאלֶט (ז) |
| entertainment | | בִּידוּר (ז) |
| husband | | בַּעַל (ז) |
| recommendation | הַמְלָצוֹת | הַמְלָצָה (ז) |
| fly | זְבוּבִים | זְבוּב (ז) |
| couple | זוּגוֹת | זוּג (ז) |
| bill | חֶשְׁבּוֹנוֹת | חֶשְׁבּוֹן (ז) |
| star | כּוֹכָבִים | כּוֹכָב (ז) |
| talent | | כִּשָּׁרוֹן (ז) |
| dog | כְּלָבִים | כֶּלֶב (ז) |
| address | כְּתוֹבוֹת | כְּתוֹבֶת (נ) |
| band/troupe | לַהֲקוֹת | לַהֲקָה (נ) |
| museum | מוּזֵיאוֹנִים | מוּזֵיאוֹן (ז) |
| luck | | מַזָּל (ז) |
| computer | מַחְשֵׁבִים | מַחְשֵׁב (ז) |
| party | מְסִיבּוֹת | מְסִיבָּה (נ) |
| key | מַפְתְּחוֹת | מַפְתֵּחַ (ז) |
| choir | מַקְהֵלוֹת | מַקְהֵלָה (נ) |
| drink | מַשְׁקָאוֹת | מַשְׁקֶה (ז) |
| experience | | נִיסָּיוֹן (ז) |
| scandal | סְקַנְדָלִים | סְקַנְדָל (ז) |
| movie | סְרָטִים | סֶרֶט (ז) |
| housewife | | עֲקֶרֶת בַּיִת (נ) |
| politics | | פּוֹלִיטִיקָה (נ) |

| | רבים | יחיד/ה |
|---|---|---|
| flower | פְּרָחִים | פֶּרַח (ז) |
| ice | | קֶרַח (ז) |
| furniture | רְהִיטִים | רָהִיט (ז) |
| list | רְשִׁימוֹת | רְשִׁימָה (נ) |
| service | | שֵׁירוּת (ז) |
| line/appointment | | תוֹר (ז) |
| baby | תִּינוֹקוֹת | תִּינוֹק (ז) |
| exhibit | תַּעֲרוּכוֹת | תַּעֲרוּכָה (נ) |
| menu | תַּפְרִיטִים | תַּפְרִיט (ז) |
| culture | | תַּרְבּוּת (נ) |
| *Food list* | | רשימת מאכלים |
| meat | | בָּשָׂר (ז) |
| fish | דָּגִים | דָּג (ז) |
| hummus | | חוּמוּס (ז) |
| vegetables | | יְרָקוֹת |
| soup | מְרָקִים | מָרָק (ז) |
| salad | סָלָטִים | סָלָט (ז) |
| poultry | | עוֹף (ז) |
| pita bread | פִּיתוֹת | פִּיתָה (נ) |
| *Drinks* | | משקאות |
| beer | | בִּירָה (נ) |
| milk | | חָלָב (ז) |
| wine | | יַיִן (ז) |
| lemonade | | לִימוֹנָדָה (נ) |
| juice | | מִיץ (ז) |
| soda | | סוֹדָה (נ) |

| | *יחידה* | יחיד |
|---|---|---|
| singer | זַמֶּרֶת | זַמָּר |
| agent | סוֹכֶנֶת | סוֹכֵן |
| magician | קוֹסֶמֶת | קוֹסֵם |

## Adjectives — תארים

| | *יחידה* | יחיד |
|---|---|---|
| old | זְקֵנָה | זָקֵן |
| adult/mature | מְבוּגֶרֶת | מְבוּגָר |
| nice | נֶחְמָדָה | נֶחְמָד |
| married | נְשׂוּאָה | נָשׂוּי |
| vegetarian | צִמְחוֹנִית | צִמְחוֹנִי |
| young | צְעִירָה | צָעִיר |
| cold | קָרָה | קַר |
| single/unmarried | רַוְוָקָה | רַוָּוק |

## Verbs — פעלים

| | | |
|---|---|---|
| *Present Tense* | | *הווה* |
| to talk/speak | מְדַבֵּר/מְדַבֶּרֶת | לְדַבֵּר עִם/עַל |
| to tell | מְסַפֵּר/מְסַפֶּרֶת | לְסַפֵּר עַל/שֶׁ... |
| to see | רוֹאֶה/רוֹאָה | לִרְאוֹת אֶת |
| to say/tell | אוֹמֵר/אוֹמֶרֶת | לוֹמַר ל/שֶׁ... |
| to think | חוֹשֵׁב/חוֹשֶׁבֶת | לַחשוֹב שֶׁ... |
| *Past Tense* | | *עבר* |
| to come | בָּא/בָּאָה | לָבוֹא |
| to sing | שָׁר/שָׁרה | לָשִׁיר |
| to be | הָיָה/הָיְתָה | לִהְיוֹת |
| to study | לָמַד/לָמְדָה | לִלְמוֹד |
| to go | הָלַך/הָלְכָה | לָלֶכֶת |
| *Possession expressions* | | |
| I have | | יֵש לִי |
| I don't have | | אֵין לִי |

## Particles, Prepositions, and Adverbs — מילות ותארי פועל

| | |
|---|---|
| loudly | בְּקוֹל |
| here! | הִינֵּה |
| too much | יוֹתֵר מִדַּי |
| because | כִּי |
| so/so much | כָּל כָּך |
| why? | לָמָּה? |
| enough | מַסְפִּיק |
| about | עַל |
| once | פַּעַם |
| that | שֶׁ |

## Expressions and Phrases — ביטויים וצירופים

| | |
|---|---|
| Sir! | אֲדוֹנִי! |
| I am unlucky. | אֵין לִי מַזָּל. |
| too loud | יוֹתֵר מִדַּי בְּקוֹל |
| I am lucky. | יֵש לִי מַזָּל. |
| I have an appointment. | יֵש לִי תּוֹר. |
| already | כְּבָר |
| no longer | כְּבָר לֹא |
| credit card | כַּרְטִיס אַשרַאי (ז) |

| | |
|---|---|
| a rock band | לַהֲקַת רוֹק (נ) |
| marital status | מַצָּב מִשְׁפַּחְתִּי (ז) |
| Not yet! | עוֹד לֹא! |
| Just a minute! | עוֹד רֶגַע!/רַק רֶגַע! |
| now | עַכְשָׁיו |

# LESSON 9      שיעור מספר 9

**PART A: NEW FRIENDS**      **חלק א': חברים חדשים**

DIALOGUE A: MOM, IT IS ENOUGH!      שיחון א': אמא מספיק!

זמן: ערב.
מקום: הדירה של משפחת מזרחי.
(עליזה שומעת חדשות. רונית, יושי מיפן, נטשה מרוסיה, וסוזן מאמריקה באים.)

עליזה:    שלום, רונית. באתם בזמן לשמוע חדשות.
רונית:    באנו ללמוד.
עליזה:    מי החברים החדשים שלך?
רונית:    אמא, זה יושי, הוא לומד איתי באוניברסיטה.
עליזה:    נעים מאוד. אתה יוסי... יוסי... מה?
רונית:    אמא, יושי סוזוקי ולא יוסי.
עליזה:    סוזוקי?? מאיפה אתה יוסי?
יושי:    אני מיפן.
עליזה:    מה אבא שלך עושה?
יושי:    הוא רופא ילדים.
עליזה:    יפה מאוד. מה אתה עושה כאן?
יושי:    אני לומד עברית.
עליזה:    ואתה גר במעונות?
יושי:    כן. עכשיו אני גר במעונות. לפני שגרתי במעונות, גרתי במלון.
רונית:    אמא, זאת סוזן וזאת נטשה.
עליזה:    סוזן, מאיפה את?
סוזן:    אני מארצות הברית.
עליזה:    מאמריקה? מתי באת לישראל?
סוזן:    באתי בספטמבר.
עליזה:    מה ההורים שלך עושים?
סוזן:    אמא שלי מורה ואבא שלי איש עסקים.
עליזה:    גם את גרה במעונות?
סוזן:    לא. גרתי במעונות, אבל עכשיו אני גרה בדירה עם נטשה.
רונית:    גם נטשה לומדת איתנו.
עליזה:    נטשה, מאיפה את?

נטשה:  אני מירושלים.

עליזה:  את לא מרוסיה?

נטשה:  גרנו ברוסיה לפני שבאנו לישראל. לפני שנה באנו לישראל. עכשיו המשפחה שלי גרה בירושלים.

עליזה:  מה ההורים שלך עושים?

נטשה:  אמא שלי רופאת שיניים ואבא שלי מהנדס.

רונית:  אמא! מספיק!

עליזה:  טוב, טוב. אני לא מבינה אותך. אני רק רוצה לדעת את מי את פוגשת, מי החברים שלך, איפה הם גרים, מאיפה הם באו, מה ההורים שלהם עושים.

רונית:  מספיק!

עליזה:  טוב, טוב. באתם בזמן לכוס קפה ועוגה!

מי החברים החדשים של רונית?

| גרים במעונות? | מה ההורים עושים? | מאיזו ארץ? | שם |
|---|---|---|---|
| _____ | _____ | _____ | _____ |
| _____ | _____ | _____ | _____ |
| _____ | _____ | _____ | _____ |

מאיפה החברים שלך? מכל העולם!

# PARTICLES OF INCLUSION AND EXCLUSION: "ALSO/BOTH," "ONLY/JUST"

| Particle of Inclusion: "Also/Both" | גם/גם וגם |
|---|---|

| We want to study and also want to work. | אנחנו רוצים ללמוד וגם לעבוד. |
|---|---|
| We want both to study and to work. | אנחנו רוצים גם ללמוד וגם לעבוד. |
| Rina lives at home and David also lives at home. | רינה גרה בבית וגם דוד גר בבית. |
| Both Rina and David live in Tel Aviv. | גם רינה וגם דוד גרים בתל אביב. |

| Particle of Exclusion: "Only/Just" | רק |
|---|---|

| Everybody is going to the coffeehouse. | כולם הולכים לבית קפה. |
|---|---|
| Only Rina is going to the library. | רק רינה הולכת לספריה. |
| I don't want cake – I just want coffee. | אני לא רוצה עוגה – אני רוצה רק קפה. |

**EXERCISE 1**                                                    תרגיל מספר 1

Translate the questions and answers.

1. Children, do you want both cake and pizza?

No. I just want cake.

2. Dan, are you studying and also working?

No. I am just working.

3. Dalia and Ronit, do you want both to sing and to dance?

No. We just want to sing.

4. Dalia, do you like both tea and coffee?

No. I just like coffee.

5. Ori and Dalia, are you going to a restaurant and also to the movies?

No. We are just going to a restaurant.

## PAST TENSE VERBS: CLASSIFICATION ע"ו

In the past tense forms of גזרת ע"ו the stem of the verbs has only two consonants plus the vowel /a/. Thus the verb stem for the past tense is גָּר- (R1 + /a/ + R2).

Subject suffixes are added to the stem in the first and second persons, and gender and number suffixes are added to the stem in the third person. Remember that the subject is an independent word in the third person.

Here are the past tense forms of the verb לגור "to live." (Subjects are underlined.)

בסיס: גר-    שורש: ג.ו.ר.    גזרת: ע"ו

|  | Third Person |  |  | First and Second Person |  |
|---|---|---|---|---|---|
|  |  |  |  | גַּרְתִּי | (אני) |
| גָּר | הוא |  |  | גַּרְתָּ | (אתה) |
| גָּרָה | היא |  |  | גַּרְתְּ | (את) |
|  |  |  |  | גַּרְנוּ | (אנחנו) |
| גָּרוּ | הם |  |  | גַּרְתֶּם | (אתם) |
| גָּרוּ | הן |  |  | גַּרְתֶּן | (אתן) |

*We lived* in Beersheva.                          גרנו בבאר שבע.

And you? *Did you live* in Beersheva?              ואתם? גרתם בבאר שבע?

*They lived* with their parents.                   הם גרו עם ההורים שלהם.

*David lived* with his parents.                    דוד גר עם ההורים שלו.

## EXERCISE 2 תרגיל מספר 2

This exercise provides practice in substituting root letters within a given pattern (here, the past tense of ע"ו). If you know how to conjugate one such verb, you can easily conjugate others.

Conjugate the verb לרוץ "to run" in the past tense.

עבר: רצ- שורש: ר.ו.צ. גזרת: ע"ו

| | | | |
|---|---|---|---|
| (אני) | ______תִי | | |
| (אתה) | ______תָ | הוא | ______ |
| (את) | ______תְ | היא | ______ה |
| (אנחנו) | ______נוּ | | |
| (אתם) | ______תֶם | הם | ______וּ |
| (אתן) | ______תֶן | הן | ______וּ |

Conjugate the verb לָבוֹא "to come" in the past tense.

עבר: בָּא- שורש: ב.ו.א. גזרת: ע"ו

| | | | |
|---|---|---|---|
| (אני) | ______תִי | | |
| (אתה) | ______תָ | הוא | ______ |
| (את) | ______תְ | היא | ______ה |
| (אנחנו) | ______נוּ | | |
| (אתם) | ______תֶם | הם | ______וּ |
| (אתן) | ______תֶן | הן | ______וּ |

## EXERCISE 3 תרגיל מספר 3

Change the verbs in the sentences from present tense to past tense.

אני גרה במכסיקו. ______________

קרייג גר באמריקה. ______________

אתם רצים לספריה? ______________

אתן באות לשיעור? ______________

ההורים שלי גרים ביפו. ______________

נטשה רצה לאוטובוס. ______________

אנחנו רצים בבוקר. ______________

אתה גר בישראל? ______________

את באה איתנו לקונצרט? ______________

אני רצה הביתה. ______________

**EXERCISE 4: Now and Before** **תרגיל מספר 4: עכשיו וקודם**

Add the missing verbs in the past tense.

| | *הווה* | *עבר* |
|---|---|---|
| יחיד: | איפה אתה גר, דן? | ואיפה ________ קודם? |
| | אני גר בתל אביב. | ________ בירושלים. |
| | דן גר בתל אביב. | קודם הוא ________ בירושלים. |
| יחידה: | איפה את גרה, ז'קלין? | ואיפה ________ קודם? |
| | אני גרה ברחובות. | ________ בפאריז. |
| | ז'קלין גרה ברחובות. | קודם היא ________ בפאריז. |
| רבים: | ילדים, איפה אתם גרים? | ואיפה ________ קודם? |
| | אנחנו גרים ברחוב הרצל. | ________ ברחוב ביאליק. |
| | הילדים גרים ברחוב הרצל. | קודם הם ________ ברחוב ביאליק. |
| רבות: | דנה ורות, איפה אתן גרות? | ואיפה ________ קודם? |
| | אנחנו גרות ברחוב הרצל מספר 3. | ________ בבית. |
| | זהבה ואורלי גרות ברחוב הרצל מספר 3. | קודם הן ________ בבית. |

**EXERCISE 5** **תרגיל מספר 5**

Complete each passage using the following verbs in the past tense: **לגור, לבוא, לרוץ**.

*יושי מספר:*

אני גר עכשיו במעונות. קודם ________ בעיר גדולה ביפן. בבוקר אני הולך לספריה מוקדם. הבוקר ________ לספריה בשבע. בערב אני בא לחדר שלי מוקדם. הערב ________ לחדר שלי מוקדם מאוד. בערב אני אוהב לרוץ. הערב ________ 5 קילומטרים. אני אוהב ללמוד באוניברסיטה ולגור במעונות.

Rewrite the passage in the third person.

*יוקו, החברה של יושי מספרת*

*יושי...*

נטשה מספרת:

אני גרה עכשיו בישראל. קודם ________ ברוסיה. בבוקר אני הולכת לשיעורים באוניברסיטה. הבוקר ________ לשיעור בעשר. מהאוניברסיטה אני רצה לעבודה. גם היום ________ לעבודה. בערב אני באה הביתה מאוחר. הערב ________ הביתה מאוחר מאוד.

Rewrite in the third person.

*ההורים של נטשה מספרים*

נטשה...

*ההורים של סוזן מספרים*

אנחנו תיירים בארץ. ________ בחדר באוניברסיטה עם הבת שלנו סוזן. אנחנו גרים עכשיו במלון "הילטון" בתל אביב. סוזן עסוקה. היא לומדת ואנחנו אוהבים לנסוע לראות מקומות יפים בארץ. כל בוקר אנחנו הולכים ל"אגד" ונוסעים באוטובוס להרבה מקומות. הבוקר ________ מאוחר לאוטובוס. לא ________ בזמן. אז היום אנחנו לא נוסעים. אנחנו הולכים למוזיאונים ולקונצרט.

Rewrite in the third person.

*סוזן מספרת*

ההורים שלי...

## VERBS: "TO READ," "TO WRITE," "TO SPEAK," AND "TO UNDERSTAND"

## פעלים: לִקְרוֹא, לִכְתּוֹב, לְדַבֵּר, לְהָבִין

Here are the present tense forms of the verb לִקְרוֹא "to read."

בסיס: קורא-  שורש: ק.ר.א.  גזרה: ל"א

| | | | |
|---|---|---|---|
| *יחיד* | | *יחידה* | |
| אני | קוֹרֵא | אני | קוֹרֵאת |
| אתה | | את | |
| הוא | | היא | |
| *רבים* | | *רבות* | |
| אנחנו | קוֹרְאִים | אנחנו | קוֹרְאוֹת |
| אתם | | אתן | |
| הם | | הן | |

דוגמאות: אנחנו קוראים ספר.

אנחנו קוראים את הספר.

Here are the present tense forms of the verb לִכְתּוֹב "to write."

בסיס: כותב-  שורש: כ.ת.ב.  גזרה: שלמים

| | | | |
|---|---|---|---|
| *יחיד* | | *יחידה* | |
| אני | כּוֹתֵב | אני | כּוֹתֶבֶת |
| אתה | | את | |
| הוא | | היא | |
| *רבים* | | *רבות* | |
| אנחנו | כּוֹתְבִים | אנחנו | כּוֹתְבוֹת |
| אתם | | אתן | |
| הם | | הן | |

דוגמאות: אנחנו כותבים מכתב.

אנחנו כותבים את המכתב.

Here are the present tense forms of the verb (עַל/עִם) לְדַבֵּר "to talk/speak (about/with)."

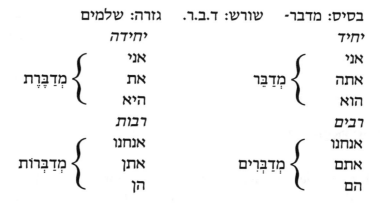

בסיס: מדבר- שורש: ד.ב.ר. גזרה: שלמים

| יחיד | | יחידה | |
|---|---|---|---|
| אני, אתה, הוא | מְדַבֵּר | אני, את, היא | מְדַבֶּרֶת |
| **רבים** | | **רבות** | |
| אנחנו, אתם, הם | מְדַבְּרִים | אנחנו, אתן, הן | מְדַבְּרוֹת |

Here are the present tense forms of the verb לְהָבִין "to understand."

בסיס: מבין- שורש: ב.ו.נ. גזרה: ע"ו

| יחיד | | יחידה | |
|---|---|---|---|
| אני, אתה, הוא | מֵבִין | אני, את, היא | מְבִינָה |
| **רבים** | | **רבות** | |
| אנחנו, אתם, הם | מְבִינִים | אנחנו, אתן, הן | מְבִינוֹת |

## EXERCISE 6 — תרגיל מספר 6

Complete the sentences with the following verbs in present tense or infinitive:
להבין, לספר, לדבר

דוד אוהב __________ בדיחות אבל אנחנו לא אוהבים את הבדיחות שלו.
אני לא __________ אנגלית.
מה דליה __________ על האוניברסיטה?
עם מי אתם __________ עכשיו?
על מה את __________ עם המורה שלך?
דן לא אוהב __________ בזמן העבודה.
אנחנו לא __________ עם דוד.
מה הילדים שלכם __________ על המורה שלהם?
אתן לא __________ עם החברים שלכן?
דני, אנחנו לא __________ אותך!
המורים באוניברסיטה לא __________ את הסטודנטים.

## SPEECH PATTERNS — תבניות לשון

| | |
|---|---|
| What does one do at a cocktail party? | מה עוֹשִׂים במסיבת "קוקטייל"? |
| One talks with people. | מְדַבְּרִים עִם אנשים. |
| One eats and drinks and goes home. | אוֹכְלִים ושוֹתִים והוֹלְכִים הביתה. |
| One tells jokes. | מְסַפְּרִים בְּדִיחוֹת. |

## SUBJECTLESS SENTENCES: IMPERSONAL

In Hebrew, sentences that have a generic sense and an impersonal subject do not include a formal subject. They include a verb in the third-person masculine plural form. This verb implies, but does not include overtly, the presence of a general "one" or "they" subject.

Look at the following examples.

| | |
|---|---|
| In Israel one (they/people) speaks Hebrew. | בישראל מדברים עברית. |
| In Israel one (they/people) eats Falafel. | בישראל אוכלים פלאפל. |

## ABOUT COUNTRIES, PEOPLE, AND CUSTOMS

The following impersonal sentences describe the languages people in different countries speak and what they eat and drink.

| | | | |
|---|---|---|---|
| בִּישְׂרָאֵל: | מדברים עִבְרִית | אוכלים פָּלָאפֶל | שותים מִיץ |
| בַּאֲמֵרִיקָה: | מדברים אַנגלִית | אוכלים הַמבּוּרְגֶר | שותים קוֹקָה קוֹלָה |
| בַּאַנְגְלִיָה: | מדברים אַנגלִית | אוכלים צִ'יפְּס | שותים וִויסקִי |
| בְּאִיטַלְיָה: | מדברים אִיטַלקִית | אוכלים סְפָּגֶטִי | שותים יַיִן |
| בְּגֶרמַנְיָה: | מדברים גֶרמָנִית | אוכלים שְׁנִיצֶל | שותים בִּירָה |
| בסִין: | מדברים סִינִית | אוכלים אוֹרֶז | שותים תֵּה |
| בְּמֶכְּסִיקוֹ: | מדברים סְפָרַדִית | אוכלים טָאקוֹ | שותים טָקִילָה |
| בְּצָרְפָת: | מדברים צָרפָתִית | אוכלים קִישׁ | שותים שַׁמפַּנְיָיה |
| בְּיַפָּן: | מדברים יַפָּנִית | אוכלים סוּשִׁי | שותים סָאקִי |

The nouns of nationality are derived from the name of the country. The name of the language is often related to the name of the country also.

| הארץ | האנשים יחיד | יחידה | רבים | רבות | שפה |
|---|---|---|---|---|---|
| יִשְׂרָאֵל | יִשְׂרְאֵלִי | יִשְׂרְאֵלִית | יִשְׂרְאֵלִים | יִשְׂרְאֵלִיּוֹת | עִבְרִית |
| אֲמֵרִיקָה | אֲמֵרִיקָאִי | אֲמֵרִיקָאִית | אֲמֵרִיקָאִים | אֲמֵרִיקָאִיּוֹת | אַנְגְּלִית |
| אַנְגְּלִיָּה | אַנְגְּלִי | אַנְגְּלִיָּה | אַנְגְּלִים | אַנְגְּלִיּוֹת | אַנְגְּלִית |
| קָנָדָה | קָנָדִי | קָנָדִית | קָנָדִים | קָנָדִיּוֹת | אַנְגְּלִית |
| יַפָּן | יַפָּנִי | יַפָּנִית | יַפָּנִים | יַפָּנִיּוֹת | יַפָּנִית |
| רוּסְיָה | רוּסִי | רוּסִיָּה | רוּסִים | רוּסִיּוֹת | רוּסִית |
| צָרְפַת | צָרְפָתִי | צָרְפָתִיָּה | צָרְפָתִים | צָרְפָתִיּוֹת | צָרְפָתִית |
| סִין | סִינִי | סִינִית | סִינִים | סִינִיּוֹת | סִינִית |
| גֶּרְמַנְיָה | גֶּרְמָנִי | גֶּרְמָנִיָּה | גֶּרְמָנִים | גֶּרְמָנִיּוֹת | גֶּרְמָנִית |
| מֶכְּסִיקוֹ | מֶכְּסִיקָאִי | מֶכְּסִיקָאִית | מֶכְּסִיקָאִים | מֶכְּסִיקָאִיּוֹת | ספרדית |

**EXERCISE 7** **תרגיל מספר 7**

For each sentence, fill in the nationality and any other missing item.

מי הם?

הסינים אוכלים אורז ושותים תה.

__________ אוכלים קיש ושותים __________.

__________ אוכלים __________ ושותים יין.

__________ אוכלים המבורגר ושותים __________.

__________ גרים ביפן ומדברים __________.

__________ מדברים אנגלית ושותים בירה קנדית.

__________ ו __________ מדברים אנגלית ולא גרים באמריקה.

__________ מבינים רק גרמנית. הם לא מבינים צרפתית.

__________ מדברים רוסית ומבינים קצת אנגלית.

## TELLING JOKES — מספרים בדיחות

A joke: Crazy Hayim and Moyshe

בדיחה: חיים ומוישה המשוגעים

(חיים המשוגע בא לחבר שלו מוישה המשוגע. הוא דפק על הדלת.)

מוישה: מי שם?
חיים: החבר שלך, חיים.
מוישה: אני מצטער, אבל אני לא בבית.
חיים: טוב שלא באתי!

את/ה יודע/ת בדיחות טובות? בדיחות לא טובות?
אנחנו רוצים לשמוע את הבדיחות שאת/ה יודע/ת.

# חלק ב'

**PART B**

DIALOGUE B: COMING AND GOING

שיחון ב': באים והולכים

(Aliza is sitting in the living room.)

(עליזה יושבת בסלון.)

(Yoshi is on his way to the library.)

(יושי בדרך לספריה.)

| | |
|---|---|
| יושי: | לילה טוב, גברת מזרחי ותודה רבה. |
| עליזה: | אתה כבר הולך? עוד מוקדם! לאן אתה הולך? |
| יושי: | אני הולך ללמוד בספריה. |
| עליזה: | באת לכאן באוטובוס או במכונית? |
| יושי: | באתי ברגל. |
| עליזה: | להתראות, יוסי. |

(Susan and Natasha are on their way home.)

(סוזן ונטשה בדרך הביתה.)

| | |
|---|---|
| סוזן: | העוגה שלך מצויֶינת. תודה רבה. |
| עליזה: | גם אתן הולכות? |
| נטשה: | כן. כבר מאוחר. |
| עליזה: | לאן אתן הולכות? הביתה או לספריה? |
| סוזן: | אנחנו הולכות הביתה ללמוד. |
| עליזה: | לא למדתן מספיק? |

(Ronit is on her way to her dorm.)

(רונית בדרך למעונות.)

| | |
|---|---|
| רונית: | לילה טוב, אמא. להתראות בשבת. |
| עליזה: | רק עכשיו באת! את כבר הולכת? |
| רונית: | כן. אני הולכת הביתה. מותר לי ללכת הביתה. נכון? |
| עליזה: | הביתה? זה הבית שלך! |
| רונית: | אני הולכת לחדר שלי במעונות. |
| עליזה: | את הולכת הביתה לבד? בלילה? |
| רונית: | באתי עם חברים ואני חוזרת לבד. |

(David is on his way to his office.)

(דוד בדרך למשרד שלו.)

| | |
|---|---|
| דוד: | עליזה, אני עוד מעט חוזר. |
| עליזה: | לאן אתה רץ? |
| דוד: | אני לא רץ. אני הולך למשרד. |
| עליזה: | כל היום עבדת – זה לא מספיק? |
| דוד: | מה יש? אָסור לעבוד בערב? אני הולך לגמור את התוכנית שלי במחשב. |
| עליזה: | המחשב! אסור לעבוד במחשב גם ביום וגם בלילה! מתי אתה בא הביתה? |
| דוד: | אני לא יודע . . . . מאוחר. |
| עליזה: | כן. אני כבר יודעת: מאוחר זה מוקדם בבוקר. |

(Aliza sits alone in the living room.)

(עליזה יושבת לבד בסלון.)

| | |
|---|---|
| עליזה: | כולם הולכים ובאים, באים והולכים. |

עליזה יושבת בסלון. יושי הלך לספריה ללמוד. סוזן ונטשה הלכו הביתה ללמוד. רונית חזרה לחדר שלה
במעונות. דוד הלך למשרד לגמור תוכנית במחשב. ועליזה יושבת לבד בבית . . .

---

**SPEECH PATTERNS**                                    תבניות לשון

Is it all right to sit here?                           מותר לשבת פה?
One should not walk alone at night.                    אסור ללכת לבד בלילה.

---

## WHAT IS ALLOWED AND WHAT IS FORBIDDEN?

The impersonal מותר "(it is) permissible" and אסור "(it is) forbidden" plus an infinitive verb are used to express permission and prohibition.

(It is) permissible + infinitive                       מוּתָּר + שם פועל
It is OK/all right to . . .
(It is) forbidden + infinitive                         אָסוּר + שם פועל
It is not OK/all right . . .

Walking alone *is forbidden* at night!                 אסור <u>ללכת</u> לבד בלילה!
(Literally, *[it is] forbidden* to walk alone at night!)

*Is it OK* to sit here?                                 מותר <u>לשבת</u> פה?
(Literally, *[is it] permissible* to sit here?)

Note that in these impersonal sentences, the Hebrew has no subject. There is no equivalent to the "it" subject that often initiates such sentences in English.

Here are some common expressions you might see on signs.

*On the Bus*                                            באוטובוס
No smoking!                                             אסור לעַשֵּן!
No spitting!                                            אסור לירוק!
*In the Park*                                           בפארק
Don't step on the grass!                                אסור לִדְרוֹךְ על הַדֶּשֶׁא!

---

**SPEECH PATTERNS**                                    תבניות לשון

Can students sit here?                                  מותר לסטודנטים לשבת פה?
Can't girls walk alone at night?                       אסור לבנות ללכת לבד בלילה?

---

In sentences granting permission or issuing prohibition, the impersonal expressions מותר and אסור are used. The person (noun or pronoun) targeted for permission or prohibition is linked to the expression with the preposition -ל. The verbal expression may be translated as a passive, as we see in the following examples.

| | |
|---|---|
| Are we permitted to sit here? | מותר לנו לשבת כאן? |
| (Literal translation: Is it permitted for us to sit here?) | |
| You are forbidden to sit here. | אסור לכם לשבת כאן. |
| (Literal translation: It is forbidden for you to sit here.) | |

These verbal expressions are often translated into English using the verb "may," as in the following examples.

| | |
|---|---|
| May we sit here? | מותר לנו לשבת כאן? |
| (Literal translation: Is it permitted for us to sit here?) | |
| You may not sit here. | אסור לכם לשבת כאן. |
| (Literal translation: It is forbidden for you to sit here.) | |

We can break the following sentences down into their components.

| | |
|---|---|
| *אסור לתלמידים לשבת פה.* | *מותר לכולם לשבת פה.* |
| אסור! | מותר! |
| למי? | למי? |
| לתלמידים. | לכולם. |
| מה אסור לעשות? | מה מותר לעשות? |
| לשבת פה. | לשבת פה. |

The expression **מותר ל-** "it is permissible for ——— to"/"——— may" is conjugated by adding pronoun suffixes.

| | |
|---|---|
| מוּתָּר לִי | מותר לָנוּ |
| מוּתָּר לְךָ | מותר לָכֶם |
| מוּתָּר לָךְ | מותר לָכֶן |
| מוּתָּר לוֹ | מותר לָהֶם |
| מוּתָּר לָהּ | מותר לָהֶן |

The expression **אסור ל-** "it is forbidden for ——— to"/"——— may not" is conjugated by adding pronoun suffixes.

| | |
|---|---|
| אָסוּר לִי | אָסוּר לָנוּ |
| אָסוּר לְךָ | אָסוּר לָכֶם |
| אָסוּר לָךְ | אָסוּר לָכֶן |
| אָסוּר לוֹ | אָסוּר לָהֶם |
| אָסוּר לָהּ | אָסוּר לָהֶן |

**EXERCISE 8** **תרגיל מספר 8**

Complete the sentences with the expression מותר ל- or אסור ל- according to the following example.

| | |
|---|---|
| היא נוסעת באוטובוס. | מותר לה לנסוע באוטובוס. |
| היא לא נוסעת באוטובוס. | אסור לה לנסוע באוטובוס. |
| אני יוצא מהבית | ________ לצאת מהבית. |
| אני לא יוצא מהבית. | ________ לצאת מהבית. |
| הוא הולך לסרט הערב. | ________ ללכת לסרט הערב. |
| הוא לא הולך לסרט הערב. | ________ ללכת לסרט הערב. |
| אנחנו גרים בדירה. | ________ לגור בדירה. |
| אנחנו לא גרים בדירה. | ________ לגור בדירה. |
| הם באים למסיבה שלנו. | ________ לבוא למסיבה שלנו. |
| הם לא באים למסיבה שלנו. | ________ לבוא למסיבה שלנו. |

## "WHAT'S THE MATTER?"

The idiomatic expression מה יש? (literally, "what is there?") means "what's the matter?" in informal speech. It is used to express disbelief, surprise, or disapproval. It is often used in making sarcastic or ironic remarks.

**EXERCISE 9** **תרגיל מספר 9**

Translate the following statements and questions into Hebrew.

Rina does not go to the movies alone.
  What's the matter? Isn't it OK for a girl to go alone to the movies?
Students may not (are not allowed to) be here.
  What's the matter? Only teachers may (are allowed to) be here?
He speaks only English with his friends.
  What's the matter? Doesn't he know Hebrew?
We only drink tea.
  What's the matter? Are you forbidden to drink coffee?
You may not be here after midnight.
  What's the matter? Aren't I allowed to be here all night?

## PAST TENSE VERBS: CLASSIFICATION שלמים

In גזרת שלמים all three radicals are present in all past tense verb forms. The verb לִפְגּוֹשׁ "to meet/encounter" serves as an example.

בסיס: פגש- שורש: פ.ג.ש. גזרת: שלמים

| Third Person | | First and Second Person | |
|---|---|---|---|
| | | פָּגַשְׁתִּי | (אני) |
| פָּגַשׁ | הוא | פָּגַשְׁתָּ | (אתה) |
| פָּגְשָׁה | היא | פָּגַשְׁתְּ | (את) |
| | | פָּגַשְׁנוּ | (אנחנו) |
| פָּגְשׁוּ | הם | פְּגַשְׁתֶּם | (אתם) |
| פָּגְשׁוּ | הן | פְּגַשְׁתֶּן | (אתן) |

### A Note on Pronunciation

In the second-person plural forms פְּגַשְׁתֶּן and פְּגַשְׁתֶּם, the initial vowel /a/ attached to the first consonant is changed to a short /e/. However, in daily use of Hebrew, most speakers keep the /a/ vowel in these forms as well, so they are often pronounced /pagashtem/ and /pagashten/. In official and formal use of the language, the forms are pronounced /pegashtem/ and /pegashten/.

Verbs that have ה', ח', ע', or א' as the first consonant will keep the /a/ vowel that follows the first consonant in all past tense forms, including second-person plural.

| | | |
|---|---|---|
| לַחֲזוֹר: | חֲזַרְתֶּם | חֲזַרְתֶּן |
| לַעֲבוֹד: | עֲבַדְתֶּם | עֲבַדְתֶּן |
| לֶאֱהוֹב: | אֲהַבְתֶּם | אֲהַבְתֶּן |

### EXERCISE 10 — תרגיל מספר 10

This exercise provides practice in substituting radicals in the past tense.
Conjugate לַעֲבוֹד "to work" in the past tense.

הווה: עוֹבֵד, עוֹבֶדֶת, עוֹבְדִים, עוֹבְדוֹת

עבד

| אני | אתה | את | הוא | היא |
|---|---|---|---|---|
| ________ | ________ | ________ | ________ | ________ |
| אנחנו | אתם | אתן | הם | הן |
| ________ | ________ | ________ | ________ | ________ |

Rewrite the sentences in the past tense.

דוד עובד בספריה?
את עובדת בבוקר או בערב?
אדון וגברת שכטר עוֹבדים בחנות שלהם גם בבוקר וגם בערב.
אני עובדת עם אנשים נחמדים.
אנחנו עובדות עם סטודנטים מאמריקה, מקנדה ומהולנד.

Conjugate לִנְסוֹעַ "to travel" in the past tense.

הווה: נוֹסֵעַ, נוֹסַעַת, נוֹסְעִים, נוֹסְעוֹת
*עבר*

| אני | אתה | את | הוא | היא |
|---|---|---|---|---|
| ______ | ______ | ______ | ______ | ______ |
| אנחנו | אתם | אתן | הם | הן |
| ______ | ______ | ______ | ______ | ______ |

Rewrite in the past tense.

עם מי אתה נוסע לאילת?
אתן נוסעות הביתה?
גברת שכטר נוסעת באוטובוס.
אני לא נוסעת איתכם.
אנחנו נוסעים ביחד.

Conjugate לֶאֱהוֹב "to love" in the past tense.

הווה: אוֹהֵב, אוֹהֶבֶת, אוֹהֲבִים, אוֹהֲבוֹת
*עבר*

| אני | אתה | את | הוא | היא |
|---|---|---|---|---|
| ______ | ______ | ______ | ______ | ______ |
| אנחנו | אתם | אתן | הם | הן |
| ______ | ______ | ______ | ______ | ______ |

Rewrite in the past tense.

דוד אוהב את העבודה שלו?
את אוהבת לעבוד בבוקר או בערב?
דליה ורות אוהבות את דני.
אנחנו לא אוהבים ירקות.
מי לא אוהב ללכת לספריה בערב?

Conjugate לָלֶכֶת "to go/walk" in the past tense.

הווה: הוֹלֵךְ, הוֹלֶכֶת, הוֹלְכִים, הוֹלְכוֹת
עבר

| אני | אתה | את | הוא | היא |
|---|---|---|---|---|
| ______ | ______ | ______ | ______ | ______ |
| אנחנו | אתם | אתן | הם | הן |
| ______ | ______ | ______ | ______ | ______ |

Rewrite in the past tense.

לאן אתן הולכות?
אנחנו הולכים לתיאטרון.
הם הולכים לחנות.
אני לא הולכת איתם.
הן הולכות ביחד.

**EXERCISE 11** **תרגיל מספר 11**

Fill in the blanks with verbs in the past tense. Infinitive forms are given in parentheses.

עליזה: אני ________ (לפגוש) את דליה בסופרמרקט.
חנה: מה שלומה?
עליזה: לא כל כך טוב.
חנה: מה קרה?
עליזה: היא ________ (לנסוע) לטיול בהונג קונג ו________ (לחזור) בלי כסף.
חנה: מה קרה לכסף שלה?
עליזה: היא ________ (ללכת) לחנויות מהבוקר עד הערב, וגם הכסף הלך.
חנה: מסכנה!

עליזה: אני ________ (לפגוש) את דני ברחוב.
נורית: מה שלומו?
עליזה: בסדר. הוא ________ (לפגוש) בחורה נחמדה.
נורית: זה רציני?
עליזה: מאוד!

דוד:      מה? אתם לא _____ (לנסוע) לטוקיו?

דן:       אנחנו? לטוקיו?

דוד:      אני _____ (לפגוש) את דפנה והיא אמרה שאתם נוסעים לטוקיו.

דן:       לא _____ (לנסוע).

דוד:      למה לא?

דן:       כי יש הרבה עבודה ואין זמן.


אורי:     אתה לא עובד בבנק?

שמואל:    אני _____ (לעבוד) בבנק.

אורי:     מה קרה?

שמואל:    לא _____ (לאהוב) את העבודה בבנק ועכשיו אני עובד בחנות
          ספרים.

אורי:     יפה!


**EXERCISE 12: Phone Conversations**          **תרגיל מספר 12: שיחות טלפון**


Complete the conversation with appropriate verbs in the past tense. Choose from the
following verbs: לאכול, ללכת, לחזור, לבוא.


(עליזה מזרחי ודורית ענבר מדברות בטלפון.)

עליזה:    דורית. שלום. מה אתם עושים?

דורית:    אנחנו יושבים לאכול. אתם כבר _____?

עליזה:    כן. אנחנו _____ בשבע.

דורית:    ואנחנו עוד לא _____. יש משהו חשוב?

עליזה:    לא. כולם _____ ואני לבד בבית.

דורית:    דוד _____ לעבודה?

עליזה:    כן. הוא _____ בשש ו_____ לעבודה בשמונה.

(עוזי קורא לדורית.)

דורית:    כן עוזי! רק רגע... אני כבר באה!

עליזה:    מה קרה?

דורית:    שום דבר לא קרה.
          סליחה, עליזה. אין לי זמן עכשיו.


Complete the conversation with appropriate verbs in the past tense. Choose from the
following verbs: לשמוע, לאכול, ללכת, לחזור, לבוא.


(עליזה מזרחי ומרים שכטר מדברות בטלפון.)

עליזה:    מרים, ערב טוב. מה את עושה?

מרים:     לא כלום. אני יושבת בבית, _____ חדשות ועכשיו אני רואה תוכנית
          יפה בטלויזיה.

עליזה:    את רוצה לבוא לשתות קפה?

מרים: אין לך אורחים?
עליזה: רונית והחברים שלה כבר __________ לאוניברסיטה.
מרים: מה? הם כבר __________?
עליזה: כן. ככה זה! הם באים והולכים – הולכים ובאים!
מרים: ככה זה! הם __________ לאכול משהו טוב. __________
ו__________.
עליזה: החברים של רונית לא רק __________ לאכול. הם __________ לפגוש
את אמא שלה ואבא שלה.
מרים: יפה מאוד!
עליזה: יש לה חברים מיפן, מאמריקה, מרוסיה – מכל העולם.
מרים: יפה מאוד! אני באה לשתות קפה ולשמוע את הכל!

## IMPERSONAL OBJECT PRONOUNS: "SOMETHING," "NOTHING," "EVERYTHING"

The impersonal object pronouns are מַשֶּׁהוּ "something/anything," הַכֹּל "everything," and כְּלוּם/שׁוּם דָּבָר "nothing."

| | |
|---|---|
| Do you want *something/anything*? | אתם רוצים מַשֶּׁהוּ? |
| Yes. We want *everything*. | כן. אנחנו רוצים (את) הַכֹּל. |
| No. We want *nothing*. | לא. אנחנו לא רוצים כְּלוּם/שׁוּם דָּבָר |

The proposition that includes כלום/שום דבר must include a negative particle such as לא or אין.

### Inquiry about What Is Happening

| | |
|---|---|
| What happened? What's the matter? | מה קָרָה? |
| Nothing | שׁוּם דָּבָר לֹא קרה. |
| | לֹא כלום. |
| Something happened? | קָרָה מַשֶּׁהוּ? |
| No. Nothing happened. | לא. לא קרה שום דבר. |

## EXERCISE 13 — תרגיל מספר 13

Complete the sets of sentences according to the example.

מה דן שותה?

דן שותה משהו.

דן לא שותה כלום./ לא שותה שום דבר.

דן שותה הכל - קוקה קולה, מים, קפה, מיץ...

מה דינה למדה?

דינה ________

דינה לא ________/________

דינה ________ – ________...

מה עליזה שמעה?

עליזה ________

עליזה לא ________/________

עליזה ________ – ________...

מה אתם אכלתם?

אנחנו ________

אנחנו לא ________/________

אנחנו ________ – ________...

מה קרה לעליזה?

שום דבר לא ________ לעליזה.

כלום לא ________ לעליזה

מה קרה לכם?

שום דבר לא ________ לנו.

כלום לא ________ לנו.

## LISTENING COMPREHENSION PASSAGE — הבנת הנשמע:

### "נודניקיות אֲמִיתִיות"

(דורית ענבר ומרים בֶּרנשטַיין יושבות בבית הקפה, שותות קפה ואוכלות עוגה.)

דורית: מה שלום המשפחה? מה שלום הילדים?

מרים: בסדר. הבן בַּתִּיכוֹן והבת חזרה מאירופה.

מה שלום הבת שלך? כבר פגשה מישהו?

דורית: עוד לא, אבל בקרוב. והבת שלך? יש לה כבר חבר?

מרים: יש לה הרבה חברים. היא עוד צעירה. יש לה זמן.

דורית: אבל האם היא פגשה מישהו?

מרים: עוד לא, אבל בקרוב. מה שלום בַּעֲלֵך?

דורית: עובד קָשֶה בחנות שלו. ומה שלום בַּעֲלֵך?

מרים: בַּעֲלִי גם עובד קָשֶה: גם ביום וגם בלילה.

דורית: כָּכָה זֶה!

(גבר ואשה באים. הם יושבים ומדברים.)

דורית: מי זה? את יודעת?

מרים: כן. זה אדון קפּוּלסְקִי, מנהל הבנק.

דורית: ומי זאת? אִשתּוֹ?

מרים: לא. זאת לא אשתו.

דורית: ואיפה גברת קפולסקי?

מרים: מי יודע? היא נסעה לאירופה או לאמריקה. היא תמיד בנסיעות.

דורית: אשתו באירופה והוא יושב עם בחורות צעירות?!

מרים: היא לא כל כך צעירה.

דורית: אבל היא גם לא זקנה.

מרים: והיא גם לא אשתו.

דורית: זאת שַׁעֲרוּרִיָה!

**רמי וזהבה**

(זהבה באה אחרי העבודה.)

מרים: הבחורה הזאת שכנה שלנו?

דורית: כן. היא שכנה שלנו. זאת זהבה גוטמן.

מרים: הבת של בְּרָכָה גוטמן?

דורית: כן. בחורה נחמדה.

מרים: גם יפה.

דורית: יפה – לא כל כך, אבל נחמדה.

מרים: בחורה צעירה ויפה. מה היא עושה לבד בבית קפה?

(רמי בא ויושב עם זהבה.)

דורית: עכשיו היא לא יושבת לבד.

**הכלב של גברת לֵוִי**

(אשה מבוגרת באה עם כלב קטן. האשה יושבת וגם הכלב שלה יושב על כיסא. האשה שותה קפה והכלב אוכל גלידה.)

דורית: כלב! בבית קפה?!

מרים: כלב! אוכל גלידה?!

דורית: מלצר! מה זה? כלב יושב ואוכל גלידה בבית קפה? זה בית קפה לאנשים או לכלבים?

מלצר: זאת באמת בעייה!

דורית: ואתה לא עושה כלום?

מלצר: זאת אמא של אדון לוי.

מרים: מי זה אדון לוי?

מלצר: זה הבוס שלי. זה בית הקפה של נתן לוי. זאת אמא שלו וזה הכלב שלה. לכלב שלה מוּתָּר לשבת בבית הקפה הזה.

דורית: זה סקנדל! כלב בבית קפה.

מרים: שערוריה!

(דורית ענבר ומרים ברנשטיין קמות והולכות.)

מלצר: תודה לאל! איזה נודניקיות!

# LESSON 9 SUMMARY — שיעור 9: סיכום

Communicative Skills Introduced in This Lesson

1. How to find out details about people's families, residences, and more
2. How to take leave

Grammatical Information Introduced in This Lesson

1. Particles of inclusion and exclusion — גם, גם וגם, רק

   דן *גם* שר *וגם* רוקד.

   דינה לא שרה – היא *רק* רוקדת.

2. Past tense of ע"ו verbs

   רַצִתִּי, רַצִתָּ, רַצִתְּ, הוא רָץ, היא רָצָה

   רַצנוּ, רַצתֶּם, רַצתֶּן, הם רָצוּ, הן רָצוּ

3. Verbs of language skills: "to read," "to write," "to speak," "to understand"

   לקרוא, לכתוב, לדבר, להבין

4. Subjectless sentences: impersonal subject

   באוניברסיטה *לומדים* כל הזמן.

   איפה *אוכלים* כאן? בקפיטריה?

5. Expressions of permission and denial of permission: subjectless

   *אסור* לאכול בספריה.

   *מותר* לאכול בקפיטריה.

6. Expressions of permission and denial of permission: with subject

   *אסור לי* לאכול דגים.

   *מותר לי* לאכול ירקות.

7. Past tense of שלמים verbs — ללמוד, לפגוש, לחזור, לעבוד, לאהוב, לנסוע, ללכת
8. Impersonal object pronouns: "something," "nothing," "everything"

   למדת *משהו*? לא. *לא* למדתי *כלום*. *הכל* לא חשוב.

# WORD LIST FOR LESSON 9 — אוצר מילים לשיעור 9

## Nouns — שמות

| | רבים | יחיד/ה |
|---|---|---|
| rice | | אוֹרֶז(ז) |
| wife | נָשִׁים | אִשָּׁה(נ) |
| my wife/your wife | | אִשְׁתִּי/אִשְׁתְּךָ |
| country | אֲרָצוֹת | אֶרֶץ(נ) |
| Italy | | אִיטַלְיָה(נ) |
| England | | אַנְגְלִיָּה(נ) |
| United States | | אַרְצוֹת הַבְּרִית(נ.ר.) |
| Japan | | יַפָּן(נ) |
| Russia | | רוּסְיָה(נ) |
| Germany | | גֶרְמַנְיָה(נ) |
| China | | סִין(נ) |
| Mexico | | מֶכְּסִיקוֹ(נ) |
| France | | צָרְפַת(נ) |
| Canada | | קָנָדָה(נ) |
| joke | בְּדִיחוֹת | בְּדִיחָה(נ) |
| husband | בְּעָלִים | בַּעַל(ז) |
| my husband/your husband | | בַּעֲלִי/בַּעֲלֵךְ |
| ice cream | | גְּלִידָה(נ) |
| lawn | דְּשָׁאִים | דֶּשֶׁא(ז) |
| news | חֲדָשׁוֹת (נ.ר.) | |
| trip | טִיּוּלִים | טִיּוּל(ז) |
| science | מַדָּעִים | מַדָּע(ז) |
| hotel | מְלוֹנוֹת | מָלוֹן(ז) |
| world | עוֹלָמוֹת | עוֹלָם(ז) |
| language | שָׂפוֹת | שָׂפָה(נ) |
| Italian | | אִיטַלְקִית(נ) |
| German | | גֶרְמָנִית(נ) |
| Chinese | | סִינִית(נ) |
| Spanish | | סְפָרַדִּית(נ) |
| French | | צָרְפָתִית(נ) |
| Japanese | | יַפָּנִית(נ) |
| scandal | שַׁעֲרוּרִיּוֹת | שַׁעֲרוּרִיָּה(נ) |
| | *יחידה* | *יחיד* |
| businessman/woman | אֵשֶׁת עֲסָקִים | אִישׁ עֲסָקִים |
| engineer | מְהַנְדֶּסֶת | מְהַנְדֵּס |
| bank director | מְנַהֶלֶת בַּנְק | מְנַהֵל בַּנְק |
| dentist | רוֹפְאַת שִׁנַּיִים | רוֹפֵא שִׁנַּיִים |

## Adjectives — תארים

| יחיד | יחידה | |
|---|---|---|
| חָשׁוּב | חֲשׁוּבָה | important |
| משוּגָע | משוּגַעַת | crazy |
| מִסכֵּן | מִסכֵּנָה | poor/miserable |
| נוּדנִיק | נוּדנִיקִית | nudnik |
| רְצִינִי | רְצִינִית | serious |

## Verbs — פעלים

| | | |
|---|---|---|
| לִגמוֹר | גוֹמֵר/גוֹמֶרֶת | to finish |
| לְהָבִין | מֵבִין/מְבִינָה | to understand |
| לַחזוֹר | חוֹזֵר/חוֹזֶרֶת | to return |
| לִכתּוֹב | כּוֹתֵב/כּוֹתֶבֶת | to write |
| לְעַשֵׁן | | to smoke |
| לִקְנוֹת | קוֹנֶה/קוֹנָה | to buy |
| לִקרוֹא | קוֹרֵא/קוֹרֵאת | to read |
| לִירוֹק | | to spit |
| לִדְרוֹך עַל | | to step on |

## Particles, Prepositions, and Adverbs — מילות ותארי פועל

| | |
|---|---|
| חוּץ מ | aside from |
| לֹא כלוּם | nothing |
| מַשֶׁהוּ | something |
| קוֹדֶם | first of all |
| קָשֶׁה (לַעֲבוֹד קָשֶׁה) | hard (work hard) (adverb) |
| שׁוּם דָבָר | nothing |

## Expressions and Phrases — ביטויים וצירופים

| | |
|---|---|
| אֲנִי מִצְטַעֵר. | I am sorry. |
| אָסוּר | it is unlawful/forbidden/not OK |
| הִיא בִּנְסִיעוֹת. | She is on a trip. |
| טוֹב שֶׁ . . . | It is good that . . . |
| כָּכָה זֶה! | That's how it is! |
| מַה קָרָה? | What happened?/What is going on? |
| מַה קָרָה לָכֶם? | What happened to you? |
| מוּתָר | it is lawful/permitted/OK |
| עוֹד מְעַט | shortly/soon |
| תּוֹדָה לָאֵל! | Thank God! |

# LESSON 10 — שיעור מספר 10

## PART A — חלק א׳

### DIALOGUE A: "THANKS A LOT!" "YOU ARE WELCOME!"

### שיחון א׳: ״תודה רבה!״ ״אין בעד מה!״

(הטלפון מצלצל בדירה של ד״ר שכטר.)

ד״ר שכטר: הלו! פה ד״ר שכטר.
רונית: ד״ר שכטר?
ד״ר שכטר: כן. ד״ר יוחנן שכטר. מי מדבר?
רונית: מדברת רונית מזרחי.
ד״ר שכטר: רונית מזרחי?? ד״ר רונית מזרחי?
רונית: לא. אני לא דוקטור. אני סטודנטית חדשה.
ד״ר שכטר: אה. סטודנטית חדשה.
רונית: אני תלמידה בכיתה שלך לספרות.
ד״ר שכטר: יפה מאוד! אפשר לעזור לך?
רונית: אני לא יודעת מתי השיעור לספרות מתחיל ומתי הוא נגמר.
ד״ר שכטר: אני מצטער מאוד, אבל גם אני לא יודע.
רונית: גם אתה לא יודע? אז מי יודע?
ד״ר שכטר: המזכירה יודעת. הטלפון של המזכירה: 76-24-35
רונית: תודה רבה.
ד״ר שכטר: אין בעד מה!
(במשרד.)
רונית: סליחה, מתי מתחיל השיעור של ד״ר שכטר?
המזכירה: את לא תלמידה בקורס שלו? את לא יודעת שהשיעור של ד״ר שכטר מתחיל בארבע ונגמר בשש?
רונית: כל כך מאוחר? מארבע עד שש?
המזכירה: זה קורס רציני. זאת אוניברסיטה ולא גן ילדים.
רונית: אפשר לטלפן מכאן?
המזכירה: לא. אי אפשר.
רונית: למה לא?
המזכירה: כי אין במשרד טלפון ציבורי.

רונית:    לא ידעתי. ואיפה יש טלפון ציבורי?

המזכירה:    בספריה או בקפיטריה.

רונית:    אבל אין לי טלקרט.

המזכירה:    זאת הבעייה שלך!

# EXPRESSIONS: "EXCUSE ME," "THANK YOU," "YOU'RE WELCOME"

The following words and phrases are used to preface requests and to express thanks, apology, and acknowledgment.

| SPEECH PATTERNS | תבניות לשון |
|---|---|
| *Excuse me*, where is the bus stop? | סליחה, איפה תחנת האוטובוס? |
|   On Spring Street. | ברחוב האביב. |
| *Thank you*! | תודה רבה! |
|   *You are welcome*! | אין בעד מה! |
| *Pardon me*, what time is it? | סליחה, מה השעה? |
|   It's seven o'clock. | השעה שבע. |
| *Thanks*! | תודה! |
|   *You are welcome*! | בבקשה! |

| EXERCISE 1 | תרגיל מספר 1 |
|---|---|

In pairs, practice the short dialogues. Write similar ones.

סליחה, איפה הקורס לעברית?
בחדר מספר 2.
תודה רבה.

סליחה, איפה הספריה?
על יד הקפיטריה.
תודה רבה.
אין בעד מה.

יש לי בעייה!
מה הבעייה?
אני לא יודעת איפה המשרד.
המשרד בבניין א'.
תודה.
בבקשה.
על לא דבר.

**SPEECH PATTERNS** **תבניות לשון**

| | |
|---|---|
| Can I help you? | אפשר לעזור לך? |
| Is it possible to go to your office? | אפשר ללכת למשרד שלך? |
| It is impossible to study without a book. | אי אפשר ללמוד בלי ספר. |

## EXPRESSING POSSIBILITY

### It Is Possible/It Is Impossible אֶפְשָׁר/אִי אֶפְשָׁר

The expression **אפשר** is used in a statement to assert that it is possible to do something. It is an impersonal expression, as it does not have a personal subject. The negation of such an assertion is introduced by the expression **אי אפשר**.

| | |
|---|---|
| *It is possible* to walk. | אֶפְשָׁר ללכת ברגל. |
| *It is impossible* to walk. | אִי אֶפְשָׁר ללכת ברגל. |

In a question, the expression **אפשר** can also have the function of requesting permission or offering help.

| | |
|---|---|
| *May I* sit down (here)? | אפשר לשבת? |
| *Can we* help you? | אפשר לעזור לכם? |

**אפשר** and **אי אפשר** are always followed by an infinitive!

### It Is Possible/It Is Impossible יִתָּכֵן/לֹא יִתָּכֵן

Another expression is **ייתכן** "it is possible/it is probable," along with its negation, **לא ייתכן** "it is not possible/it is not probable." These expressions are usually self-contained and serve to confirm or deny what was just expressed.

| | |
|---|---|
| Is Rina at home now? *It is possible*! | רינה נמצאת עכשיו בבית? יִתָּכֵן! |
| You may not sit here. *That is impossible*! | אסור לשבת פה. לֹא יִתָּכֵן! |

### It Is Possible/It Is Impossible That ייתכן ש/לא ייתכן ש

The expressions **ייתכן** and **לא ייתכן** can also be followed by a clause introduced by the particle **-ש**.

| | |
|---|---|
| *It is probable that* Dan is at home tonight? | ייתכן שדן נמצא בבית הערב? |
| *It is inconceivable that* they did not go to class. | לא ייתכן שהם לא הלכו לשיעור. |

## Perhaps/Perhaps Not                                            אולי/אולי לא

An adverb that expresses both doubt and possibility is אוּלַי "perhaps." It can stand
by itself as a response or can initiate a sentence.
It often initiates a sentence in the future, expressing a possibility of things to come.

Are you going to the movies?                              אתם הולכים לקולנוע?

    *Perhaps*! We don't know yet. And you?          אוּלַי! אנחנו עוד לא יודעים. ואתם?

*Perhaps yes* and *perhaps no*.                          אולי כן ואולי לא.

## Possible Combinations

*Positive Statements*                                     חיוב

It is possible + infinitive verb                         אפשר + לבוא

It is possible!                                           ייתכן!

It is possible + that + sentence                         ייתכן + ש- + דני בבית?

Perhaps!                                                 אולי!

Perhaps + sentence                                       אולי + דני בבית.

*Negative Statements*                                    שלילה

It is impossible + infinitive verb                       אי אפשר + לבוא

It is impossible!                                         לא ייתכן!

It is impossible + that + sentence                       לא ייתכן + ש- + דני לא בבית.

Perhaps not!                                             אולי לא!

**EXERCISE 2**                                           תרגיל מספר 2

Complete the answers with full sentences.

אפשר לקנות כאן אסימונים?

לא. _____

אפשר ללמוד כאן?

כן. _____

אפשר לטלפן מכאן?

לא. _____

אפשר לשתות קפה?

כן. _____

אפשר ללמוד כאן מוסיקה?

לא. _____

Change the sentences from positive to negative.

ייתכן שיש להם ספרים חדשים.

____________________

הם באים? ייתכן!

הם לא באים? ____________________

ייתכן שהיא כבר הלכה לישון.

____________________

---

**SPEECH PATTERNS** — **תבניות לשון**

| | |
|---|---|
| Ronit does not know where and when Dr. Shechter's class is. | רונית לא יודעת איפה ומתי השיעור של ד"ר שכטר. |
| The secretary also did not know where the class is. | גם המזכירה לא ידעה איפה השיעור. |

---

## THE VERB לדעת "TO KNOW"

Here are the present and past tense forms of לָדַעַת "to know/be informed."

בסיס:ידע- שורש: י.ד.ע. גזרה: פ"י.

הווה: יוֹדֵעַ, יוֹדַעַת, יוֹדְעִים, יוֹדְעוֹת.

עבר:

| First and Second Person | Third Person |
|---|---|
| יָדַעְתִּי | |
| יָדַעְתָּ | הוא יָדַע |
| יָדַעְתְּ | הִיא יָדְעָה |
| | |
| יָדַעְנוּ | |
| יְדַעְתֶּם | הם יָדְעוּ |
| יְדַעְתֶּן | הן יָדְעוּ |

Related nouns are יֶדַע "knowledge," יְדִיעָה "an item of news/information," מַדָּע "science," and מֵידָע "information."

The verb לדעת can be followed by a direct object, by an infinitive, or by an interrogative sentence initiated by a question word.

| | |
|---|---|
| To know + direct object: | אני יודעת אנגלית. |
| To know + infinitive: | הוא יודע לדבר אנגלית. |
| To know + question word: | אני לא יודע איפה הבנק. |

### "To Know" + Question Words — לָדַעַת + מילות שאלה

מה אתם עושים כאן?
אנחנו רוצים לדעת מה אתם עושים כאן.
עם מי הם לומדים?
אנחנו לא יודעים עם מי הם לומדים.
איפה הם גרים?
אנחנו לא יודעים איפה הם גרים.

### "To Know" + If — לָדַעַת אִם

The question word **?האם** in yes/no questions changes to the word **אם** "if" when it is used to link "to know" with a sentence.

| | |
|---|---|
| *Is there* a lesson today? | *האם* יש שיעור היום? |
| Do you know *if there is* a lesson today? | אתם יודעים *אם* יש שיעור היום? |

### "To Know" + That — לָדַעַת שֶׁ...

The answer to a question about what we know is often an embedded sentence that is linked to the verb "to know" by the particle **-ש** "that."

| | |
|---|---|
| What do we know? | מה אנחנו יודעים? |
| We *know that* he is in town. | אנחנו יודעים שהוא נמצא בעיר. |

### EXERCISE 3 — תרגיל מספר 3

Complete the questions and answers according to the example.

איפה הקפיטריה?
את יודעת איפה הקפיטריה?
כן. אני יודעת איפה הקפיטריה.

מי המזכירה?
אתה ______________________________?
______________________________.

יש קונצרט הערב?
אתם ______________________________?
______________________________.

מה ההורים שלכן עושים הערב?
אתן ______________________________?
______________________________.

האם היא לא רוצה לבוא איתנו?

את ______________________________?

______________________________.

לאן יוסי רוצה לנסוע?

אתן ______________________________?

______________________________.

האם אפשר לעזור לדני?

אתם ______________________________?

______________________________.

## THE VERB לעזור "TO HELP"

Here are the present and past tense forms of לַעֲזוֹר "to help/assist."

בסיס: עזר- שורש: ע.ז.ר. גזרה: שלמים.

הווה: עוֹזֵר, עוֹזֶרֶת, עוֹזְרִים, עוֹזְרוֹת.

| עבר: | First and Second Person | Third Person |
|---|---|---|
| | עָזַרְתִּי | |
| | עָזַרְתָּ | הוא עָזַר |
| | עָזַרְתְּ | היא עָזְרָה |
| | | |
| | | עָזַרְנוּ |
| | עֲזַרְתֶּם | הם עָזְרוּ |
| | עֲזַרְתֶּן | הן עָזְרוּ |

Related nouns are (נ) עֶזְרָה "help, assistance," (נ) עוֹזֶרֶת "household help/maid," and עוֹזֵר/עוֹזֶרֶת הוֹרָאָה "teaching assistant."

In Hebrew the object of לעזור is linked to the verb with the preposition -ל. In English the object of "to help" is a direct object *without* a preposition. See the difference.

| | |
|---|---|
| Who is helping *you?* | מי עוזר לךָ? |

**EXERCISE 4** **תרגיל מספר 4**

Change the verb forms from present to past tense.

דן עוזר לכולם.

דליה לא עוזרת לאף אחד.

מה אתה עושה? אתה עוזר להם ללמוד?

אני עוזרת למורה בעבודה שלו.

אתם עוזרים למישהו?

אנחנו עוזרות לחברות שלנו.

למה את אף פעם לא עוזרת לאף אחד?

Here are the conjugations of the preposition ...ל with personal pronoun suffixes:

| יחיד | | רבים | |
|---|---|---|---|
| לִי | | לָנוּ | |
| לְךָ | לָךְ | לָכֶם | לָכֶן |
| לוֹ | לָהּ | לָהֶם | לָהֶן |

**EXERCISE 5** **תרגיל מספר 5**

Complete the preposition ...ל with the appropriate pronoun suffix:

1. עזרנו לדוד לכתוב את השיעורים שלו. עזרנו ______ לכתוב שיעורים.
2. הוא לא רוצה לעזור ______ לקרוא את הספר. אני לא מבינה אותו!
3. אתם עוזרים להורים שלכם בחנות שלהם? אתם עוזרים ______ בעבודה?
4. מי עזר לרינה ללמוד? אף אחד לא עזר ______, כי היא לא עוזרת לאף אחד.
5. דליה ורינה, אפשר לעזור ______ לעשות תוכניות למסיבה?

---

**SPEECH PATTERNS** **תבניות לשון**

| | |
|---|---|
| Why are you studying history? | למה/מדוע אתה לומד הסטוריה? |
| Because I like to study history. | כי אני אוהב ללמוד הסטוריה. |
| Why don't you study? | למה/מדוע את לא לומדת? |
| Because I don't want to study. | מפני שאני לא רוצה ללמוד. |

---

## WHY? BECAUSE . . .

In posing the question "why?" one can use either of the two question words למה? or מדוע?. They are both used in everyday language.

There are several particles, the equivalent of "because," that can initiate an answer to such a question. The two used here are כִּי and ...מִפְּנֵי שֶ.

The particle כִּי is usually used only *after* the main proposition has been stated:

We are not studying, *because* we are tired. אנחנו לא לומדים, כי אנחנו עייפים.

This particle can initiate a sentence, but *only after* the question has been posed.

*Why* are you not studying? למה אתן לא לומדות?
*Because* we are tired. כי אנחנו עייפות.

The expression ...מִפְּנֵי שׁ can also be used with the same meaning.

We are not studying, *because* we are tired. אנחנו לא לומדים, מפני שאנחנו עייפים.
*Why* are you not studying? למה אתן לא לומדות?
*Because* we are tired. מפני שאנחנו עייפות.

It can also initiate a sentence. It will be part of a two-clause sentence, in which it initiates the *cause* and is followed by a sentence that states the *result*.

| | | |
|---|---|---|
| Cause: | *Because* he does not like to work, | מפני שהוא לא אוהב לעבוד, |
| Effect: | he does not have money. | אין לו כסף. |
| or | | |
| Proposition: | He does not have money, | אין לו כסף, |
| Result: | *because* he does not like to work. | מפני שהוא לא אוהב לעבוד. |

## EXERCISE 6    תרגיל מספר 6

Complete or create the questions and answers.

למה אתם יושבים בבית?

_____

מדוע לא באתם למסיבה שלי?

_____

למה את לא באה איתנו לקולנוע?

_____

מדוע לא קמתם מוקדם בבוקר?

_____


_____?

כי אנחנו עסוקים מאוד.

_____?

מפני שהם לא בבית.

_____?

מפני שאין לי מספיק כסף.

_____?

כי אני לא רוצה.

מפני ש_____, אין לנו זמן ללכת לקונצרט.

מפני ש_____, הם לא יודעים לאן ללכת.

## EXERCISE 7    תרגיל מספר 7

Read Dialogue A (p. 217) and then answer the questions.

למה ד"ר שכטר לא עוזר לרונית?

_____

למה המזכירה לא עוזרת לרונית?

_____

למה רונית לא יודעת איפה ומתי השיעורים שלה?

_____

## THE VERB SYSTEM: BINYANIM (CONJUGATION PATTERNS) בניינים

What are the shared features of the two verbs in the following sentences? What are the differences?

| | |
|---|---|
| I *am studying* Hebrew. | אני לוֹמֵד עברית. |
| I *am teaching* Hebrew. | אני מְלַמֵּד עברית. |

We can see that the verbs *share a root* (ל.מ.ד.), but they *do not share the same form* or *share the same meaning*. They belong to two different groups of verbs – to different conjugation patterns – which are classified by their vowel and consonant composition. These conjugation groups are known in Hebrew as **בניינים**. There are seven major **בניינים**.

### Is There a Concept Equivalent to בניינים in English?

There is no concept equivalent to **בניינים** in English, just as there are no concepts similar to **שורשים** or **גזרות**. The classification of verbs in conjugation patterns is typical of the structure of Semitic languages. The closest we can get to the notion of **בניינים** in English is verb groups, organized according to the different vowel and consonant combinations in different tenses. The notion of organizing verbs by their shape, following prescribed vowel and consonant patterns, is similar to that of the **בניינים**.

| | |
|---|---|
| ring, sing | think, bring |
| rang, sang | thought, brought |

As you are introduced to each one of the **בניינים** it will become clearer that a **בניין** is merely a conjugation *pattern* of verbs in all tenses and moods that *share verb stems* in these tenses and moods.

### The Names of the Seven בניינים

| | |
|---|---|
| pa'al | פָּעַל |
| nif'al | נִפְעַל |
| pi'el | פִּיעֵל |
| pu'al | פּוּעַל |
| hif'il | הִפְעִיל |
| hof'al | הוּפְעַל |
| hitpa'el | הִתְפַּעֵל |

## How Useful Is the Concept of בניינים?

The organizational scheme of verbs according to שורש, גזרה, and בניין will be helpful to you in conjugating new verb forms that share features with verbs you already know. If you know their roots, root classifications, and conjugation patterns, you'll be able to conjugate new verbs. This knowledge is also helpful in deciphering new words. The meaning of words resides in their pattern as well as in their root.
You will be introduced gradually to the various conjugation patterns in the next volume. All presentations of verbs will include information about שורש, גזרה, and בניין.

## Are the בניינים Difficult to Learn?

None of the conjugation patterns presents any particular difficulties for the learner. It is the *concept* of בניינים that presents the most difficulty for English speakers, since there is no equivalent system in English. Also, the fact that there are quite a few combinations of roots and patterns means that it takes time to absorb and internalize all the conjugations. Give it some time and patience and you will find it helpful!

Here are verbs you have encountered in five of the major בניינים.

|  | הווה | בניין | שם פועל |
|---|---|---|---|
| to help/assist | עוֹזֵר, עוֹזֶרֶת, עוֹזְרִים, עוֹזְרוֹת | פעל | לַעֲזוֹר |
| to talk | מְדַבֵּר, מְדַבֶּרֶת, מְדַבְּרִים, מְדַבְּרוֹת | פיעל | לְדַבֵּר |
| to end | נִגְמָר, נִגְמֶרֶת, נִגְמָרִים, נִגְמָרוֹת | נפעל | לְהִיגָּמֵר |
| to begin | מַתְחִיל, מַתְחִילָה, מַתְחִילִים, מַתְחִילוֹת | הפעיל | לְהַתְחִיל |
| to get in touch with | מִתְקַשֵּׁר, מִתְקַשֶּׁרֶת, מִתְקַשְּׁרִים, מִתְקַשְּׁרוֹת | התפעל | לְהִתְקַשֵּׁר |

**EXERCISE 8**                                                    תרגיל מספר **8**

Having observed the verbs just listed, can you determine to which בניין the following verbs belong?

| מַרְגִּישׁ (feels) | בניין: _____ |
|---|---|
| מִתְקָרֶבֶת (gets near) | בניין: _____ |
| מְסַפֵּר (tells) | בניין: _____ |
| נִכְנָס (enters) | בניין: _____ |
| כּוֹתֵב (writes) | בניין: _____ |

## PI'EL CONJUGATION: PRESENT TENSE          בניין פיעל: זמן הווה

In conjugation pi'el, the present tense verb forms are always preceded by the letter מ.
The vowel combination typical to the present tense is /a-e/.

Here are the present tense forms of the verb לְלַמֵּד "to teach."

בסיס: מלמד- שורש: ל.מ.ד. גזרה: שלמים בניין: פיעל

| יחיד | | יחידה | |
|---|---|---|---|
| אני | | אני | |
| אתה | מְלַמֵּד | את | מְלַמֶּדֶת |
| הוא | | היא | |
| **רבים** | | **רבות** | |
| אנחנו | | אנחנו | |
| אתם | מְלַמְּדִים | אתן | מְלַמְּדוֹת |
| הם | | הן | |

## SPEECH PATTERNS / תבניות לשון

| | |
|---|---|
| Do you teach Hebrew? | אתה מלמד עברית? |
| No. I teach psychology. | לא. אני מלמד פסיכולוגיה. |
| Do you teach at the university? | אתן מלמדות באוניברסיטה? |
| Sure. We teach here. | בטח. אנחנו מלמדות כאן. |
| Are you studying or do you teach? | אתם לומדים או מלמדים? |
| We are studying. We do not teach. | אנחנו לומדים. אנחנו לא מלמדים. |
| Does she teach in the morning or in the evening? | היא מלמדת בבוקר או בערב? |
| She teaches in the afternoon. | היא מלמדת אחרי הצהריים. |

## EXERCISE 9 / תרגיל מספר 9

Complete the sentences with present tense forms of the verbs לְדַבֵּר and לְלַמֵּד. Follow the example.

טוֹני וּמַריוֹ, אתם *מדברים* איטלקית?
כן. אנחנו מאיטליה ואנחנו *מדברים* איטלקית.
טוני ומריו, אתם *מלמדים* איטלקית?
כן. אנחנו מאיטליה ואנחנו *מלמדים* איטלקית.

חוּאָן וחוּאָנִיטָה, __________ __________ צרפתית?
לא. __________ __________ ספרדית.
חואן וחואניטה, __________ __________ צרפתית?
לא. __________ __________ ספרדית.

ז'אק וז'קלין, אתם __________ צרפתית?
כן. __________ __________ צרפתית.
ז'אק וז'קלין, אתם __________ צרפתית?
כן. __________ __________ צרפתית.

ג'והן, _____ _____ אנגלית?

כן. _____ _____ אנגלית.

ג'והן, _____ _____ אנגלית?

כן. _____ _____ אנגלית.


יוקו, את _____ יפנית?

לא. אני לא מיפן. אני מקליפורניה.

אני לא _____ יפנית. אני _____ אנגלית.

יוקו, את _____ יפנית?

לא. אני לא מיפן. אני מקליפורניה.

אני לא _____ יפנית. אני _____ אנגלית.


מי _____ סינית?

אנחנו. אנחנו לומדים סינית ואנחנו _____ קצת סינית.

מי _____ סינית?

אנחנו. אנחנו לומדים סינית ואנחנו _____ קצת סינית.


נטשה, את _____ רוסית?

כן. אני מרוסיה ואני _____ רוסית וגם פולנית.

נטשה, את _____ רוסית?

כן. אני מרוסיה ואני _____ רוסית וגם פולנית.

# חלק ב׳

# PART B

## שיחון ב׳: מתי אפשר לדבר עם ד״ר כץ?

## DIALOGUE B: WHEN IS IT POSSIBLE TO SPEAK TO DR. KATZ?

(השעה 4:00. המזכירה אהובה במשרד של היועץ. אורי בא לדבר עם היועץ.)

אורי: אפשר לדבר עם ד״ר כץ?
אהובה: מה שמך?
אורי: אורי לוי.
אהובה: מה הכתובת שלך? ומה מספר הטלפון שלך?
אורי: אני גר במעונות. טלפון: 9-8-5 3-4-7. אפשר להתקשר רק אחרי אחת עשרה בבוקר.
אהובה: מה הבעייה שלך? למה אתה רוצה לדבר עם ד״ר כץ?
(עוד סטודנט בא.)
סטודנט: אפשר לדבר עם היועץ, ד״ר כץ?
אהובה: לא עכשיו! אני מדברת עם מישהו עכשיו. עוד רגע!
(אהובה מדברת עם אורי.)
אורי: אני בקורס של ד״ר כץ. אני רוצה לדבר איתו לפני שהשיעור שלו מתחיל.
אהובה: אפשר לדבר איתו רק אחרי שהשיעור שלו נגמר.
אורי: כמה זמן השיעור שלו נמשך? מאיזו שעה עד איזו שעה הוא מלמד?
אהובה: השיעור שלו נמשך שעתיים. הוא מלמד מ2:00 עד 4:00.
אורי: והוא נמצא אחר כך במשרד?
אהובה: אני לא יודעת. הוא בא למשרד או הולך הביתה.
אורי: אפשר לבוא ביום ששי בצהריים?
אהובה: בצהריים? לא! אבל אפשר לבוא בתשע.
אורי: בתשע? אפשר לבוא אחרי הצהריים?
אהובה: מה יש? אתה לא קם לפני תשע?
אורי: אני קם מאוחר. אני עובד עד אחת בבוקר.
אהובה: אתה רוצה ללמוד או לעבוד?
אורי: גם זה וגם זה!
אהובה: ביום ששי ד״ר כץ הולך הביתה מוקדם.
יום שני בשלוש?
אורי: תודה!
אהובה: על לא דבר!

---

### תבניות לשון

### SPEECH PATTERNS

**מתי** אתה קם בבוקר?
אני קם מוקדם בבוקר.
**מתי** את קמה?
אני קמה בשמונה בבוקר.

When do you get up in the morning?
I get up early in the morning.
When do you get up?
I get up at eight in the morning.

## THE QUESTION WORD "WHEN?"

The question word מתי? "when?" can be answered using adverbs, prepositions, or nouns that relate to time.

### Answers with Adverbs of Time

| | |
|---|---|
| Ruth does not get up *early*. | רות לא קמה מוקדם. |
| She gets up *late*. | היא קמה מאוחר. |
| She does not come to work *on time*. | היא לא באה לעבודה בזמן. |

### Answers Introduced by Prepositions

| | |
|---|---|
| *at* ב- | *before* לפני |
| בבוקר | לפני הצהריים |
| בצהריים | לפני השיעור |
| בערב | *after* אחרי |
| בלילה | אחרי הצהריים |
| ביום | אחרי השיעור |

### Times of Day and Night

| | |
|---|---|
| morning | בוקר (10:00–6:00) |
| late morning | לפני הצהריים (12:00–10:00) |
| noon | צהריים (2:00–12:00) |
| afternoon | אחרי הצהריים (5:00–3:00) |
| evening | ערב (10:00–6:00) |
| night | לילה (מ 11:00 עד הבוקר) |

**EXERCISE 10** **תרגיל מספר 10**

Use time expressions to complete the questions and answers. Then change to past tense.

| | |
|---|---|
| דן, מתי אתה בא למשרד? | אני בא למשרד *בבוקר.* |
| *דן, מתי באת למשרד?* | *באתי למשרד בבוקר.* |
| דליה, ________ לומדת? | אני לומדת ________. |
| תלמידות, מתי השיעור? | השיעור ________. |
| דוד, ________ לכיתה? | אני בא לכיתה ________. |
| ילדים, ________ המורה באה? | המורה באה ________. |
| רות, ________ את קמה? | אני קמה ________. |

| | |
|---|---|
| מתי השיעור לעברית? | השיעור לעברית ________. |
| מתי אתם באים הביתה? | אנחנו באים הביתה ________. |
| מתי אתן לומדות? | אנחנו לומדות ________. |
| מתי אתם בבית? | אנחנו בבית ________. |
| מתי השיעור למוסיקה? | השיעור למוסיקה ________. |

BEFORE OR AFTER?

"Before" and "After": Prepositions — לפני ואחרי

When the prepositions **לפני** "before" and **אחרי** "after" initiate a sentence, they are followed by the subordinating particle **-ש** "that," which links the preposition to the rest of the sentence. When they are followed by a noun, no such particle is used.

| | |
|---|---|
| *Preposition + Noun* | *לפני/אחרי + שם* |
| before the meal | לפני הארוחה |
| after the movie | אחרי הסרט |
| *Preposition + Sentence* | *לפני/אחרי ש- + משפט* |
| before we eat | לפני שאנחנו אוכלים |
| after the movie ends | אחרי שהסרט נגמר |

**EXERCISE 11** — **תרגיל מספר 11**

Fill in the blanks with the prepositions **לפני** and **אחרי** only or with these prepositions and the subordinating particle **-ש**. Repeat each sentence with a different preposition, according to the following example.

________ השיעור אנחנו הולכים לספריה.
________ אנחנו הולכים לספריה, אנחנו שותים קפה.
לפני השיעור, אנחנו הולכים לספריה.
לפני שאנחנו הולכים לספריה, אנחנו שותים קפה.
אחרי השיעור, אנחנו הולכים לספריה.
אחרי שאנחנו הולכים לספריה, אנחנו שותים קפה.

________ הם לומדים, הם רוצים ללכת לקולנוע?
________ הלימודים, הם רוצים לנסוע לאמריקה?

________ דוד הולך הביתה, הוא מדבר בטלפון עם רינה.
________ רינה מדברת עם דוד, היא חוזרת ללימודים.

________ המסיבה במעונות, כולם הלכו למועדון הסטודנטים.
________ הם היו במועדון שעתיים, הם הלכו לפיצריה ברחוב הרצל.

## "Before" and "After": Adverbs — קודם ואחר-כך

The adverbs **קודם** "first/before" and **אחר-כך** "after/afterwards" function to place events in sequential order. They introduce sentences in such a sequential order.

| | |
|---|---|
| First, we went to the movies. | קודם הלכנו לקולנוע. |
| Afterwards, we went to the dorms. | אחר-כך הלכנו למעונות. |

## QUESTIONS ABOUT TIME

### What Time Is It? — מה השעה?

In Hebrew the question **מה השעה?** "what time is it?" is translated literally as "what is the hour?" The literal answer is (for example) 8 **השעה** "the hour is 8."

| | |
|---|---|
| Excuse me, sir, what time is it? | סליחה אדוני, מה השעה? |
| It is three o'clock exactly. | השעה שלוש בדיוק. |
| Excuse me, ma'am, what time is it? | סליחה גברתי, מה השעה? |
| It is four. | השעה ארבע. |

The feminine form of numbers is used for telling time. Two more numbers to which you have not yet been introduced are used to tell time.

| | |
|---|---|
| eleven | אַחַת עֶשְׂרֵה |
| twelve | שְׁתֵּיים עֶשְׂרֵה |

**EXERCISE 12: What Time Is It?** — **תרגיל מספר 12: מה השעה?**

Fill in the blanks with the correct numbers (written as words).

השעה ____________ (1) בצהריים.
השעה ____________ (2) בלילה.
השעה ____________ (8) בבוקר.
השעה ____________ (9) בערב.
השעה ____________ (10) בבוקר.
השעה ____________ (3) אחרי הצהריים.
השעה ____________ (11) בלילה.
השעה ____________ (4) אחרי הצהריים.
השעה ____________ (12) בלילה = חצות.

### At What Time? At . . . — באיזו שעה? ב-

| | |
|---|---|
| *At what time* do you eat lunch? | באיזו שעה אתה אוכלים ארוחת צהריים? |
| We eat lunch *at one.* | אנחנו אוכלים ארוחת צהריים בשעה אחת. |

## From What Time until What Time? — מאיזו שעה עד איזו שעה?

מאיזו שעה עד איזו שעה אתה עובד?
אני עובד כל הבוקר: משמונה עד שתים עשרה.

### EXERCISE 13 — תרגיל מספר 13

Fill in the blanks with the correct numbers (written as words).

באיזו שעה אתם הולכים לישון?
אנחנו הולכים לישון ב__________ (12:00).
באיזו שעה את אוכלת ארוחת ערב?
אני אוכלת ארוחת ערב ב__________ (7:00).
באיזו שעה הלכת לישון?
הלכתי לישון ב__________ (11:00).
באיזו שעה באת לשיעור?
באתי לשיעור ב__________ (10:00).

מאיזו שעה עד איזו שעה השיעור לכימיה?
השיעור לכימיה מ__________ (2:00) עד __________ (5:00).
מאיזו שעה עד איזו שעה אתם לומדים?
אנחנו לומדים מ__________ (9:00) עד __________ (1:00).
מאיזו שעה עד איזו שעה למדת בספריה?
למדתי בספריה מ__________ (8:00) בערב עד __________ (10:00).
מאיזו שעה עד איזו שעה ישבתם בבית קפה?
ישבנו בבית קפה מ__________ (4:00) עד __________ (6:00).

## How Long? — כמה זמן?

Questions about duration of time are posed with the question word כמה "how much" plus זמן "time," which corresponds to "how long?"

| | |
|---|---|
| How long have you been studying Hebrew? | כַּמָּה זְמַן אתם כבר לומדים עברית? |
| We have been studying Hebrew for a year. | אנחנו לומדים עברית כבר שנה. |

## REVIEW OF VERBS

*בניין: נפעל*

| *שם הפועל* | | *זמן הווה* |
|---|---|---|
| לְהִיגָּמֵר | "to be finished/to end" | נִגְמָר, נִגְמֶרֶת, נִגְמָרִים, נִגְמָרוֹת |
| לְהִימָּשֵׁךְ | "to last/to continue" | נִמְשָׁךְ, נִמְשֶׁכֶת, נִמְשָׁכִים, נִמְשָׁכוֹת |

*בניין: הפעיל*

| *שם פועל* | | *זמן הווה* |
|---|---|---|
| לְהַתְחִיל | "to begin/to start" | מַתְחִיל, מַתְחִילָה, מַתְחִילִים, מַתְחִילוֹת |

## EXERCISE 14 — תרגיל מספר 14

Add the missing verbs according to the English translation. Follow the same order of verbs in the next two parts of the exercise.

| | |
|---|---|
| How long does the Hebrew class last? | כמה זמן ______ השיעור לעברית? |
| The class begins at eight. | השיעור ______ בשמונה. |
| The class ends at nine. | השיעור ______ בתשע. |
| The class lasts one hour. | השיעור ______ שעה אחת. |

כמה זמן ______ הארוחה?
הארוחה ______ בשש.
היא ______ בתשע.
היא ______ שלוש שעות.

כמה זמן ______ הלימודים?
הלימודים ______ בספטמבר.
הם ______ ביוני.
הם ______ עד סוף יוני.

## DAYS OF THE WEEK — ימי השבוע

There are two sets of names for the days of the week. (Saturday has no numerical designation.)

| | *Numerical Designation* | *Name* |
|---|---|---|
| Sunday | יום א' | יוֹם רִאשׁוֹן |
| Monday | יום ב' | יוֹם שֵׁנִי |
| Tuesday | יום ג' | יוֹם שְׁלִישִׁי |
| Wednesday | יום ד' | יוֹם רְבִיעִי |
| Thursday | יום ה' | יוֹם חֲמִישִׁי |
| Friday | יום ו' | יוֹם שִׁשִּׁי |
| Saturday | | שַׁבָּת |

In official documents or newspapers days are often referred to by their name. In common speech, the numerical designations for the days of the week are used.

## When? On What Day? — מתי? באיזה יום?

| *באיזה יום?* | *מתי?* |
|---|---|
| ביום ראשון. | בבוקר. |
| ביום שני. | בצהריים. |
| ביום שלישי. | בערב. |
| ביום רביעי. | בלילה. |
| ביום חמישי. | לפני הצהריים. |
| ביום ששי. | אחרי הצהריים. |
| בשבת. | בחצות. |

### EXERCISE 15 — תרגיל מספר 15

Answer the following questions. Then make up your own questions.

באיזה יום אתה לומד/את לומדת?
באיזה יום אתה הולך/את הולכת לקולנוע?
באיזה יום יש מסיבה?
באיזה יום יש קונצרט?
באיזה יום לא הולכים לעבוד או ללמוד?

### EXERCISE 16 — תרגיל מספר 16

Answer the following questions. Then make up your own questions.

מה את/ה עושה ביום ראשון בבוקר?
מה את/ה עושה ביום שני בצהריים?
מה את/ה עושה ביום שלישי בארבע?
מה את/ה עושה ביום רביעי בערב?
מה את/ה עושה ביום חמישי בחצות?
מה את/ה עושה ביום ששי אחרי הצהריים?
מה את/ה עושה ביום שבת בבוקר?
מה את/ה עושה ביום שבת בצהריים?
מה את/ה עושה ביום שבת אחרי הצהריים?
מה את/ה עושה ביום שבת בערב?

## QUESTIONS AND ANSWERS THAT USE NUMBERS

What is your phone number? — מה מִספַּר הטלפון שלך?

My phone number is 1-5-3 6-4-9 — מספר הטלפון שלי 9-4-6 3-5-1 (אחת, חמש, שלוש, שש, ארבע, תשע).

What is your address?

My address is 12 Balfour Street.

מה הכְּתוֹבֶת שלך?

הכתובת שלי: רחוב בלפור שתיים עשרה.

What time is it?

The time is eleven o'clock.

מה השעה?

השעה אחת עשרה.

From when until when do you study?

From nine until ten o'clock in the morning.

ממתי עד מתי אתה לומד?

מתשע עד עשר בבוקר.

At what time do you go home?

I go home at five o'clock.

באיזו שעה אתה בא הביתה?

אני בא הביתה בחמש.

### EXERCISE 17: A Student's Day

תרגיל מספר 17: יום של סטודנט

Answer the questions with complete sentences that indicate the time of day.

בבוקר, מתי את/ה קם/ה?

_____ 7:00

מה את/ה לומד/ת? מתי את/ה לומד/ת?

_____ 8:00—9:00

_____ 10:00—9:00

_____ 11:00—10:00

_____ 12:00—11:00

בצהריים את/ה בבית? במעונות? בקפיטריה?

_____ 1:00—12:00

_____ 2:00—1:00

אחרי הצהריים, מה את/ה לומד/ת? מתי?

_____ 3:00—2:00

_____ 4:00—3:00

_____ 5:00—4:00

בערב, את/ה? בבית? במעונות? בקפיטריה?

_____ 7:00—6:00

_____ 8:00—7:00

_____ 10:00—8:00

בלילה, מתי את/ה הולכ/ת לישון?

_____ 12:00

## EXERCISE 18: Questions and Answers — תרגיל מספר 18: שאלות ותשובות

Answer the questions.

באיזו שעה את/אתה קמ/ה בבוקר?
באיזו שעה את/אתה בא/ה לאוניברסיטה?
באיזו שעה את/אתה בא/ה לעבודה?
מאיזו שעה עד איזו שעה את/אתה באוניברסיטה?
מאיזו שעה עד איזו שעה את/אתה בעבודה?
באיזו שעה את/אתה הולך/הולכת לישון?
מה מספר הטלפון שלך בבית?
מה מספר הטלפון שלך בעבודה?
מה הכתובת שלך בבית?
מה הכתובת שלך בעבודה?
מה הכתובת שלך באוניברסיטה?

## EXERCISE 19: At the Office — תרגיל מספר 19: במשרד

Complete the answers to the secretary's questions. Add two or three interactions following this model.

**חלק א'**

המזכירה: מי אתה?
דן: אני ________ — Give first and last name:
המזכירה: מה אתה לומד?
דן: אני ________ — Give your subjects of study:
המזכירה: האם אתה מדבר אנגלית?
דן: ______. אני ________ — Answer yes or no:
המזכירה: מה אתה עושה?
דן: אני ________ — Give your profession:
המזכירה: איפה אתה עובד?
דן: ________ — Give your place of employment:
המזכירה: מה הכתובת שלך בבית?
דן: ________ — Give your address (use digits):
המזכירה: מה הטלפון שלך בבית?
דן: ________ — Give your telephone number:

*המזכירה כותבת:*

שמו ________ הוא לומד ________. הוא מדבר אנגלית.
הוא ________. הוא עובד ב________. הכתובת שלו בבית ________
ומספר הטלפון שלו בבית ________.

חלק ב׳

המזכירה:    מי את?

דליה:    אני _____

המזכירה:    מה את לומדת?

דליה:    אני _____

המזכירה:    האם את מדברת אנגלית?

דליה:    _____ אני. _____

המזכירה:    מה את עושה?

דליה:    אני _____

המזכירה:    איפה את עובדת?

דליה:    _____

המזכירה:    מה הכתובת שלך בבית?

דליה:    _____

המזכירה:    מה הטלפון שלך בבית?

דליה:    _____

*המזכירה כותבת:*

שמה _____. היא לומדת _____ היא לא מדברת אנגלית.

היא _____ היא עובדת ב_____. הכתובת שלה בבית

_____ ומספר הטלפון שלה בבית _____.

**EXERCISE 20: Prepositions**                              תרגיל מספר 20: מילות יחס

Complete the passage by adding prepositions from the following list.

עם, על, מ, ל, ב

אנחנו לומדים עברית _____ שיעור של ד״ר שכטר. אנחנו לומדים _____ רינה
ואמנון. אנחנו באים _____ שיעור מוקדם. ד״ר שכטר לא בא _____ שיעור מוקדם –
הוא בא מאוחר. הוא בא _____ הבית _____ אוטובוס. האוטובוס לא בא _____ זמן,
אז גם ד״ר שכטר לא בא _____ זמן.

ד״ר שכטר מלמד אותנו ספרות. הוא אוהב לדבר, אז הוא מדבר הרבה _____ שיעור.
הוא מדבר _____ ספרים. הוא מדבר _____ סופרים. אנחנו מדברים הרבה אחרי
השיעור. אנחנו לא מדברים _____ ספרים – אנחנו מדברים _____ מוסיקה. אנחנו לא
מדברים _____ ד״ר שכטר אחרי השיעור – אנחנו מדברים _____ חברים
_____ קפיטריה. אנחנו מדברים _____ התוכניות שלנו _____ ו_____ המסיבות
שלנו.

_____ ערב אנחנו עובדים _____ ״פאב״ על יד האוניברסיטה. אנחנו עובדים
_____ שמונה עד אחת עשרה. בשתים עשרה אנחנו באים הביתה. _____ אחת אנחנו
הולכים לישון.

## LESSON 10 SUMMARY

# שיעור 10: סיכום

Communicative Skills Introduced in This Lesson

1. How to request, thank, and apologize
2. How to ask for a reason and explain cause
3. How to ask for and tell time

Grammatical Information Introduced in This Lesson

1. Expressions of thanks, request, and apology

סליחה, איפה החדר של אורלי?

בקומה ב׳.

תודה רבה!

אין בעד מה!

סוכר, בבקשה!    הנה הסוכר!    תודה רבה!

2. Impersonal expressions: It is possible/it is impossible

   Expressing possibility:

אפשר ללכת לחנות ברגל?

לא. אי אפשר.

הם בבית?

ייתכן (שהם בבית).

אתם באים הערב?

אולי.

   Asking permission:

אפשר לשבת?

בטח!

3. Present and past tense of the verbs "to know" and "to help"

לדעת, לעזור

4. Why? Because...

למה אתם לא רוצים לבוא הערב?

כי אין לנו זמן.

מדוע אין לכם זמן?

מפני שאנחנו עובדים.

5. Verb conjugation patterns

בניינים

פעל, נפעל, פיעל, פועל, הפעיל, הופעל, התפעל

6. When?

מתי?

   At what time?

באיזו שעה?

   before and after

לפני/אחרי לפני ש/אחרי ש

   first and afterward

קודם/אחר כך

   During the day or at night?

ביום או בלילה?

בבוקר, לפני הצהריים, בצהריים, אחרי הצהריים, בערב, בחצות

7. How long?

כמה זמן?

8. Verbs: "to end," "to last," "to begin"

להיגמר, להימשך, להתחיל

9. Days of the week

ימי השבוע

# WORD LIST FOR LESSON 10 — אוצר מילים לשיעור 10

## Nouns — שמות

| | *רבים* | *יחיד/ה* |
|---|---|---|
| eleven | | אַחַת עֶשְׂרֵה |
| token | אֲסִימוֹנִים | אֲסִימוֹן (ז) |
| verb conjugation | בִּנְיָינִים | בִּנְיָין (ז) |
| post office | | דּוֹאַר (ז) |
| midnight | | חֲצוֹת |
| day | יָמִים | יוֹם (ז) |
| adviser/counselor | | יוֹעֵץ-יוֹעֶצֶת |
| address | כְּתוֹבוֹת | כְּתוֹבֶת (נ) |
| test/examination | מִבְחָנִים | מִבְחָן (ז) |
| help | | עֶזְרָה (נ) |
| noon | צָהֳרַיִים | |
| afternoon | אַחֲרֵי הַצָּהֳרַיִים | |
| late morning | לִפְנֵי הַצָּהֳרַיִים | |
| hour | שָׁעוֹת | שָׁעָה (נ) |
| two hours | שַׁעֲתַיִים | |
| twelve | | שְׁתֵּים עֶשְׂרֵה |

| *Days of the Week* | *ימי השבוע* |
|---|---|
| Sunday | יוֹם רִאשׁוֹן או יום א׳ |
| Monday | יוֹם שֵׁנִי או יום ב׳ |
| Tuesday | יוֹם שְׁלִישִׁי או יום ג׳ |
| Wednesday | יוֹם רביעִי או יום ד׳ |
| Thursday | יוֹם חֲמִישִׁי או יום ה׳ |
| Friday | יוֹם שִׁשִּׁי או יום ו׳ |
| Saturday | שַׁבָּת |

## Verbs — פעלים

| *Infinitive and Imperative or Future Form for Command* | | |
|---|---|---|
| to begin | מַתְחִיל/מַתְחִילָה | לְהַתְחִיל |
| to last/continue | נִמְשָׁךְ/נִמְשֶׁכֶת | לְהִימָּשֵׁךְ |
| to end | נִגְמָר/נִגְמֶרֶת | לְהִיגָּמֵר |
| to teach | מְלַמֵּד/מְלַמֶּדֶת | לְלַמֵּד |
| to be sorry/ to regret | מִצְטַעֵר/מִצְטַעֶרֶת | לְהִצְטַעֵר |
| to get in touch | מִתְקַשֵּׁר/מִתְקַשֶּׁרֶת | לְהִתְקַשֵּׁר |
| *Infinitive and Past and Present* | | |
| to help/assist | עָזַר/עוֹזֵר | לַעֲזוֹר |

## Particles, Prepositions, and Adverbs — מילות ותארי פועל

| | |
|---|---|
| afterward | אַחַר כָּךְ |
| after | אַחֲרֵי/אַחֲרֵי שֶׁ |
| perhaps | אוּלַי |
| even | אֲפִילוּ |
| because | כִּי |
| before | לִפְנֵי/לִפְנֵי שֶׁ.. |
| why? | מַדּוּעַ?/לָמָּה? |
| because | מִפְּנֵי שֶׁ- |

## Expressions and Phrases — ביטויים וצירופים

| | |
|---|---|
| You are welcome! | אֵין בְּעַד מָה! |
| at what time? | בְּאֵיזוֹ שָׁעָה? |
| Exactly! | בְּדִיּוּק! |
| Sure! | בֶּטַח! |
| It is possible! | יִיתָּכֵן! |
| That is impossible! | לֹא יִיתָּכֵן! |
| department of literature | חוּג לְסִפְרוּת (ז) |
| public phone | טֶלֶפוֹן צִיבּוּרִי (ז) |
| how long? | כַּמָּה זְמַן? |
| What time is it? | מַה הַשָּׁעָה? |
| teaching assistant | עוֹזֵר הוֹרָאָה (ז) |

# APPENDIX: TABLES OF VERBS, NOUNS WITH SUFFIXES, AND PREPOSITIONS WITH SUFFIXES

## TABLE OF VERBS — לוחות פעלים

The forms are fully vocalized. Extra vav and yod are inserted in nonvocalized forms.

בניין פעל

| | | | | | | |
|---|---|---|---|---|---|---|
| גזרה: | שלמים | | פ"י | ע"ו | ל"ה | ל"א |
| שורש: | ג.מ.ר. | ש.מ.ע. | י.ר.ד. | ק.ו.מ. | ר.צ.ה. | ק.ר.א. |
| *שם הפועל* / *Infinitive* | | | | | | |
| | לִגְמוֹר | לִשְׁמוֹעַ | לָרֶדֶת | לָקוּם | לִרְצוֹת | לִקְרוֹא |
| | to finish | to hear | to go down | to get up | to want | to read |
| *הווה* / *Present Tense* | | | | | | |
| יחיד: | גּוֹמֵר | שׁוֹמֵעַ | יוֹרֵד | קָם | רוֹצֶה | קוֹרֵא |
| יחידה: | גּוֹמֶרֶת | שׁוֹמַעַת | יוֹרֶדֶת | קָמָה | רוֹצָה | קוֹרֵאת |
| רבים: | גּוֹמְרִים | שׁוֹמְעִים | יוֹרְדִים | קָמִים | רוֹצִים | קוֹרְאִים |
| רבות: | גּוֹמְרוֹת | שׁוֹמְעוֹת | יוֹרְדוֹת | קָמוֹת | רוֹצוֹת | קוֹרְאוֹת |
| *עבר* / *Past Tense* | | | | | | |
| אני: | גָּמַרְתִּי | שָׁמַעְתִּי | יָרַדְתִּי | קַמְתִּי | רָצִיתִי | קָרָאתִי |
| אתה: | גָּמַרְתָּ | שָׁמַעְתָּ | יָרַדְתָּ | קַמְתָּ | רָצִיתָ | קָרָאתָ |
| את: | גָּמַרְתְּ | שָׁמַעַתְּ | יָרַדְתְּ | קַמְתְּ | רָצִית | קָרָאת |
| אנחנו: | גָּמַרְנוּ | שָׁמַעְנוּ | יָרַדְנוּ | קַמְנוּ | רָצִינוּ | קָרָאנוּ |
| אתם: | גְּמַרְתֶּם | שְׁמַעְתֶּם | יְרַדְתֶּם | קַמְתֶּם | רְצִיתֶם | קְרָאתֶם |
| אתן: | גְּמַרְתֶּן | שְׁמַעְתֶּן | יְרַדְתֶּן | קַמְתֶּן | קְנִיתֶן | קְרָאתֶן |
| הוא: | גָּמַר | שָׁמַע | יָרַד | קָם | רָצָה | קָרָא |
| היא: | גָּמְרָה | שָׁמְעָה | יָרְדָה | קָמָה | רָצְתָה | קָרְאָה |
| הם/הן: | גָּמְרוּ | שָׁמְעוּ | יָרְדוּ | קָמוּ | רָצוּ | קָרְאוּ |

## עתיד — *Future Tense*

| | | | | | | |
|---|---|---|---|---|---|---|
| אני: | אֶגמֹר | אֶשמַע | אֵרֵד | אָקוּם | אֶרצֶה | אֶקְרָא |
| אתה: | תִגמֹר | תִשמַע | תֵרֵד | תָקוּם | תִרצֶה | תִקְרָא |
| את: | תִגְמְרִי | תִשְמְעִי | תֵרְדִי | תָקוּמִי | תִרְצִי | תִקְרְאִי |
| אנחנו: | נִגמֹר | נִשמַע | נֵרֵד | נָקוּם | נִרצֶה | נִקרָא |
| אתם: | תִגְמְרוּ | תִשְמְעוּ | תֵרְדוּ | תָקוּמוּ | תִרְצוּ | תִקְרְאוּ |
| אתן: | תִגְמְרוּ | תִשְמְעוּ | תֵרְדוּ | תָקוּמוּ | תִרְצוּ | תִקְרְאוּ |
| הוא: | יִגְמֹר | ישמַע | יֵרֵד | יָקוּם | יִרצֶה | יִקרָא |
| היא: | תִגמֹר | תִשמַע | תֵרֵד | תָקוּם | תִרצֶה | תִקרָא |
| הם/הן: | יִגְמְרוּ | יִשְמְעוּ | יֵרְדוּ | יָקוּמוּ | יִרְצוּ | יִקְרְאוּ |

## ציווי — *Imperative*

| | | | | | | |
|---|---|---|---|---|---|---|
| יחיד: | גְמֹר | שְמַע | רֵד | קוּם | רְצֵה | קְרָא |
| יחידה: | גִמְרִי | שִמְעִי | רְדִי | קוּמִי | רְצִי | קִרְאִי |
| רבים/ות: | גִמְרוּ | שִמְעוּ | רְדוּ | קוּמוּ | רְצוּ | קִרְאוּ |

| | | | | |
|---|---|---|---|---|
| בניין: | פיעל | נפעל | הפעיל | התפעל |
| גזרה: | שלמים | שלמים | שלמים | שלמים |
| שורש: | ד.ב.ר. | פ.ג.ש. | ת.ח.ל. | ק.ש.ר. |

## שם הפועל — *Infinitive*

| | | | |
|---|---|---|---|
| לְדַבֵּר | לְהִכָּנֵס | לְהַתְחִיל | לְהִתְקַשֵּר |
| to speak | to enter | to begin | to get in touch |

## הווה — *Present Tense*

| | | | | |
|---|---|---|---|---|
| יחיד: | מְדַבֵּר | נִכנָס | מַתְחִיל | מִתְקַשֵּר |
| יחידה: | מְדַבֶּרֶת | נִכְנֶסֶת | מַתְחִילָה | מִתְקַשֶּרֶת |
| רבים: | מְדַבְּרִים | נִכנָסִים | מַתְחִילִים | מִתְקַשְּרִים |
| רבות: | מְדַבְּרוֹת | נִכנָסוֹת | מַתְחִילוֹת | מִתְקַשְּרוֹת |

## עבר — *Past Tense*

| | | | | |
|---|---|---|---|---|
| אני: | דִבַּרתִי | נִכְנַסתִי | הִתְחַלתִי | הִתְקַשַּרְתִי |
| אתה: | דִבַּרתָ | נִכְנַסתָ | הִתְחַלתָ | הִתְקַשַּרְתָ |
| את: | דִבַּרְתְ | נִכְנַסְתְ | הִתְחַלְתְ | הִתְקַשַּרְתְ |
| אנחנו: | דִיבַּרנוּ | נִכְנַסנוּ | הִתְחַלנוּ | הִתְקַשַּרְנוּ |
| אתם: | דִבַּרתֶם | נִכְנַסתֶם | הִתְחַלתֶם | הִתְקַשַּרְתֶם |
| אתן: | דִבַּרתֶן | נִכְנַסתֶן | הִתְחַלתֶן | הִתְקַשַּרְתֶן |
| הוא: | דִבֵּר | נִכְנַס | הִתְחִיל | הִתְקַשֵּר |
| היא: | דִבְּרָה | נִכְנְסָה | הִתְחִילָה | הִתְקַשְּרָה |
| הם/הן: | דִבְּרוּ | נִכְנְסוּ | הִתְחִילוּ | הִתְקַשְּרוּ |

*Future Tense*

עתיד

| | | | | |
|---|---|---|---|---|
| אני: | אֲדַבֵּר | אֶכָּנֵס | אַתְחִיל | אֶתְקַשֵּׁר |
| אתה: | תְּדַבֵּר | תִּכָּנֵס | תַּתְחִיל | תִּתְקַשֵּׁר |
| את: | תְּדַבְּרִי | תִּכָּנְסִי | תַּתְחִילִי | תִּתְקַשְּׁרִי |
| אנחנו: | נְדַבֵּר | נִכָּנֵס | נַתְחִיל | נִתְקַשֵּׁר |
| אתם: | תְּדַבְּרוּ | תִּכָּנְסוּ | תַּתְחִילוּ | תִּתְקַשְּׁרוּ |
| אתן: | תְּדַבְּרוּ | תִּכָּנְסוּ | תַּתְחִילוּ | תִּתְקַשְּׁרוּ |
| הוא: | יְדַבֵּר | יִכָּנֵס | יַתְחִיל | יִתְקַשֵּׁר |
| היא: | תְּדַבֵּר | תִּכָּנֵס | תַּתְחִיל | תִּתְקַשֵּׁר |
| הם/הן: | יְדַבְּרוּ | יִכָּנְסוּ | יַתְחִילוּ | יִתְקַשְּׁרוּ |

*Imperative*

ציווי

| | | | | |
|---|---|---|---|---|
| יחיד: | דַּבֵּר | הִכָּנֵס | הַתְחֵל | הִתְקַשֵּׁר |
| יחידה: | דַּבְּרִי | הִכָּנְסִי | הַתְחִילִי | הִתְקַשְּׁרִי |
| רבים/ות: | דַּבְּרוּ | הִכָּנְסוּ | הַתְחִילוּ | הִתְקַשְּׁרוּ |

# NOUNS WITH POSSESSIVE SUFFIXES

# שמות עם סיומות של כינויי גוף

## MASCULINE SINGULAR — יחיד

| | | | | |
|---|---|---|---|---|
| *Noun* | בַּעַל | שֵׁם | *אח | *אב |
| *Stem* | בעל- | שמ- | אחי- | אבי- |
| *With Pronoun Endings* | בַּעֲלִי | שְׁמִי | אָחִי | אָבִי |
| | | שִׁמְךָ | אָחִיךָ | אָבִיךָ |
| | בַּעֲלֵךְ | שְׁמֵךְ | אָחִיךְ | אָבִיךְ |
| | | שְׁמוֹ | אָחִיו | אָבִיו |
| | בַּעֲלָהּ | שְׁמָהּ | אָחִיהָ | אָבִיהָ |
| | | | | |
| | | שְׁמֵנוּ | אָחִינוּ | אָבִינוּ |
| | | שִׁמְכֶם | אֲחִיכֶם | אֲבִיכֶם |
| | | שִׁמְכֶן | אֲחִיכֶן | אֲבִיכֶן |
| | | שְׁמָם | אֲחִיהֶם | אֲבִיהֶם |
| | | שְׁמָן | אֲבִיהֶן | אֲבִיהֶן |

(אב and אח have a special stem with an additional vowel: -אבי- אחי.)

## FEMININE SINGULAR — יחידה

| | | | |
|---|---|---|---|
| *Noun* | אִשָּׁה | אָחוֹת | בַּת |
| *Stem* | אשת- | אֲחוֹת | בַּת- |
| *With Pronoun Endings* | אִשְׁתִּי | אֲחוֹתִי | בִּתִּי |
| | אִשְׁתְּךָ | אֲחוֹתְךָ | בִּתְּךָ |
| | | אֲחוֹתֵךְ | בִּתֵּךְ |
| | אִשְׁתּוֹ | אֲחוֹתוֹ | בִּתּוֹ |
| | | אֲחוֹתָהּ | בִּתָּהּ |
| | | | |
| | | אֲחוֹתֵנוּ | בִּתֵּנוּ |
| | | אֲחוֹתְכֶם | בִּתְּכֶם |
| | | אֲחוֹתְכֶן | בִּתְּכֶן |
| | | אֲחוֹתָם | בִּתָּם |
| | | אֲחוֹתָן | בִּתָּן |

## MASCULINE AND FEMININE PLURAL — רבים ורבות

| | | |
|---|---|---|
| *Noun* | בָּנוֹת | הוֹרִים |
| *Stem* | בנות- | הורי- |
| *With Pronoun Endings* | בְּנוֹתַי | הוֹרַיי |
| | בְּנוֹתֶיךָ | הוֹרֶיךָ |
| | בְּנוֹתַיִךְ | הוֹרַיִךְ |
| | בְּנוֹתָיו | הוֹרָיו |
| | בְּנוֹתֶיהָ | הוֹרֶיהָ |
| | | |
| | בנוֹתֵינוּ | הוֹרֵינוּ |
| | בְּנוֹתֵיכֶם | הוֹרֵיכֶם |
| | בְּנוֹתֵיכֶן | הוֹרֵיכֶן |
| | בְּנוֹתֵיהֶם | הוֹרֵיהֶם |
| | בְּנוֹתֵיהֶן | הוֹרֵיהֶן |

# PREPOSITIONS WITH PRONOUN SUFFIXES

# מילות יחס עם סיומות של כינויי גוף

## GROUP 1

## קבוצה 1

| | | | |
|---|---|---|---|
| *Preposition* | שֶׁל | עִם | אֶת |
| *Stem* | של- | אִת- | אות- |
| *With Pronoun Endings* | שֶׁלִּי | אִתִּי | אוֹתִי |
| | שֶׁלְּךָ | אִתְּךָ | אוֹתְךָ |
| | שֶׁלָּךְ | אִתָּךְ | אוֹתָךְ |
| | שֶׁלּוֹ | אִתּוֹ | אוֹתוֹ |
| | שֶׁלָּהּ | אִתָּהּ | אוֹתָהּ |
| | | | |
| | שֶׁלָּנוּ | אִתָּנוּ | אוֹתָנוּ |
| | שֶׁלָּכֶם | אִתְּכֶם | אֶתְכֶם |
| | שֶׁלָּכֶן | אִתְּכֶן | אֶתְכֶן |
| | שֶׁלָּהֶם | אִתָּם | אוֹתָם |
| | שֶׁלָּהֶם | אִתָּן | אוֹתָן |
| | | | |
| *Preposition* | אֵצֶל | בּ... | ל... |
| *Stem* | אצל- | ב- | ל- |
| *With Pronoun Endings* | אֶצְלִי | בִּי | לִי |
| | אֶצְלְךָ | בְּךָ | לְךָ |
| | אֶצְלֵךְ | בָּךְ | לָךְ |
| | אֶצְלוֹ | בּוֹ | לוֹ |
| | אֶצְלָה | בָּהּ | לָהּ |
| | | | |
| | אֶצְלֵנוּ | בָּנוּ | לָנוּ |
| | אֶצְלְכֶם | בָּכֶם | לָכֶם |
| | אֶצְלְכֶן | בָּכֶן | לָכֶן |
| | אֶצְלָם | בָּהֶם | לָהֶם |
| | אֶצלָן | בָּהֶן | לָהֶן |
| | | | |
| *Preposition* | מ.. | עַל יַד | בִּשְׁבִיל |
| *Stem* | מ- | על יד- | בשביל- |
| *With Pronoun Endings* | מִמֶּנִּי | עַל יָדִי | בִּשְׁבִילִי |
| | מִמְּךָ | עַל יָדְךָ | בִּשְׁבִילְךָ |
| | מִמֵּךְ | עַל יָדֵךְ | בִּשְׁבִילֵךְ |
| | מִמֶּנּוּ | עַל יָדוֹ | בִּשְׁבִילוֹ |
| | מִמֶּנָּה | עַל יָדָהּ | בִּשְׁבִילָהּ |

| | | |
|---|---|---|
| בִּשְׁבִילֵנוּ | עַל יָדֵנוּ | מֵאִתָּנוּ |
| בִּשְׁבִילְכֶם | עַל יַדְכֶם | מִכֶּם |
| בִּשְׁבִילְכֶן | עַל יַדְכֶן | מִכֶּן |
| בִּשְׁבִילָם | עַל יָדָם | מֵהֶם |
| בִּשְׁבִילָן | עַל יָדָן | מֵהֶן |

## GROUP 2 קבוצה 2

| | | | |
|---|---|---|---|
| *Preposition* | אֶל | עַל | בְּלִי |
| *Stem* | אלי- | עלי- | בלעד- |
| *With Pronoun Endings* | אֵלַי | עָלַי | בִּלְעָדַי |
| | אֵלֶיךָ | עָלֶיךָ | בִּלְעָדֶיךָ |
| | אֵלַיִךְ | עָלַיִךְ | בִּלְעָדַיִךְ |
| | אֵלָיו | עָלָיו | בִּלְעָדָיו |
| | אֵלֶיהָ | עָלֶיהָ | בִּלְעָדֶיהָ |
| | אֵלֵינוּ | עָלֵינוּ | בִּלְעָדֵינוּ |
| | אֲלֵיכֶם | עֲלֵיכֶם | בִּלְעֲדֵיכֶם |
| | אֲלֵיכֶן | עֲלֵיכֶן | בִּלְעֲדֵיכֶן |
| | אֲלֵיהֶם | עֲלֵיהֶם | בִּלְעֲדֵיהֶם |
| | אֲלֵיהֶן | עֲלֵיהֶן | בִּלְעֲדֵיהֶן |

| | | |
|---|---|---|
| *Preposition* | לִפְנֵי | אַחֲרֵי |
| *Stem* | לפני- | אחרי |
| *With Pronoun Endings* | לְפָנַי | אַחֲרַי |
| | לְפָנֶיךָ | אַחֲרֶיךָ |
| | לְפָנַיִךְ | אַחֲרַיִךְ |
| | לְפָנָיו | אַחֲרָיו |
| | לְפָנֶיהָ | אַחֲרֶיהָ |
| | לְפָנֵינוּ | אַחֲרֵינוּ |
| | לִפְנֵיכֶם | אַחֲרֵיכֶם |
| | לִפְנֵיכֶן | אַחֲרֵיכֶן |
| | לִפְנֵיהֶם | אַחֲרֵיהֶם |
| | לִפְנֵיהֶן | אַחֲרֵיהֶן |

HEBREW-ENGLISH AND

ENGLISH-HEBREW DICTIONARIES

מילון עברי-אנגלי,

מילון אנגלי-עברי

# Introduction to the Dictionaries

The dictionaries for this book are presented in two arrangements: Hebrew-English and English-Hebrew. The translations are, for the most part, dictated by the use of the vocabulary in the context of the lessons in the book.

The dictionary entries follow these rules:

## 1. NOUN ENTRIES

If the noun has four forms – two for singular (masculine and feminine) and two for plural (masculine and feminine) – the masculine and feminine singular forms are provided.

Example:      tourist                        תייר, תיירת

If the noun has two forms (singular and plural), both forms are provided and the assigned gender of the noun is indicated in parentheses following the singular form.

Example:      event                         אירוע (ז), אירועים

Some nouns appear only in one form, or are mostly used in one form, singular or plural, and appear in that form in the dictionary.

Examples:      water                       מים (ז.ר.)

                life                         חיים (ז.ר.)

                character                      אופי (ז)

## 2. VERB ENTRIES

Most of the verbs appear in the third person masculine form in the following tenses: past, present, and future. The imperative form follows. In English, the verbs are translated by a present tense form without a subject.

Example:      read                    קרא, קורא, יקרא    לקרוא

Certain present tense forms that function as adjectives as well are given in singular form, both masculine and feminine.

Example:      have to/need                     צריך, צריכה

# 3. ADJECTIVE ENTRIES

Adjectives appear in the singular, both masculine and feminine forms.

Example:     nice                                    נחמד, נחמדה

# 4. ADVERB, PREPOSITION, AND PARTICLE ENTRIES

None of the above have gender or number features and they only have one form.
They appear in that form (whether it has one or more words) with a translation
supplied.

Examples:     with                                   עם
              now                                    עכשיו
              also                                   גם
              often                                  לעתים קרובות

# 5. IDIOMATIC EXPRESSION AND PHRASE ENTRIES

The above usually appear as of a number of fixed items. The translation gives the
equivalent or near equivalent expression in English.

Examples:     no doubt!                              אין ספק!
              high school                            בית ספר תיכון

# Hebrew-English Dictionary

# מילון עברי-אנגלי

The entries appear in Hebrew alphabetical order.

| עברית | ENGLISH |
|---|---|
| אב/אבא (ז), אבות | father |
| אבל | but |
| אדון (ז), אדונים | Mr. |
| אדוני! | Sir! |
| אהב, אוהב, יאהב   לאהוב | love |
| אהוב, אהובה | beloved |
| או | or |
| אווירה (נ) | atmosphere |
| אוטובוס (ז), אוטובוסים | bus |
| אוכל (ז) | food |
| אולי | perhaps |
| אולם (ז), אולמות | hall |
| אולם אופרה (ז) | opera hall |
| אולם הרצאות (ז), אולמות הרצאות | lecture hall |
| אולם קונצרטים (ז), אולמות קונצרטים | concert hall |
| אוניברסיטה (נ), אוניברסיטות | university |
| אוסטרליה (נ) | Australia |
| אופניים (ז.ר.) | bicycle |
| אופרה (נ), אופרות | opera |
| אורז (ז) | rice |
| אורח, אורחת | guest |
| אז | then/so |
| אח (ז), אחים | brother |
| אחות (נ), אחיות | sister |
| אחרון, אחרונה | last |
| אחרי | after |
| אחרי הצהריים | afternoon |
| אי אפשר | impossible |
| איזה! (איזה בית!) איזו! (איזו מסעדה!) | What a . . . ! (What a house!) |
| איזה? (ז), איזו? (נ) | which? |
| איטליה (נ) | Italy |
| איטלקית (נ) | Italian (language) |
| איך קוראים לך? | What's your name? |

| עברית | ENGLISH |
|---|---|
| איך? | how? |
| אילת (נ) | Eilat |
| אֵין | there is/are not |
| אֵין בעד מה. | You are welcome. |
| אֵין חדש. | There is nothing new. |
| אִינפלציה (נ) | inflation |
| אֵיפה? | where? |
| אֵירופה (נ) | Europe |
| אִיש (ז), אנשים | person/man |
| אִיש עסקים (ז), אנשי עסקים | businessman |
| אכל, אוכל, יאכל   לאכול | eat |
| אלה (ז.ר.) | these |
| אלף (ז), אלפים | thousand |
| אִם | if |
| אֵם/אִמָא (נ), אימהות | mother (mom) |
| אמיתי, אמיתית | real |
| אמצע | middle |
| אמר, אומר, יאמר   לאמר | say/tell |
| אמריקאי, אמריקאית | American |
| אמריקה (נ) | America |
| אנגלי, אנגליה | Englishman/woman |
| אנגליה (נ) | England |
| אנגלית (נ) | English (language) |
| אנחנו | we |
| אני | I |
| אסור | it is forbidden |
| אסימון (ז), אסימונים | token |
| אף אחד (לא) | nobody |
| אף פעם (לא) | never |
| אפילו | even (if) |
| אפשר | it is possible |
| אפשרות (נ), אפשרויות | possibility |
| ארוחה (נ), ארוחות | meal |
| ארוחת ערב (נ) | supper |
| ארוחת צהריים (נ), ארוחות צהריים | dinner/lunch |

| | |
|---|---|
| ארכיטקט, ארכיטקטית | architect |
| ארכיטקטורה (נ) | architecture |
| ארץ (נ), ארצות | country |
| ארצות הברית (ארה"ב) | The United States (U.S.) |
| אשה (נ), נשים | woman |
| אשה (נ), נשים | wife |
| (אשתי/אשתך/אשתו) | (my/your/his wife) |
| אֶת | direct object preposition |
| אַתְּ, אתן | you (f.) (singular and plural) |
| אתה, אתם | you (m.) (singular and plural) |
| אתמול | yesterday |

| | |
|---|---|
| בא, בא, יבוא לבוא | come |
| באלט (ז) | ballet |
| באמת | really/truly |
| בָּאר (ז), בארים | bar |
| בְּאֵר-שבע (נ) | Beer Sheva |
| בבקשה! | please |
| בדיוק | exactly |
| בדיחה (נ), בדיחות | joke |
| בדק, בודק, יבדוק לבדוק | check/examine |
| בדרך ל | on the way to |
| בהחלט | For sure! |
| בוס, בוסית | boss |
| בוקר (ז), בקרים | morning |
| בוקר טוב! | Good morning! |
| בזמן | on time |
| בחוץ | outside |
| בחור, בחורה | young man/woman |
| בטוח, בטוחה | sure/confident |
| בטח | surely |
| ביולוגיה (נ) | biology |
| ביחד | together |
| בינוני, בינונית | average |
| בינתיים | meantime/meanwhile |
| ביקור (ז), ביקורים | visit (noun) |
| ביקר, מבקר, יבקר לבקר | visit (verb) |
| ביקש, מבקש, יבקש לבקש | request |
| בירה (נ) | beer |
| בירה (נ), בירות | capital city |
| בַּיִת (ז), בתים | house/home |
| בֵּית ספר (ז), בתי ספר | school |
| בֵּית ספר יסודי (ז), בתי ספר יסודיים | elementary school |
| בֵּית ספר תיכון (ז), בתי ספר תיכוניים | high school |
| בֵּית קפה (ז), בתי קפה | coffeehouse/café |
| בכלל לא | not at all |
| בלונדיני, בלונדינית | blond |
| בלי | without |
| בלתי אפשרי, בלתי אפשרית | impossible (adjective) |
| במקום | instead of |
| בן (ז), בנים | son |
| בניין (ז), בניינים | building |
| בניין משׂרדים (ז), בנייני משׂרדים | office building |
| בנק (ז), בנקים | bank |
| בנק הפועלים | The Workers' Bank |
| בסדר | O.K. |
| בעוד (שנה) | in (+ time) |
| בעייה (נ), בעיות | problem |
| בעל (ז), בעלים | husband/owner |
| (בעלי/בעלך/בעלה) | (my/your/her husband) |
| בקול | loudly |
| ברגל | on foot |
| בשביל | for |
| בשׂר (ז) | meat |
| בת (נ), בנות | daughter |

| | |
|---|---|
| ג'ינג'י, ג'ינג'ית | redhead (slang) |
| גבירתי (נ), גבירותי | Lady!/Ma'am! (form of address) |
| גבר (ז), גברים | man |
| גברת (נ), גברות | Ms./Mrs./Miss |
| גדול, גדולה | big/large |
| גלידה (נ), גלידות | ice cream |
| גם | also |
| גמר, גומר, יגמור לגמור | finish/complete |
| גן ילדים (ז) | nursery school/kindergarten |
| גר, גר, יגור לגור | live/reside |
| גרמניה (נ) | Germany |
| גרמנית (נ) | German (language) |

| | |
|---|---|
| ד"ר | Dr. |
| דבר (ז), דברים | this/matter/something |
| דג (ז), דגים | fish |
| דוגמא (נ), דוגמאות | example |
| דוד, דודה | uncle/aunt |
| דווקא | on purpose/to spite |
| דולאר (ז), דולארים | dollar |
| דיבר, מדבר, ידבר לדבר | speak/talk |
| דירה (נ), דירות | apartment |
| דלת (נ), דלתות | door |
| דפק, דופק, ידפוק לדפוק | knock (on) |
| דקדוק (ז) | grammar |
| דקה (נ), דקות | minute |
| דרך (נ), דרכים | way |
| דרך, דורך, ידרוך לדרוך | step on |
| דשא (ז), דשאים | lawn |

| | |
|---|---|
| האוניברסיטה העברית (נ) | The Hebrew University |
| הַאִם? | is/does? (question word) |
| הבין, מבין, יבין להבין | understand/comprehend |
| הביתה | (to) home |
| הגד!, יגיד להגיד | tell/say (imperative and future) |
| הוא, הם | he/they |
| הווה | present tense |
| הולנד (נ) | Holland |
| הורה (ז), הורים | parent |
| החליט, מחליט, יחליט להחליט | decide |
| היא, הן | she/they |
| היה, יהיה להיות | be (past and future) |
| היום | today |
| היכן? | where? |
| הינה! | here! |
| היסטוריה (נ) | history |
| הכל | everything |
| הכל בסדר! | Everything is fine! |
| הכרות (נ) | introduction/getting to know people |
| הלך, הולך, יילך ללכת | go/walk |
| המזרח התיכון (ז) | Near East |
| המשך (ז), המשכים | continuation |
| העירה! | to town! |
| הערב | this evening |
| הפסקה (ג), הפסקות | recess |
| הפעם | this time |
| הצגה (נ), הצגות | show |
| הר (ז), הרים | mountain |
| הרבה | a lot/much/many |
| הרצאה (נ), הרצאות | lecture |
| השנה | this year |
| התחיל, מתחיל, יתחיל להתחיל | begin/start |
| התקשר, מתקשר, יתקשר להתקשר עם | get in touch with |

| | |
|---|---|
| ו | and |
| וידיאו (ז) | video |
| ועוד | etc. |

| | |
|---|---|
| זבוב (ז), זבובים | fly |
| זה, זאת | this |
| זוג (ז), זוגות | couple |
| זוג צעיר (ז), זוגות צעירים | young couple |
| זול, זולה | inexpensive/cheap |
| זכר (ז) | masculine |
| זמן (ז), זמנים | time/tense |
| זמר, זמרת | singer |
| זָקֵן, זקנה | old |

| | |
|---|---|
| חבל! | Pity! |
| חבר, חברה | friend |
| חדר (ז), חדרים | room |
| חדר אוכל (ז), חדרי אוכל | dining room |
| חדר אורחים (ז), חדרי אורחים | guest room/living room |
| חדר אמבטיה (ז), חדרי אמבטיה | bathroom |
| חדר עבודה (ז), חדרי עבודה | work room/study |
| חדר קריאה (ז), חדרי קריאה | reading room |
| חדר שֵינה (ז), חדרי שֵינה | bedroom |
| חדש, חדשה | new |
| חדשות (נ.ר.) | news |
| חוג לספרות (ז) | department of literature |
| חודש (ז), חודשים | month |

| | |
|---|---|
| חומוס (ז) | hummus |
| חוץ לארץ (חו"ל) | abroad |
| חוץ מ | aside from |
| חזר, חוזר, יחזור לחזור | return |
| חיוב (ז) | assertion/positive |
| חינוך (ז) | education |
| חיפה (נ) | Haifa |
| חלב (ז) | milk |
| חנות (נ), חנויות | store/shop |
| חנות ספרים (נ), חנויות ספרים | bookstore |
| חצות (נ) | midnight |
| חצי (ז), חצאים | half |
| חשב, חושב, יחשוב לחשוב | think |
| חשבון (ז), חשבונות | bill/account |
| חשבון בנק (ז), חשבונות בנק | bank account |
| חשמל (ז) | electricity |
| | |
| טוב, טובה | good |
| טיול (ז), טיולים | excursion/tour/trip |
| טיסה נעימה! | Have a good flight! |
| טלויזיה (נ), טלויזיות | television |
| טלפון (ז), טלפונים | telephone |
| טלפון צבורי (ז), טלפונים ציבוריים | public phone |
| טלפן, מטלפן, יטלפן לטלפן | phone (verb) |
| טניס (ז) | tennis |
| טעים, טעימה | tasty |
| | |
| יד (נ), ידיים | hand |
| ידע, יודע, יידע לדעת | know |
| יום (ז), ימים | day |
| יומיים | two days |
| יועץ, יועצת | advisor |
| יופי! | great!/wonderful! |
| יותר | more |
| יותר מדי | too much |
| יחד | together |
| יחיד, יחידה | singular |
| יחס (ז) | attitude |
| יחסים (ז.ר.) | relationships |
| יין (ז), יינות | wine |
| ייתכן | (it's) possible |
| יכל, יכול, יוכל | is able/can |
| ילד (ז), ילדה | boy/girl |
| ילד (ז), ילדים | child/children |
| ים (ז), ימים | sea |
| ימות השבוע (ז.ר.) | days of the week |
| יָפֶה, יָפָה | pretty |
| יפהפה, יפהפיה | ravishing/very good looking |
| יפן (נ) | Japan |
| יפנית (נ) | Japanese (language) |
| יצא, יוצא, ייצא לצאת | exit/go out |
| יקר, יקרה | expensive/dear |
| ירד, יורד, יירד לרדת | go down/descend |
| ירושלים (נ) | Jerusalem |
| ירח (ז) | moon |
| ירק, יורק, ירק לירוק | spit |
| יש | there is/are |
| ישב, יושב, יישב לשבת | sit |
| ישן, יָשֵׁן, יישן לישון | sleep |
| יָשָׁן, יְשָׁנָה | old/not new |
| ישראל (נ) | Israel |
| ישראלי, ישראלית | Israeli |
| | |
| כאן | here |
| כאשר | when |
| כבר | already |
| כוכב (ז), כוכבים | star |
| כולם | everybody |
| כוס (נ), כוסות | glass/cup |
| כוס קפה (נ), כוסות קפה | cup of coffee |
| כוס תה (נ), כוסות תה | cup of tea |
| כורסה (נ), כורסות | armchair |
| כִּי | because |
| כימאי, כימאית | chemist |
| כימיה (נ) | chemistry |
| כיסא (ז), כיסאות | chair |
| כיתה (נ), כיתות | class/classroom |
| ככה זה! | That's how it is! |
| ככה, כך | thus/so |
| כל | all |
| כל הזמן | all along/all the time |

| | |
|---|---|
| כל כך | so much |
| כלב (ז), כלבים | dog |
| כלום (לא כלום) | nothing |
| כמה פעמים? | how many times? |
| כמה? | how much/how many? |
| כן | yes |
| כסף (ז) | money |
| כרטיס (ז), כרטיסים | ticket/card |
| כרטיס אשראי (ז), כרטיסי אשראי | credit card |
| כש | when |
| כתב, כותב, יכתוב לכתוב | write |
| כתובת (נ), כתובות | address |
| כתיבה (נ) | writing |
| | |
| לְ, לַ... | to/for (the) |
| לא | no |
| לא ייתכן! | impossible! |
| לא כל כך | not so much |
| לא כלום | nothing |
| לא נורא! | It doesn't matter! (slang) |
| לא רגיל! | Fantastic! ("unusual!") (slang) |
| לא רע! | Not bad! |
| לאן? | where to? |
| לבד | alone |
| להקה (נ), להקות | band (music) |
| להתראות! | See you! |
| לחם (ז), לחמים | bread |
| ליל/ערב שבת (ז) | Saturday eve (Friday night) |
| לילה (ז), לילות | night |
| לילה טוב! | Good night! |
| לימודים (ז.ר.) | studies |
| לימונדה (נ) | lemonade |
| למד, לומד, ילמד ללמוד | study |
| למה? | why? |
| לפני | before |
| לפני הצהריים | before noon |
| לפעמים | sometimes |
| | |
| מִ, מִן | from |
| מאה (נ), מאות | century/hundred |
| מאוד | very |
| מאוחר | late |
| מאיזה? | from which? |
| מאין? | from where? |
| מאיפה? | from where? |
| מבוא (ז), מבואים | introduction |
| מבוגר, מבוגרת | adult/mature |
| מדוע? | why? |
| מדע (ז), מדעים | science |
| מדעי המחשב (ז.ר.) | computer science |
| מה השעה? | What time is it? |
| מה זאת אומרת? | What do you mean? (slang) |
| מה חדש? | What's new? |
| מה נשמע? | How are things? |
| מה קרה? | What's the matter? (information) |
| מה שלומך? | How are you? |
| מה? | what? |
| מהנדס, מהנדסת | engineer |
| מהר | fast |
| מוזיאון (ז), מוזיאונים | museum |
| מונית (נ), מוניות | taxicab |
| מוסיקאי, מוסיקאית | musician |
| מוסיקה (נ) | music |
| מועדון לילה (ז), מועדוני לילה | night club |
| מועדון סטודנטים (ז), מועדוני סטודנטים | students' club |
| מוקדם | early |
| מורֶה, מורָה | teacher |
| מותר | permitted/lawful |
| מזכירה (נ), מזכירות | secretary |
| מזל (ז) (יש לי מזל.) | luck (I am lucky.) |
| מחברת (נ), מחברות | notebook |
| מחוץ לעיר | out of town |
| מחשב (ז), מחשבים | computer |
| מטבח (ז), מטבחים | kitchen |
| מי? | who? |
| מידע (ז) | information/knowledge |
| מילה (נ), מילים | word |
| מַיִם (ז.ר.) | water |
| מיץ (ז), מיצים | juice |
| מישהו | somebody |
| מכונית (נ), מכוניות | car |

| | |
|---|---|
| מלצר, מלצרית | waiter/waitress |
| ממש | truly |
| מְנַהֵל, מְנַהֶלֶת | director/administrator/principal |
| מְנַהֵל בנק, מנהלת בנק | bank director |
| מִנְהַל עסקים (ז) | business administration |
| מסיבה (נ), מסיבות | party |
| מסעדה (נ), מסעדות | restaurant |
| מספיק | enough |
| מספר (ז), מספרים | number |
| מעון (ז), מעונות | dormitory |
| מעט | few/a little |
| מעלית (נ), מעליות | elevator |
| מעניין, מעניינת | interesting |
| מפגש (ז), מפגשים | encounter |
| מפוזר, מפוזרת | absent-minded |
| מפני ש | because |
| מצא, מוצא, ימצא למצוא | find |
| מצויין, מצויינת | excellent |
| מצריים (נ) | Egypt |
| מקהלה (נ), מקהלות | choir |
| מקום (ז), מקומות | place/location |
| מקצוע (ז), מקצועות | profession/subject of study |
| מקרר (ז), מקררים | refrigerator |
| מרפסת (נ), מרפסות | balcony |
| מרק (ז), מרקים | soup |
| משוגע, משוגעת | crazy/mad |
| משפחה (נ), משפחות | family |
| משפט (ז), משפטים | sentence (language)/trial |
| משפטים (ז.ר.) | law |
| משקה (ז), משקאות | drink (noun) |
| משׂרד (ז), משׂרדים | office |
| משתתף, משתתפים | participant |
| מתי? | when? |
| מתמטיקאי, מתמטיקאית | mathematician |

| | |
|---|---|
| נבון, נבונה | intelligent |
| נגד | against |
| נוּדניק, נודניקית | an irritating person |
| נוח, נוחה | easy, pleasant, comfortable |
| נושא (ז) נושאים | subject |
| נח, נח, לנוח | to rest |
| נחמד, נחמדה | nice, pleasant |
| ניסיון (ז) | experience |
| נכון! | true! correct |
| נמצא, נמצאת | is found/located |
| נסיעה (נ) נסיעות | trip, journey |
| נסיעה טובה! | Have a good trip! |
| נסע, נוסע, לנסוע | to travel |
| נעים, נעימה | pleasant |
| נעים מאוד! | Nice to meet you! |
| נקבה (נ) | feminine |
| נשוי, נשואה | married |
| נתן, נותן, לתת | to give |

| | |
|---|---|
| סוף סוף | finally |
| סוף שבוע (ז), סופי שבוע | weekend |
| סופר, סופרת | writer/author |
| סופרמרקט (ז) | supermarket |
| סטודיו (ז) | studio |
| סטודנט, סטודנטית | student |
| סטריאו (ז) | stereo |
| סיגריה (נ), סיגריות | cigarette |
| סימסטר (ז), סימסטרים | semester |
| סין (נ) | China |
| סינית (נ) | Chinese (language) |
| סלון (ז), סלונים | living room |
| סלט (ז), סלטים | salad |
| סליחה! | Excuse me! Pardon! |
| ספה (נ), ספות | sofa |
| ספורט (ז) | sports |
| ספר (ז), ספרים | book |
| ספרד (נ) | Spain |
| ספרדית (נ) | Spanish (language) |
| ספרות (נ) | literature |
| ספריה (נ), ספריות | library |
| ספרן, ספרנית | librarian |
| סקנדל (ז) | scandal |
| סרט (ז), סרטים | movie |

| | |
|---|---|
| עבד, עובד, יעבוד לעבוד | work |
| עבודה (נ), עבודות | work/job |
| עברית (נ) | Hebrew |
| עד | until/up to |
| עדיין | still/yet |

| | |
|---|---|
| עוגה (נ), עוגות | cake |
| עוד | more/still |
| עוד לא | not yet |
| עוד רגע | one more minute! |
| עולם (ז), עולמות | world/universe |
| עוף (ז) | poultry |
| עורך דין, עורכת דין | lawyer |
| עזרה (נ) | help/assistance |
| עזר, עוזר, יעזור לעזור | help/aid (verb) |
| עייף, עייפה | tired |
| עיר (נ), ערים | city |
| עישן, מעשן, יעשן לעשן | smoke |
| עיתון (ז), עיתונים | newspaper |
| עכשיו | now |
| על | on/about |
| על יד | next to |
| על לא דבר! | You are welcome! |
| עלה, עולה, יעלה לעלות | cost/go up |
| עם | with |
| עמד, עומד, יעמוד לעמוד | stand |
| ענה, עונה, יענה לענות ל | answer/respond |
| עניין (ז), עניינים | matter |
| עסוק, עסוקה | busy |
| עסק (ז), עסקים | business matter/deal |
| עציץ (ז), עציצים | potted plant |
| עקרת בית (נ), עקרות בית | housewife/homemaker |
| ערב (ז), ערבים | evening |
| ערב טוב! | Good evening! |
| ערבית (נ) | Arabic (language) |
| עשה, עושה, יעשה לעשות | do |

| | |
|---|---|
| פאב (ז) | pub |
| פגישה (נ), פגישות | meeting/encounter |
| פגש, פוגש, יפגוש לפגוש | meet/encounter |
| פה | here |
| פחות | less |
| פילוסופיה (נ) | philosophy |
| פיסיקה (נ) | physics |
| פיצה (נ), פיצות | pizza |
| פיצריה (נ), פיצריות | pizzeria |
| פיתה (נ), פיתות | pita bread |
| פנוי, פנויה | free |
| פנטהאוז (ז) | penthouse |
| פסיכולוג, פסיכולוגית | psychologist |
| פסיכולוגיה (נ) | psychology |
| פעם (נ), פעמים | time (+ count) |
| פעם | once |
| פקיד, פקידה | clerk |
| פרופסור (ז) | professor |
| פרח (ז), פרחים | flower |
| פרטי, פרטית | private |

| | |
|---|---|
| צהריים (ז.ר.) | noon |
| צמחוני, צמחונית | vegetarian |
| צריך | it is necessary |
| צריך, צריכה | have to/need |
| צרפת (נ) | France |
| צרפתית (נ) | French (language) |

| | |
|---|---|
| קבוצה (נ), קבוצות | group |
| קודם | first of all |
| קולנוע (ז) | movie house/cinema |
| קומה (נ), קומות | floor/story |
| קומת גג (נ) | top (roof) floor |
| קונצרט (ז), קונצרטים | concert |
| קוסם, קוסמת | magician |
| קורס (ז), קורסים | course |
| קטן, קטנה | small |
| קטע (ז), קטעים | passage/portion |
| קטע קריאה (ז), קטעי קריאה | reading passage |
| קיבוץ (ז), קיבוצים | kibbutz |
| קל, קלה | easy/light |
| קלאסי, קלאסית | classical |
| קלטת (נ), קלטות | cassette |
| קם, קם, יקום לקום | get up |
| קמפוס (ז), קמפוסים | campus |
| קנדה (נ) | Canada |
| קנה, קונה, יקנה לקנות | buy |
| קנייה (נ), קניות | buying/shopping |
| קפה (ז) | coffee |
| קפיטריה (נ), קפיטריות | cafeteria |
| קצת | some/a little |
| קר, קרה | cold |

| | |
|---|---|
| קרא, קורא, יקרא   לקרוא | read |
| קרוב, קרובה | close |
| קרוב ל | close to |
| קרובים (ז.ר.) | relatives |
| ראה, רואה, יראה   לראות | see |
| רבע ל | quarter to |
| רגע (ז), רגעים | moment |
| רדיו (ז) | radio |
| רהיט (ז), רהיטים | furniture |
| רווק, רווקה | single/bachelor |
| רוסיה (נ) | Russia |
| רוסית (נ) | Russian (language) |
| רופא, רופאה | doctor/physician |
| רופא ילדים, רופאת ילדים | pediatrician |
| רחוב (ז), רחובות | street |
| רע, רעה | bad/evil |
| רעיון (ז), רעיונות | idea |
| רעש (ז) | noise |
| רפואה (נ) | medicine |
| רץ, רץ, ירוץ   לרוץ | run |
| רצה, רוצה, ירצה   לרצות | want |
| רציני, רצינית | serious |
| רק | only/just |
| רק רגע! | Just a minute! |
| רקד, רוקד, ירקוד   לרקוד | dance |
| רשם קול (ז) | tape recorder |

| | |
|---|---|
| שאל, שואל, ישאל   לשאול | ask (a question) |
| שאלה (נ), שאלות | question |
| שבוע (ז), שבועות | week |
| שולחן (ז), שולחנות | table |
| שולחן כתיבה (ז), שולחנות כתיבה | desk |
| שום דבר | nothing |
| שוקולד (ז) | chocolate |
| שותף, שותפה | partner |
| שטיח (ז), שטיחים | rug/carpet |
| שיחה (נ), שיחות | conversation |
| שיעור (ז), שיעורים | lesson/course |
| שירות (ז) | service |
| שירותים (ז.ר.) | facilities (bathroom/or service) |
| שכן, שכנה | neighbor |

| | |
|---|---|
| שׂכר, שׂוכר, ישׂכור   לשׂכור | rent |
| של | of |
| שלום! | Hello!/Peace! |
| שלומיאל, שלומיאלית | shlemiel (good for nothing) |
| שלילה (נ) | negation/negative |
| שלימזל, שלימזלית | schlimazel (luckless) |
| שָׁם | there |
| שֵׁם (ז), שמות | noun/name |
| שֵׁם גוף (ז), שמות גוף | pronoun |
| שם משפחה (ז), שמות משפחה | last name |
| שם פרטי (ז), שמות פרטיים | first name |
| שׂם, שׂם, ישׂים   לשׂים | put |
| שׂמח, שׂמחה | happy/glad |
| שמע, שומע, ישמע   לשמוע | hear |
| שנה (נ), שנים | year |
| שעה (נ), שעות | hour |
| שערוריה (נ), שערוריות | scandal |
| שעתיים | two hours |
| שפך, שופך, ישפוך   לשפוך | spill |
| שֶׁקֶט (ז) | quiet/silence |
| שָׁקֵט, שקטה | quiet |
| שקל (ז), שקלים | shekel |
| שר, שר, ישיר   לשיר | sing |
| שתה, שותה, ישתה   לשתות | drink |
| שתק, שותק, ישתוק   לשתוק | be silent |

| | |
|---|---|
| תבנית לשון (נ) | speech patterns |
| תואר (ז), תארים | adjective/title |
| תודה לאל! | Thank God! |
| תודה! | Thanks! |
| תוכנית (נ), תוכניות | plan/program |
| תור (ז), תורים/תורות | line (queue); turn |
| תחנה (נ), תחנות | station |
| תלמיד, תלמידה | student/pupil |
| תמונה (נ), תמונות | picture |
| תמיד | always |
| תפוס, תפוסה | occupied/busy |
| תפריט (ז), תפריטים | menu |
| תקליט (ז), תקליטים | record (phonograph) |
| תרגיל (ז), תרגילים | exercise |
| תשובה (נ), תשובות | answer |

# English-Hebrew Dictionary

# מילון אנגלי-עברי

The entries appear in English alphabetical order.

| English | עברית |
|---|---|
| a lot/much/many | הרבה |
| (is) able/can | יכל, יכול, יוכל |
| abroad | חוץ לארץ (חו"ל) |
| absent-minded | מפוזר, מפוזרת |
| address | כתובת (נ), כתובות |
| adjective/title | תואר (ז), תארים |
| adult/mature | מבוגר, מבוגרת |
| advisor | יועץ, יועצת |
| after | אחרי |
| afternoon | אחרי הצהריים |
| agency | סוכנות (נ), סוכנויות |
| all | כל |
| all along/all the time | כל הזמן |
| alone | לבד |
| already | כבר |
| also | גם |
| always | תמיד |
| America | אמריקה (נ) |
| American | אמריקאי, אמריקאית |
| and | ו |
| answer | תשובה (נ), תשובות |
| answer/respond | ענה, עונה, יענה לענות ל |
| apartment | דירה (נ), דירות |
| Arabic (language) | ערבית (נ) |
| architect | ארכיטקט, ארכיטקטית |
| architecture | ארכיטקטורה (נ) |
| armchair | כורסה (נ), כורסות |
| aside from | חוץ מ |
| ask (a question) | שאל, שואל, ישאל לשאול |
| assertion/positive | חיוב (ז) |
| atmosphere | אווירה (נ) |
| attitude | יחס (ז) |
| aunt | דודה |
| Australia | אוסטרליה (נ) |
| average | בינוני, בינונית |

| English | עברית |
|---|---|
| baby | תינוק (ז), תינוקות |
| bad/evil | רע, רעה |
| balcony | מרפסת (נ), מרפסות |
| ballet | באלט (ז) |
| band (music) | להקה (נ), להקות |
| bank | בנק (ז), בנקים |
| bank account | חשבון בנק (ז), חשבונות בנק |
| bank director | מנהל בנק, מנהלת בנק |
| bar | בָּאר (ז), בארים |
| bathroom | חדר אמבטיה (ז), חדרי אמבטיה |
| be (past and future) | היה, יהיה להיות |
| be located | נמצא, נמצא, יימצא להימצא |
| be silent | שתק, שותק, ישתוק לשתוק |
| because | כִּי/מפני ש |
| bedroom | חדר שֵינה (ז), חדרי שֵינה |
| beer | בירה (נ) |
| Beer Sheva | בְּאֵר-שבע (נ) |
| before | לפני |
| before noon | לפני הצהריים |
| begin/start | התחיל, מתחיל, יתחיל להתחיל |
| beloved | אהוב, אהובה |
| bicycle | אופניים (ז.ר.) |
| big/large | גדול, גדולה |
| bill/account | חשבון (ז), חשבונות |
| biology | ביולוגיה (נ) |
| blond | בלונדיני, בלונדינית |
| book | ספר (ז), ספרים |
| bookstore | חנות ספרים (נ), חנויות ספרים |
| boss | בוס, בוסית |
| boy/girl | ילד (ז), ילדה |
| bread | לחם (ז), לחמים |
| brother | אח (ז), אחים |
| building | בניין (ז), בניינים |

| | |
|---|---|
| bus | אוטובוס (ז), אוטובוסים |
| bus stop/station | תחנת אוטובוס (נ), תחנות אוטובוס |
| business administration | מנהל עסקים (ז) |
| business matter/deal | עסק (ז), עסקים |
| businessman | איש עסקים (ז), אנשי עסקים |
| busy | עסוק, עסוקה |
| but | אבל |
| buy | קנה, קונה, יקנה   לקנות |
| buying/shopping | קנייה (נ), קניות |
| | |
| cafeteria | קפיטריה (נ), קפיטריות |
| cake | עוגה (נ), עוגות |
| campus | קמפוס (ז), קמפוסים |
| Canada | קנדה (נ) |
| capital city | בירה (נ), בירות |
| car | מכונית (נ), מכוניות |
| cassette | קלטת (נ), קלטות |
| century/hundred | מאה (נ), מאות |
| chair | כיסא (ז), כיסאות |
| check/examine | בדק, בודק, יבדוק   לבדוק |
| chemist | כימאי, כימאית |
| chemistry | כימיה (נ) |
| child/children | ילד (ז), ילדים |
| China | סין (נ) |
| Chinese (language) | סינית (נ) |
| chocolate | שוקולד (ז) |
| choir | מקהלה (נ), מקהלות |
| cigarette | סיגריה (נ), סיגריות |
| city | עיר (נ), ערים |
| class/classroom | כיתה (נ), כיתות |
| classical | קלאסי, קלאסית |
| clerk | פקיד, פקידה |
| close | קרוב, קרובה |
| close/be closed | נסגר, נסגר, ייסגר   להיסגר |
| close to | קרוב ל |
| closed | סגור, סגורה |
| coffee | קפה (ז) |
| coffeehouse/café | בית קפה (ז), בתי קפה |
| cold | קר, קרה |
| come | בא, בא, יבוא   לבוא |
| computer | מחשב (ז), מחשבים |
| computer science | מדעי המחשב (ז.ר.) |
| concert | קונצרט (ז), קונצרטים |
| concert hall | אולם קונצרטים (ז), אולמות קונצרטים |
| continuation | המשך (ז), המשכים |
| conversation | שיחה (נ), שיחות |
| cost/go up | עלה, עולה, יעלה   לעלות |
| country | ארץ (נ), ארצות |
| couple | זוג (ז), זוגות |
| course | קורס (ז), קורסים |
| crazy/mad | משוגע, משוגעת |
| credit card | כרטיס אשראי (ז), כרטיסי אשראי |
| cup of coffee | כוס קפה (נ), כוסות קפה |
| cup of tea | כוס תה (נ), כוסות תה |
| customer/buyer | קונה, קונה |
| | |
| dance | רקד, רוקד, ירקוד   לרקוד |
| daughter | בת (נ), בנות |
| day | יום (ז), ימים |
| days of the week | ימות השבוע (ז.ר.) |
| decide | החליט, מחליט, יחליט להחליט |
| department of literature | חוג לספרות (ז) |
| desk | שולחן כתיבה (ז), שולחנות כתיבה |
| difficult life | חיים קשים (ז.ר.) |
| dinner/lunch | ארוחת צהריים (נ), ארוחות צהריים |
| direct object preposition | אֶת |
| director/administrator/principal | מנהל, מנהלת |
| do | עשה, עושה, יעשה   לעשות |
| doctor/physician | רופא, רופאה |
| dog | כלב (ז), כלבים |
| dollar | דולאר (ז), דולארים |
| door | דלת (נ), דלתות |
| dormitory | מעון (ז), מעונות |
| Dr. | ד"ר |
| drink (noun) | משקה (ז), משקאות |
| drink (verb) | שתה, שותה, ישתה   לשתות |

| | |
|---|---|
| early | מוקדם |
| easy/light | קל, קלה |
| eat | אכל, אוכל, יאכל לאכול |
| education | חינוך (ז) |
| Egypt | מצריים (נ) |
| Eilat | אילת (נ) |
| electricity | חשמל (ז) |
| elementary school | בֵּית ספר יסודי (ז), בתי ספר יסודיים |
| elevator | מעלית (נ), מעליות |
| encounter | מפגש (ז), מפגשים |
| end | סוף (ז) |
| engineer | מהנדס, מהנדסת |
| England | אנגליה (נ) |
| English (language) | אנגלית (נ) |
| Englishman/woman | אנגלי, אנגליה |
| enough | מספיק |
| enter/go in | נכנס, נכנס, ייכנס להיכנס |
| etc. | ועוד |
| Europe | אירופה (נ) |
| even (if) | אפילו |
| evening | ערב (ז), ערבים |
| everybody | כולם |
| everything | הכל |
| Everything is fine! | הכל בסדר! |
| exactly | בדיוק |
| example | דוגמא (נ), דוגמאות |
| excellent | מצויין, מצויינת |
| except for | מחוץ ל |
| excursion/tour/trip | טיול (ז), טיולים |
| Excuse me! Pardon! | סליחה! |
| exercise | תרגיל (ז), תרגילים |
| exit/go out | יצא, יוצא, ייצא לצאת |
| expensive/dear | יקר, יקרה |
| experience | ניסיון (ז), ניסיונות |
| facilities (bathroom/or service) | שירותים (ז.ר.) |
| family | משפחה (נ), משפחות |
| Fantastic! ("unusual!") (slang) | לא רגיל! |
| fast | מהר |
| father | אב/אבא (ז), אבות |
| few/a little | מעט |
| finally | סוף סוף |
| find | מצא, מוצא, ימצא למצוא |
| finish/complete | גמר, גומר, יגמור לגמור |
| first name | שם פרטי (ז), שמות פרטיים |
| first of all | קודם |
| fish | דג (ז), דגים |
| floor/story | קומה (נ), קומות |
| flower | פרח (ז), פרחים |
| fly | זבוב (ז), זבובים |
| food | אוכל (ז) |
| for | בשביל |
| For sure! | בהחלט |
| France | צרפת (נ) |
| free/not busy | פנוי, פנויה |
| French (language) | צרפתית (נ) |
| friend | חבר, חברה |
| from | מִ, מִן |
| from where? | מאין?/מאיפה? |
| from which? | מאיזה? |
| furniture | רהיט (ז), רהיטים |
| German (language) | גרמנית (נ) |
| Germany | גרמניה (נ) |
| get in touch with | התקשר, מתקשר, יתקשר להתקשר עם |
| get together with/meet | נפגש, נפגש, ייפגש להיפגש |
| get up | קם, קם, יקום לקום |
| girl | ילדה |
| glass/cup | כוס (נ), כוסות |
| go/walk | הלך, הולך, יילך ללכת |
| go down/descend | ירד, יורד, יירד לרדת |
| good | טוב, טובה |
| Good evening! | ערב טוב! |
| Good morning! | בוקר טוב! |
| Good night! | לילה טוב! |
| grammar | דקדוק (ז) |
| grandfather/mother | סב/סבא, סבה/סבתא |
| great!/wonderful! | יופי! |
| group | קבוצה (נ), קבוצות |
| guest | אורח, אורחת |
| guest room/living room | חדר אורחים (ז), חדרי אורחים |

| | |
|---|---|
| Haifa | חיפה (נ) |
| half | חצי (ז), חצאים |
| hall | אולם (ז), אולמות |
| hand | יד (נ), ידיים |
| happy/glad | שׂמח, שׂמחה |
| Have a good flight! | טיסה נעימה! |
| Have a good trip! | נסיעה טובה! |
| have to/need | צריך, צריכה |
| he/they | הוא, הם |
| hear | שמע, שומע, ישמע   לשמוע |
| Hebrew | עברית (נ) |
| Hebrew University, The | האוניברסיטה העברית (נ) |
| Hello!/Peace! | שלום! |
| help/aid (verb) | עזר, עוזר, יעזור   לעזור |
| help/assistance (noun) | עזרה (נ) |
| here | כאן/פֹּה |
| here! | הינה! |
| high school | בֵּית ספר תיכון (ז), בתי ספר תיכוניים |
| history | היסטוריה (נ) |
| Holland | הולנד (נ) |
| hour | שעה (נ), שעות |
| house/home | בַּיִת (ז), בתים |
| housewife/homemaker | עקרת בית (נ), עקרות בית |
| how? | איך? |
| How are you? | מה שלומך? |
| how many times? | כמה פעמים? |
| how much/how many? | כמה? |
| hummus | חומוס (ז) |
| husband/owner (my/your/her husband) | בעל (ז), בעלים (בעלי/בעלך/בעלה) |
| I | אני |
| ice cream | גלידה (נ), גלידות |
| idea | רעיון (ז), רעיונות |
| if | אִם |
| impossible | אי אפשר |
| impossible (adjective) | בלתי אפשרי, בלתי אפשרית |
| impossible! | לא ייתכן! |
| in (+ time) | בעוד (שנה) |
| inexpensive/cheap | זול, זולה |
| inflation | אינפלציה (נ) |
| information/knowledge | מידע (ז) |
| instead of | במקום |
| interesting | מעניין, מעניינת |
| introduction | מבוא (ז), מבואים |
| introduction/getting to know people | הכרות (נ) |
| is/does? (question word) | הַאִם? |
| Israel | ישׂראל (נ) |
| Israeli | ישׂראלי, ישׂראלית |
| It doesn't matter! | לא נורא! |
| it is forbidden | אסור |
| it is necessary | צריך |
| it is possible | אפשר |
| Italian (language) | איטלקית (נ) |
| Italy | איטליה (נ) |
| Japan | יפּן (נ) |
| Japanese (language) | יפּנית (נ) |
| Jerusalem | ירושלים (נ) |
| joke | בדיחה (נ), בדיחות |
| juice | מיץ (ז), מיצים |
| Just a minute! | רק רגע! |
| kibbutz | קיבוץ (ז), קיבוצים |
| kitchen | מטבח (ז), מטבחים |
| knock (on) | דפק, דופק, ידפוק   לדפוק |
| know | ידע, יודע, יידע   לדעת |
| Lady!/Ma'am! (form of address) | גבירתי (נ), גבירותי |
| last | אחרון, אחרונה |
| last name | שם משפחה (ז), שמות משפחה |
| late | מאוחר |
| law | משפטים (ז.ר.) |
| lawn | דשא (ז), דשאים |
| lawyer | עורך דין, עורכת דין |
| lecture | הרצאה (נ), הרצאות |
| lecture hall | אולם הרצאות (ז), אולמות הרצאות |
| lemonade | לימונדה (נ) |
| less | פחות |
| lesson/course | שיעור (ז), שיעורים |
| Let's go! Move already! | נו כבר! |
| librarian | ספרן, ספרנית |

| | |
|---|---|
| library | ספריה (נ), ספריות |
| life | חַיִּים (ז.ר.) |
| line (queue)/turn | תור (ז), תורים/תורות |
| literature | ספרוּת (נ) |
| live/reside | גר, גר, יגור לגור |
| living room | סלון (ז), סלונים |
| loudly | בקול |
| love | אהב, אוהב, יאהב לאהוב |
| luck (I am lucky.) | מזל (ז) (יש לי מזל.) |
| | |
| magician | קוסם, קוסמת |
| man | גבר (ז), גברים |
| married | נשוי, נשואה |
| masculine | זכר (ז) |
| mathematician | מתמטיקאי, מתמטיקאית |
| mathematics | מתמטיקה (נ) |
| matter | עניין (ז), עניינים |
| meal | ארוחה (נ), ארוחות |
| meantime/meanwhile | בינתיים |
| meat | בשׂר (ז) |
| medicine | רפוּאה (נ) |
| meet/encounter | פגש, פוגש, יפגוש לפגוש |
| meeting/encounter | פגישה (נ), פגישות |
| menu | תפריט (ז), תפריטים |
| middle | אמצע |
| midnight | חצות (נ) |
| milk | חלב (ז) |
| minute | דקה (נ), דקות |
| moment | רגע (ז), רגעים |
| money | כסף (ז) |
| month | חודש (ז), חודשים |
| moon | ירח (ז) |
| more | יותר |
| more/still | עוד |
| morning | בוקר (ז), בקרים |
| mother (mom) | אֵם/אִמָּא (נ), אימהות |
| mountain | הר (ז), הרים |
| movie | סרט (ז), סרטים |
| movie house/cinema | קולנוע (ז) |
| Mr. | אדון (ז), אדונים |
| Ms./Mrs./Miss | גברת (נ), גברות |
| museum | מוזיאון (ז), מוזיאונים |

| | |
|---|---|
| music | מוסיקה (נ) |
| musician | מוסיקאי, מוסיקאית |
| | |
| Near East, The | המזרח התיכון (ז) |
| negation/negative | שלילה (נ) |
| neighbor | שכן, שכנה |
| never | אף פעם (לא) |
| new | חדש, חדשה |
| news | חדשות (נ.ר.) |
| newspaper | עיתון (ז), עיתונים |
| next to | על יד |
| nice | נחמד-נחמדה |
| night | לילה (ז), לילות |
| night club | מועדון לילה (ז), מועדוני לילה |
| no | לא |
| nobody | אף אחד (לא) |
| noise | רעש (ז) |
| noon | צהריים (ז.ר.) |
| not at all | בכלל לא |
| Not bad! | לא רע! |
| not so much | לא כל כך |
| not yet | עוד לא |
| notebook | מחברת (נ), מחברות |
| nothing | כלום/לא כלום/שום דבר |
| noun/name | שֵם (ז), שמות |
| now | עכשיו |
| nudnik | נודניק, נודניקית |
| number | מספר (ז), מספרים |
| nursery school/kindergarten | גן ילדים (ז) |
| | |
| occupied/busy | תפוס, תפוסה |
| of | של |
| office | משׂרד (ז), משׂרדים |
| office building | בניין משׂרדים (ז), בנייני משׂרדים |
| O.K. | בסדר |
| old | זָקֵן, זקנה |
| old/not new | יָשָן, ישָנָה |
| on/about | על |
| on foot | ברגל |
| on purpose/to spite | דווקא |
| on the way to | בדרך ל |

| | |
|---|---|
| on time | בזמן |
| once | פעם |
| one more minute! | עוד רגע |
| only/just | רק |
| open/be opened | נפתח, נפתח, ייפתח להיפתח |
| opera | אופרה (נ), אופרות |
| opera hall | אולם אופרה (ז) |
| or | או |
| out of town | מחוץ לעיר |
| outside | בחוץ |
| parent | הורה (ז), הורים |
| participant | משתתף, משתתפים |
| partner | שותף, שותפה |
| party | מסיבה (נ), מסיבות |
| passage/portion | קטע (ז), קטעים |
| pediatrician | רופא ילדים, רופאת ילדים |
| penthouse | פנטהאוז (ז) |
| perhaps | אולי |
| permitted/lawful | מותר |
| person/man | איש (ז), אנשים |
| philosophy | פילוסופיה (נ) |
| phone (verb) | טלפן, מטלפן, יטלפן לטלפן |
| physics | פיסיקה (נ) |
| picture | תמונה (נ), תמונות |
| pita bread | פיתה (נ), פיתות |
| pity! | חבל! |
| pizza | פיצה (נ), פיצות |
| pizzeria | פיצריה (נ), פיצריות |
| place/location | מקום (ז), מקומות |
| plan/program | תוכנית (נ), תוכניות |
| pleasant | נעים, נעימה |
| please | בבקשה! |
| possibility | אפשרות (נ), אפשרויות |
| (it's) possible | ייתכן |
| potted plant | עציץ (ז), עציצים |
| poultry | עוף (ז) |
| present tense | הווה |
| pretty | יָפֶה, יָפָה |
| private | פרטי, פרטית |
| problem | בעייה (נ), בעיות |
| profession/subject of study | מקצוע (ז), מקצועות |
| professor | פרופסור (ז) |
| pronoun | שֵׁם גוף (ז), שמות גוף |
| psychologist | פסיכולוג, פסיכולוגית |
| psychology | פסיכולוגיה (נ) |
| pub | פאב (ז) |
| public phone | טלפון צבורי (ז), טלפונים ציבוריים |
| put | שׂם, שׂם, ישׂים לשׂים |
| quarter to | רבע ל |
| question | שאלה (נ), שאלות |
| quiet | שָׁקֵט, שקטה |
| quiet/silence | שֶׁקֶט (ז) |
| radio | רדיו (ז) |
| ravishing/very good looking | יפהפה, יפהפיה |
| read | קרא, קורא, יקרא לקרוא |
| reading passage | קטע קריאה (ז), קטעי קריאה |
| reading room | חדר קריאה (ז), חדרי קריאה |
| real | אמיתי, אמיתית |
| really/truly | באמת |
| recess | הפסקה (נ), הפסקות |
| recipe | מתכון (ז), מתכונים |
| record (phonograph) | תקליט (ז), תקליטים |
| redhead (slang) | ג'ינג'י, ג'ינג'ית |
| refrigerator | מקרר (ז), מקררים |
| relationships | יחסים (ז.ר.) |
| relatives | קרובים (ז.ר.) |
| rent | שׂכר, שׂוכר, ישׂכור לשׂכור |
| request | ביקש, מבקש, יבקש לבקש |
| rest | נח, נח, ינוח לנוח |
| restaurant | מסעדה (נ), מסעדות |
| return | חזר, חוזר, יחזור לחזור |
| rice | אורז (ז) |
| room | חדר (ז), חדרים |
| rug/carpet | שטיח (ז), שטיחים |
| run | רץ, רץ, ירוץ לרוץ |
| Russia | רוסיה (נ) |
| Russian (language) | רוסית (נ) |
| salad | סלט (ז), סלטים |
| Saturday eve (Friday night) | ליל/ערב שבת (ז) |

| | |
|---|---|
| say/tell | אמר, אומר, יאמר לאמר |
| scandal | סקנדל (ז)/שערוריה (נ), שערוריות |
| schlimazel (luckless) | שלימזל, שלימזלית |
| school | בֵּית ספר (ז), בתי ספר |
| science | מדע (ז), מדעים |
| sea | ים (ז), ימים |
| secretary | מזכירה (נ), מזכירות |
| see | ראה, רואה, יראה לראות |
| See you! | להתראות! |
| semester | סימסטר (ז), סימסטרים |
| sentence (language)/trial | משפט (ז), משפטים |
| serious | רציני, רצינית |
| service | שירות (ז) |
| she/they | היא, הן |
| shekel | שקל (ז), שקלים |
| shlemiel (good for nothing) | שלומיאל, שלומיאלית |
| show | הצגה (נ), הצגות |
| shut/close | סגר, סוגר, יסגור יסגור |
| sing | שר, שר, ישיר לשיר |
| singer | זמר, זמרת |
| single/bachelor | רווק, רווקה |
| singular | יחיד, יחידה |
| Sir! | אדוני! |
| sister | אחות (נ), אחיות |
| sit | ישב, יושב, יישב לשבת |
| sleep | ישן, יָשֵן, יישן לישון |
| small | קטן, קטנה |
| smoke | עישן, מעשן, יעשן לעשן |
| so much | כל כך |
| soda | סודה (נ) |
| sofa | ספה (נ), ספות |
| some/a little | קצת |
| somebody | מישהו |
| speech patterns | תבנית לשון (נ) |
| sure/confident | בטוח, בטוחה |
| surely | בטח |
| | |
| table | שולחן (ז), שולחנות |
| tape recorder | רשם קול (ז) |
| tasty | טעים, טעימה |
| taxicab | מונית (נ), מוניות |

| | |
|---|---|
| teacher | מורֶה, מורָה |
| teaching assistant | עוזר הוראה, עוזרת הוראה (אסיסטנט) |
| Tel Aviv | תל אביב (נ) |
| telephone | טלפון (ז), טלפונים |
| television | טלויזיה (נ), טלויזיות |
| tell/say (imperative and future) | הגד!, יגיד להגיד |
| tennis | טניס (ז) |
| terrible/horrible | נורא, נוראה |
| Thank God! | תודה לאל! |
| Thanks! | תודה! |
| That's how it is! | ככה זה! |
| theater | תיאטרון (ז) |
| then/so | אז |
| there | שָם |
| There is nothing new! | אין חדש! |
| there is/are | יש |
| there is/are not | אין |
| these | אלה (ז.ר.) |
| they | הם, היא |
| think | חשב, חושב, יחשוב לחשוב |
| this | זה, זאת |
| this/matter/something | דבר (ז), דברים |
| this evening | הערב |
| this time | הפעם |
| this year | השנה |
| thousand | אלף (ז), אלפים |
| thus/so | ככה, כך |
| ticket/card | כרטיס (ז), כרטיסים |
| time (+ count) | פעם (נ), פעמים |
| time/tense | זמן (ז), זמנים |
| tired | עייף, עייפה |
| to/for (the) | לְ, לַ- |
| (to) home | הביתה |
| to town! | העירה! |
| today | היום |
| together | ביחד/יחד |
| token | אסימון (ז), אסימונים |
| too much | יותר מדי |
| top (roof) floor | קומת גג (נ) |
| tourist | תייר, תיירת |
| travel/go by vehicle | נסע, נוסע, ייסע לנסוע |

| | |
|---|---|
| trip | נסיעה (נ) נסיעות |
| true/right | נכון |
| truly | ממש |
| two days | יומיים |
| two hours | שעתיים |
| uncle | דוד |
| understand/comprehend | הבין, מבין, יבין להבין |
| United States, The (U.S.) | ארצות הברית (ארה"ב) |
| university | אוניברסיטה (נ), אוניברסיטות |
| until/up to | עד |
| vegetarian | צמחוני, צמחונית |
| very | מאוד |
| very nice!/Nice to meet you! | נעים מאוד! |
| video | וידיאו (ז) |
| visit (noun) | ביקור (ז), ביקורים |
| visit (verb) | ביקר, מבקר, יבקר לבקר |
| waiter/waitress | מלצר, מלצרית |
| want | רצה, רוצה, ירצה לרצות |
| water | מַיִם (ז.ר.) |
| way | דרך (נ), דרכים |
| we | אנחנו |
| week | שבוע (ז), שבועות |
| weekend | סוף שבוע (ז), סופי שבוע |
| what? | מה? |
| | איזה! (איזה בית!) איזו! |
| What a . . . ! (What a house!) | (איזו מסעדה!) |
| What do you mean? (slang) | מה זאת אומרת? |
| What time is it? | מה השעה? |
| What's new? | מה נשמע? |
| What's the matter? (challenge) | מה יש? |
| What's the matter? (information) | מה קרה? |
| What's your name? | איך קוראים לך? |
| when | כש-/כאשר |
| when? | מתי? |
| where? | איפה?/היכן? |
| where to? | לאן? |
| which? | איזה? (ז), איזו? (נ) |
| who? | מי? |
| why? | למה?/מדוע? |
| wife | אשה (נ), |
| (my/your/his wife) | (נשים אשתי/אשתך/אשתו) |
| wine | יין (ז), יינות |
| with | עם |
| without | בלי |
| woman | אשה (נ), נשים |
| word | מילה (נ), מילים |
| work | עבד, עובד, יעבוד לעבוד |
| work/job | עבודה (נ), עבודות |
| work room/study | חדר עבודה (ז), חדרי עבודה |
| Workers' Bank, The | בנק הפועלים |
| world/universe | עולם (ז), עולמות |
| write | כתב, כותב, יכתוב לכתוב |
| writer/author | סופר, סופרת |
| writing | כתיבה (נ) |
| year | שנה (נ), שנים |
| yes | כן |
| yesterday | אתמול |
| you (f.) (singular and plural) | אַתְּ, אתן |
| you (m.) (singular and plural) | אתה, אתם |
| You are welcome! | אין בעד מה!/על לא דבר! |
| young couple | זוג צעיר (ז), זוגות צעירים |
| young man/woman | בחור, בחורה |